改訂 最新 労働基準法がすっきりわかる本

知りたいことがパッとわかる

特定社会保険労務士 多田智子

ソーテック社

本書の内容には、正確を期するよう万全の努力を払いましたが、記述内容に誤り、誤植などがありましても、その責任は負いかねますのでご了承ください。

＊本書の内容は、特に明記した場合をのぞき、2019年5月1日現在の法令等に基づいています。

Cover Design...Yoshiko Shimizu (smz')
Illustration...Wako Sato

はじめに

　この本は、人事総務部、労働組合、最近では経営企画部などで「働き方改革」を自社の経営戦略のひとつとして、会社内で導入するために努力をしているあなたに贈ります。

　会社の人事総務の最大のミッションは、「いかに収益があがる組織（労使関係）を創れるか？」になります。そのため、将来の労働人口の減少を踏まえ、企業は人材戦略を重要視しているのです。

　そこで、本書は目的を3つに絞りました。

❶ 労働者のニーズにあわせた柔軟な働き方ができる制度構築以前に「自社にコンプライアンス違反はないか？」がわかる！

　そうです。「働き方改革だ！」と勢いよく社内で表明したとしても、そもそも今の自社の運用に労働法違反があったとしたら、絵に描いた餅です。

　仮に労働法違反があることで、昨今の企業名公表（ブラック企業認定）がなされたり、従業員から未払い残業請求があったり、過労でうつ病になったなどのトラブルが起きたら、働き方改革どころか社会的信頼の失墜、自社の従業員のモチベーション低下にもつながってしまいます。

　各章の最後についている「コンプライアンスシート」で確認してください。

❷ 働き方改革関連法改正に対応

　気になる「労働基準法70年の大改正」について、0章で詳しく解説しています。2019年4月から法改正が数年にわたり続いていきます。私たちは今までの価値観を捨てて、新しい労使のあり方を考えていかなければなりません。

　36協定の上限規制は、健康で働くことの重要性を規制というカタチで企業に遵守を求めています。従来の、**社員は解雇できないので、多忙なときには時間外労働に協力させるという姿勢を改めなければなりません。**

　同一労働同一賃金は、社員と非正規社員の不合理な格差を是正する非常に大きな意識改革ともいえます。従来の「パートだから時給だけ」「期間社員だから皆勤手当はない」という理屈は通じなくなります。

❸ 知識のみならず実務での運用まで解説

　本書では、正しい知識はもちろん、具体的な運用、就業規則の条文案、申請書など、必要な実務対応を意識した構成になっています。また欄外にあるONE POINTでは、他社事例や判例などの周辺知識をまとめています。

　現場でがんばるあなたのお役に立てればと思います。一緒にがんばりましょう！

多　田　智　子

目　次

コンプライアンスチェックシートは、各章の終わりにあります！

第0章　いよいよ「働き方改革」がはじまる

- **01** 働き方改革とは？ ………………………………………………… 16
  - ●働き方改革とは　●働き方改革スケジュール
- **02** 企業における「働き方改革」の施策全体像 ……………… 19
  - ●企業における「働き方改革」の施策全体像
- **03** 労働行政の昨今の動向 ………………………………………… 22
  - ●企業名公表制度の強化
- **04** 適正な労働時間の把握 ………………………………………… 24
  - ●労働時間の考え方　●適正な労働時間の把握
- **05** 副業・兼業への対応 …………………………………………… 26
  - サンプル　副業（兼業）許可申請書サンプル
  - サンプル　副業（兼業）に関する誓約書サンプル
- **06** 副業兼業時の労災保険・雇用保険・社会保険 …………… 29
  - ●副業兼業時の労災保険給付額のポイント
  - ●副業兼業時の通勤災害のポイント
- **07** 働き方改革を推進するための関係法律の
  整備に関する法律 ………………………………………………… 31
  - ●働き方改革関連法案スケジュール
- **08** 時間外労働の上限規制 ………………………………………… 33
  - ●36協定　法改正案　●1年間の時間外労働時間
- **09** 年次有給休暇の時季指定 ……………………………………… 35
  - ●年次有給休暇の時季指定
  - ●年休を前倒しで付与した場合の特例について
- **10** 労働基準法改正で変わるフレックスタイム制 …………… 39
  - ●3カ月のフレックスタイム制の割増賃金の精算
  - ●完全週休2日における特例
- **11** 高度プロフェッショナル制度 ………………………………… 42

- ● 高度プロフェッショナル制度導入時の手続き
- ● 健康確保の選択的措置［決議事項（5）］

12 インターバル制度 44
- ● インターバル制度の目的とメリット・デメリット
- ● 休息時間・翌日の始業時刻

13 同一労働同一賃金 46
- ● 同一労働同一賃金に関する改正
- ● 不合理な待遇差を解消するための規程の整備
- サンプル 新36協定届（一般条項）様式第9号 例
- サンプル 新36協定届（特別条項）様式第9号の2 例
- ● 10月1日より1年間にて36協定を締結している場合

第1章 労働基準法と労働基準監督署のしくみとルール

01 労使トラブルについて知ろう 52
- ●「いじめ・嫌がらせ」が6年連続トップになり、紛争内容はさらに多様化
- ● 個別労働紛争を解決するシステム

02 従来型の労使関係の崩壊 54
- ● 総合労働相談件数および民事上の個別労働紛争相談件数は高止まり
- ● 平成29年度 監督指導1企業あたりの支払額

03 労働基準監督署は司法警察 56
- ● 労働基準法の性質と限界

04 労働基準法における罰則 58
- ● 労働基準法による主な罰則一覧

05 労働法とは？ 労働法の歴史を紐解く 60
- ● 労働法の歴史的背景

06 申出によって有期労働契約が無期労働契約へ 62
- ● 無期転換の申込みと転換時期
- ● 第二種計画認定を受けた場合の無期転換権
- サンプル 第二種計画認定・変更申請書の記載例
- ● これだけは覚えておきたい労働契約法の主な内容

第2章　採用・服務規律のしくみとルール

01 採用のルール 68
- 内定から本採用までの流れと労働契約の効力
- サンプル　採用内定者への「内定取り消しの可能性」の通知文例

02 雇用契約書のポイント 70
- 労働契約期間に関する注意事項

03 試用期間中の解雇の扱いはどうなる？ 72
- 試用期間と解雇

04 採用時の必要書類と契約書 74
- サンプル　採用内定者に入社時に準備してもらう書類を伝える文例

05 従業員教育の一環としての服務規則 76
- 服務規則と企業秩序

06 増加するハラスメント 78
- 強いストレスの内容トップ3にハラスメントが入っている
- 職場におけるセクシュアルハラスメントの内容

07 ハラスメントの会社への影響 80
- ハラスメントの見えない影響

コンプライアンスチェックシート（労働時間 ❶） 82

第3章　労働時間のしくみとルール

01 「名ばかり管理職」の問題 84
- 労働基準法の管理監督者の範囲
- 判例で見る管理監督者の範囲
- 通達による管理監督者の範囲
- 多店舗展開する小売業、飲食業等の店舗における管理監督者の具体的な判断要素について

| 02 | **労働時間の基本的な定義** 88
- 法定労働時間と所定労働時間
- 会社の労働時間把握義務

| 03 | **休憩に関する基本的な定義** 90
- サンプル 休憩時間のバリエーション例
- サンプル 一斉休憩の適用除外に関する協定書例

| 04 | **休日に関する基本的な定義** 92
- 振替休日と代休の違い
- 振替休日の同一週と翌週にまたがって取得した場合

| 05 | **フレックスタイム制度とは** 94
- フレックスタイム制度を採用した場合の時間外労働
- フレックスタイム制度

| 06 | **1カ月変形労働時間制** 96
- 事例でわかる1カ月変形労働時間制はこんなに便利！

| 07 | **1年変形労働時間制** 98
- 1年変形労働時間制と通常の勤務形態との、休日数と労働時間数の比較

| 08 | **事業場外のみなし労働時間制** 100
- 事業場外のみなし労働時間の算定方法

| 09 | **裁量労働制（専門業務型）** 102
- 専門業務型裁量労働制
- 専門業務型裁量労働制が適用される19業務
- 専門業務型裁量労働制における具体的な指示の範囲
- サンプル 専門業務型裁量労働制に関する協定書例

| 10 | **裁量労働制（企画業務型）** 110
- 企画業務型裁量労働制
- 企画業務型裁量労働制における対象労働者の範囲
- 労使委員会で決議しなくてはいけない8つの事項

| 11 | **労使協定（36協定）** 114
- 残業の限度時間
- サンプル 36協定（時間外労働・休日労働に関する協定）届出例

| **12** 特別条項付き36協定 116
　　サンプル　特別条項付き36協定例
　　● 限度時間が適用されない事業または業務
　● 今後の法改正について

コンプライアンスチェックシート（労働時間❷）........................... 118

第4章　有給休暇・特別休暇のしくみとルール

| **01** 実は複雑な有給休暇の考え方 120
　● 年次有給休暇の付与日数
　● 勤続年数と年次有給休暇の持ち越しの関係
　● 出勤日数8割（8割要件）の算出のしかた

| **02** 年次有給休暇の明確なルールのつくり方 122
　● 基準日の年1回方式と年2回方式によるメリット・デメリット

| **03** 年次有給休暇の時季指定権と時季変更権 124
　● 使用者の時季変更権行使時の留意点
　● 事後に有休申請があった場合の対応策は？

| **04** 年次有給休暇は付与から2年で消滅する 126
　● 年次有給休暇の発生のタイミングと時効
　● 年次有給休暇の買い取りは違法
　● 年次有給休暇の買い上げが認められる場合

| **05** 有給休暇は普段から計画的に消化できるしくみづくり 128
　　サンプル　計画的年次有給休暇付与に関する協定書例

| **06** パートタイマーの年次有給休暇 130
　● パートタイマーの年次有給休暇の付与日数

| **07** 半日有給休暇はなくてもいい 132
　　サンプル　半日有給休暇に関する規定書例

| **08** 仕事と生活の調和を図る時間有休 134
　● 時間単位有休の繰越し
　● 時間単位年休の端数処理

| 09 | 特別休暇は会社独自の休日 136
| 10 | 法定休暇は必ず与えるもの 137
| 11 | 裁判員制度導入による休暇 138
　　● 裁判員に選出されるまでのスケジュール
| 12 | 特別休暇を設けるときの注意点 140
　　サンプル　特別休暇規定の就業規則への記載例
　　コンプライアンスチェックシート（有給休暇・特別休暇） 142

第5章　休職・メンタルヘルスのしくみとルール

| 01 | 休職規定は会社独自のルール 144
　　サンプル　休職規定の就業規則への記載例
　　● こんな時代、こんな規定もプラスしておけば安心！
| 02 | 復職の判断は会社がする 146
　　● 休職・復職の流れに即した就業規則を作成
　　● 治癒の有無の判断はどうするか？
| 03 | 脳・心臓疾患や精神障害による労災請求が急増 148
　　● 経営者の安全配慮義務とは？
　　● 脳・心臓疾患の労災認定基準
| 04 | 精神障害の認定基準 150
　　● 精神障害の発病についての考え方
　　● 面接指導運用フロー（厚生労働省：過重労働による健康障害防止対策）
| 05 | 健康診断は会社の義務 152
　　● 一般健康診断
　　● 定期健康診断項目（法律により、決められている受診項目）
| 06 | ストレスチェック／医師による面接指導の実施 154
　　● ストレスチェックの実施手順
　　コンプライアンスチェックシート（休職・メンタルヘルス） 156

第6章　妊娠・出産・育児・介護のしくみとルール

01 産前産後の休業 158
- 出産育児に関する諸制度

02 育児休業❶ 制度の概要と対象者 160
- 育児休業制度の概要
- 育児休業を延長できる要件

03 育児休業❷ 賃金保障と社会保険料 162
- 出産後の育児休業制度

04 育児休業❸ 復職後の制度 164
- 所定外労働・時間外労働・深夜業の制限制度の概要
- 子の看護休暇制度の概要

05 育児休業❹ 両親ともに育児休業をする場合の特例 166
- パパ・ママ育休プラスの具体例
- パパ休暇とパパ・ママ育休プラスを取得する場合

**06 介護休業❶
制度の概要と対象者** 168
- 介護に関する諸制度
- 対象家族の範囲

**07 介護休業❷
所定外労働の制限と勤務時間の短縮などの措置** 170
- 介護のための所定外労働の制限
- 介護のための勤務時間短縮などの措置

**08 育児休業・介護休業
不利益な取扱いの禁止・ハラスメントの防止対策** 172
- 不利益取扱いなどの禁止
- 事業主が講ずべきハラスメントの防止対策（育児・介護休業法 第25条）

コンプライアンスチェックシート（産前産後・育児介護） 174

第 7 章　賃金・退職金のしくみとルール

01 賃金とは？ 176
- 賃金にあたるもの、あたらないもの
- 賃金支払いの単位

02 賃金の5原則 178
- サンプル　賃金控除に関する労使協定書例
- 労働基準法による賃金ルール

03 最低賃金法は強制法 180
- 最低賃金の対象と対象除外
- 最低賃金を守っていますか？
- 最低賃金の減額特例許可が必要な人

04 平均賃金の計算方法 182
- 平均賃金を計算するときの注意点

05 ノーワークノーペイと残業の割増賃金 184
- 割増賃金の考え方
- 法定休日に働いた場合
- 会社独自の休日（所定休日）に働いた場合

06 割増賃金の計算方法 186
- 割増賃金の計算式
- 間違えやすい残業計算の処理

07 法定割増賃金の引き上げ 188
- 労働基準法第37条第1項ただし書き
- 深夜労働した場合は？

08 代替休暇制度 190
- 労働基準法第37条第3項
- 何時間働くと代替休暇がもらえる？
- 代替休暇を取得しないといくら支払われる？

09 代替休暇労使協定 192
- 代替休暇制度に関する労使協定のポイント

11

| 10 | 中小企業への猶予措置の廃止 ... 194
- 中小企業の範囲
- 判断基準と注意点

| 11 | 賞与は会社の業績の利益配分 ... 196
- サンプル 賞与に関する規定例

| 12 | 退職金規定 ... 198
- 退職金制度の目的
- 従来型の退職金制度の問題点
- サンプル 退職金に関する規定例

| 13 | 退職金の算定方法と退職金制度 ... 202
- サンプル ポイント制退職金制度の例
- 退職金額比較表（部長 〜 課長）

| 14 | 退職金の積立方法 ... 204
- 各種積立制度の詳細
- 理想的な退職金積立方法

コンプライアンスチェックシート（賃金・退職金） ... 207

第8章　退職・懲戒・解雇のしくみとルール

| 01 | 退職の基礎知識と注意事項 ... 210
- 退職は大きく分けて4種類

| 02 | 期間満了による退職（自然退職） ... 212
- 有期雇用契約の雇い止めの問題
- 期間雇用者の労働条件明示書（労働契約書）に記載すべき事項

| 03 | 解雇とは？ ... 214
- 解雇権濫用の禁止
- 解雇予告の具体例（除外認定を受けない場合）

| 04 | 普通解雇は合理的理由が必要 ... 216
- サンプル 普通解雇に関する規定例

| 05 | 整理解雇とリストラ策 ... 218
- 企業防衛型リストラ
- 整理解雇の4要件

| 06 | 重大な企業秩序違反は懲戒解雇 | 220 |
- 混乱しやすい普通解雇事由と懲戒解雇事由を整理しよう
- 懲戒解雇が有効となるためのチェックシート

| 07 | 懲戒とは？ | 222 |
- 懲戒権濫用とされないために

| 08 | 懲戒にはルールがある | 224 |
  - サンプル 懲戒に関する規定例
  - サンプル 減給の計算例

09	懲戒処分の種類（出勤停止・停職、降格、解雇）	226
10	懲罰ルールは明文化する	227
11	会社都合退職	228
- 退職勧奨を行うときのポイント

| 12 | 貢献度の高い従業員には表彰を | 230 |
- 表彰制度が従業員のモチベーションアップになる

| 13 | 高年齢者雇用安定法の概要 | 232 |
- 「65歳までの雇用確保措置」は義務化
- 継続雇用制度と年金

コンプライアンスチェックシート（退職・懲戒・解雇） 234

第9章　労災のしくみとルール

| 01 | 労災保険のしくみ | 236 |
- 労働者災害補償保険法（労災保険）とは
- 労災保険で補償される？　補償されない？

| 02 | 業務上のケガは業務災害 | 238 |
- 業務災害として認められる？　認められない？

| 03 | 通勤災害はどこまで認められる？ | 240 |
- 通勤の形態
- 通勤の範囲

コンプライアンスチェックシート（労災） 242
column　兼業している場合の労災保険の給付額 242

第10章 就業規則のしくみとルール

- **01** 就業規則をつくる 244
- **02** 就業規則に定める事項 245
- **03** 就業規則の不利益変更は難しい 246
  - ● 労働条件の不利益変更は可能か？
- **04** 就業規則と労働者の意見聴取 248
  - ● 従業員の代表者の選出方法（新労基則第6条の2）
  - **サンプル** 就業規則（制定・変更）届、意見書例
- **05** 就業規則の周知徹底 250
  - ● 就業規則説明会のステップ
  - **コンプライアンスチェックシート（就業規則）** 252

付録 コピーして、今日から使える書式と法令労使協定集

- ● 締結すべき労使協定と労働基準監督署への届出の要否 254
- ● 一斉休憩の適用除外に関する協定書（労基法第34条）............... 255
- ● 計画的年次有給休暇付与に関する協定書 256
- ● 育児・介護休業等に関する協定書 257
- ● 代替休暇に関する労使協定書 259
- ● 時間単位年休に関する協定書 261
- ● 退職事由証明書 263
- ● 継続雇用制度申請書 264
- ● 機密保持・個人情報誓約書 265

索引 267

第0章
いよいよ「働き方改革」がはじまる

01 働き方改革とは？
- 働き方改革とは
- 働き方改革スケジュール

02 企業における「働き方改革」の施策全体像
- 企業における「働き方改革」の施策全体像

03 労働行政の昨今の動向
- 企業名公表制度の強化

04 適正な労働時間の把握
- 労働時間の考え方
- 適正な労働時間の把握

05 副業兼業への対応
- 副業（兼業）許可申請書サンプル
- 副業（兼業）に関する誓約書サンプル

06 副業兼業時の労災保険・雇用保険・社会保険
- 副業兼業時の労災保険給付額のポイント
- 副業兼業時の通勤災害のポイント

07 働き方改革を推進するための関係法律の整備に関する法律
- 働き方改革関連法案スケジュール

08 時間外労働の上限規制
- 36協定　法改正案
- 1年間の時間外労働時間

09 年次有給休暇の時季指定
- 年次有給休暇の時季指定
- 完全週休2日における特例

10 労働基準法改正で変わるフレックスタイム制
- 3カ月のフレックスタイム制

11 高度プロフェッショナル制度
- 高度プロフェッショナル制度導入時の手続き
- 健康確保の選択的措置［決議事項（5）］

12 インターバル制度
- インターバル制度の目的とメリット・デメリット
- 休息時間・翌日の始業時刻

13 同一労働同一賃金
- 同一労働同一賃金に関する改正
- 不合理な待遇差を解消するための規程の整備
- 新36協定届（一般条項）様式第9号 例
- 新36協定届（特別条項）様式第9号の2 例
- 10月1日より1年間にて36協定を締結している場合

01 「ニッポン一億総活躍プラン」の骨格としての「働き方改革」

働き方改革とは？

平成28年9月、働き方改革実現会議がスタートしました。労働基準法70年の歴史の中で歴史的な大改革になります。

働き方改革の概要

① **平成28年9月「働き方改革実現会議」スタート**：働き方改革とは、一億層活躍社会を目指し、男性だけでなく女性や高齢者、若者から障害や難病を持つ人も、一人ひとりのニーズにあった働き方を実現するために行われている改革です。

② **背景**：人口減少、少子高齢化が進む日本では労働人口をいかに増やすかが大きな課題です。一方、育児や介護で仕事を辞めざる得ない人がいるのも事実です。そこで、国は誰もが働きやすい世の中へ、多様な働き方を選べる社会を目指しています。

③ **長時間労働の問題**：働きやすい世の中を目指していくには、長時間労働は大きな障害となります。よって、国の施策の中では「取締り強化」という方法でこの問題を解決していくことを考えています。

具体的な施策（働き方改革検討テーマ）

9個のテーマを持って各々具体的なスケジュールで進んでいます（右頁図参照）。

① **働き方改革を推進するための関係法律の整備に関する法律案**：雇用対策法、労働基準法、労働安全衛生法、労働時間等設定改善法、パートタイム労働法、労働契約法、労働者派遣法など多数の法律の変更が予定されています。

② **同一労働同一賃金**：日本の非正規社員は全雇用者の4割を占めており、待遇改善はまさに「成長と分配の好循環メカニズム」を目指すアベノミクスの重要課題です。非正規社員で働く人が仕事ぶりや能力によって適性に評価され、意欲を持って働けることを目指します。

ONE POINT

働き方改革の前提は？
2016年6月2日、人口1億人を維持するための「ニッポン一億総活躍プラン」が閣議決定されました。具体的には、「同一労働同一賃金」「長時間労働の是正」「高齢者雇用の推進」「待機児童対策」「介護離職ゼロ」などの実現を目指しています。このプランには、働き方改革に関する施策も盛り込まれています。

働き方改革は、重要な経営戦略の1つ
働き方改革の最終目的は「生産性の向上」です。さらには、今後10年以内に間違いなく到来する「要介護時代」（労働人口の激減）への序章にすぎません。「効率的に働くしくみ、社内風土」を創り成果をあげることは必須です。

● 働き方改革とは

働き方改革とは

働き方改革とは、1億総活躍社会を目指し、男性だけでなく女性や高齢者、若者から障害や難病を持つ人も、一人ひとりのニーズにあった働き方を実現するために行われている改革です。

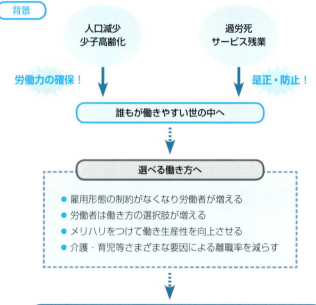

働き方改革 検討テーマ

① 非正規雇用の処遇改善
② 賃金引き上げと労働生産性向上
③ 長時間労働の是正
④ 柔軟な働き方がしやすい環境整備
⑤ 病気の治療、子育て・介護等と仕事の両立、障害者就労の推進
⑥ 外国人材の受け入れ
⑦ 女性・若者が活躍しやすい環境整備
⑧ 雇用吸収力の高い産業への転職・再就職支援、人材育成、格差を固定化させない教育の充実
⑨ 高齢者の就業促進

●働き方改革スケジュール

	2017年	2018年	2019年	2020年	2021年〜	2024年

7月より東京オリンピック開催！ (2020年)

長時間労働の是正

法案提出／施行準備
・労基法改正
・36協定上限など

インターバルなど導入

年間労働時間上限設定

- 大企業 4月施行（2019年）
- 中小企業 4月施行（2020年）

トラック運転手・医師にも適用（2024年）

女性が活躍する環境

労働基準法違反を繰り返す企業の求人をハローワークおよび職業紹介事業者が受理しないことが可能となる（職安法改正）

男性育児休業13％目標（2020年）

安心して結婚、妊娠、出産、子育てできると考える人40％以上（2020年）

上場企業役員の女性比率10％以上を目指す（2020年）

女性活躍情報公開の推進

柔軟な働き方（テレワーク・副業など）

テレワークガイドライン制定

週1回以上在宅テレワーカーを全労働者の10％以上に

中断時間の取り扱い、半日のテレワークの移動時間

副業時の時間外の取り扱い、社会保険の整備

東京オリンピックにおいてテレワークを実施推奨

施行後5年経過後には…

年金支給開始年齢65歳
2025年70歳継続雇用

同一労働同一賃金

法案提出／施行準備
・ガイドライン制定など
・パート労働法、労基法、派遣法など

- 大企業 4月施行
- 中小企業 4月施行

司法判断の根拠整備

待遇差の説明義務

5年経過後見直し

18

02 同一労働同一賃金・総労働時間抑制などの長時間労働是正・副業兼業

企業における「働き方改革」の施策全体像

自社の状況や目的にあわせ、何が必要なのかを検討したうえで、導入・対応をしていく

働き方改革の進めかた

① **各社でアクションプランが違う**：「働き方改革」は、企業によって取るべきアクションが異なります。すべての施策を実行する必要性はなく、自社の状況や目的を踏まえ、なぜ導入するのか・しないのかを、各施策のメリットやデメリット考慮したうえで、判断していく必要があります。

①-2 **「働き方改革」の施策全体像**：非正規社員が多い企業は同一労働同一賃金への対応が急務でしょう。IT企業など多様な価値観を取り入れて生産性をあげたいと考える企業は、LGBTへの対応、在宅勤務・兼業副業の導入などを検討していくことになります。すべての会社に共通する内容としては、女性活躍、働きやすい職場環境の構築になるでしょう。つまり、自社の将来像を踏まえて人事戦略として何をしていくのかを検討することになります。

② **WLB（ワークライフバランス）の推進により、生産性の向上へ**：これら以外にも、「時間有給」「メンタルヘルス対策」「障がい者雇用」「職業安定法改正対応」「労働時間短縮施策」など、企業が検討・対応すべき事項は多岐にわたります。各施策の中から、自社の状況や目的にあわせ、何が必要なのかを検討したうえで、導入・対応をしていくことが重要となります。

企業における「働き方改革」の施策全体像

人手不足と働き方改革：人手不足感が強い企業において、職場環境改善、処遇改善により魅力ある職場づくりを目指すことで、企業力強化にもつながるはずです。

ONE POINT

働き方改革は何からはじめるか？
生産性向上のために、IT導入、AI活用なども一案です。生産性が高く、かつ働きやすい職場環境とはどのような職場なのかを重要経営課題として、経営者自らが考え抜く必要があります。

WLBの推進により、生産性の向上へ！
これら以外にも「時間有給休暇」、「メンタルヘルス対策」、「障がい者雇用」、「職業安定法改正対応」、「労働時間短縮施策」など、企業が検討・対応すべき事項は多岐にわたります。各施策の中から、自社の状況や目的にあわせ、なぜ必要なのかを検討したうえで、導入・対応をしていくことが必要となります。

LGBTとは
LGBTとは、レズビアン、ゲイ、バイセクシャル、トランスジェンダーの頭文字をとったもので、セクシャルマイノリティ（「性的少数者」ともいわれます）を表す総称として使用されている表現です。

第0章　いよいよ「働き方改革」がはじまる

● 企業における「働き方改革」の施策全体像

働き方改革の進め方

「働き方改革」は、企業によって取るべきアクションが異なります。すべての施策を実行する必要性はなく、自社の状況や目的を踏まえ、なぜ導入するのか・しないのかを、各施策のメリットやデメリットを考慮したうえで、判断していく必要があります。

	施策名	概要	メリット	デメリット
法改正対応	同一労働同一賃金	同一の職務に従事する正規雇用労働者（無期雇用フルタイム労働者）と非正規雇用労働者（有期雇用労働者、パートタイム・派遣労働者）の間の不合理な待遇差を解消する	非正規雇用社員のモチベーション向上	人件費アップへつながる、参考となる判例・事例が少ない
法改正対応	無期雇用転換	同一使用者との間で、有期労働契約が通算5年を超えて反復継続した場合、労働者からの申込みがあれば無期雇用に転換する	労働力の安定的な確保 シニア人材の活用促進	従来のような雇用の調整弁にはならない
法改正対応	36協定見直し（時間外労働上限規制）	時間外労働の限度時間が法定化。月の上限は100時間未満、年間は720時間以内、2～6カ月のいずれにおいても平均80時間以内	長時間労働の是正 過労死防止 生産性向上	人員体制、勤怠管理システム等の変更に伴うコストアップ
労働時間	インターバル勤務	勤務終了後、一定時間以上の休息時間を設ける（退社から出社までの間に一定の時間を空ける）	社員の疲労の蓄積を防止し、ワークライフバランスを促進する	通常始業時間に出勤しない場合の代替要員確保が必要
労働時間	フレキシブルな時差出勤	1日の労働時間はそのまま、勤務する時間帯（始業・終業時刻）を変える（例：1日単位で承認）	必要な時間帯に必要な人員を確保して不要な残業を削減できる	管理者が業務を把握していないと機能しない、取引先との連絡や全体朝礼との調整が必要
労働時間	フレックスタイム制	3カ月以内の一定期間における総労働時間を決め、各労働日の始業・終業時刻、労働時間は従業員が自律的に決めることができる制度	通勤ラッシュの回避や業務の繁閑にあわせた柔軟な働き方が可能	取引会社や他部門とのコミュニケーション不足、自律的な自己管理ができないと長時間労働を助長
労働時間	積立有給休暇	2年間未消化後、消滅する有給の残日数を積み立て、育児・介護・私傷病などで利用できる制度	ワークライフバランスの促進と企業の社会的責任（CSR）の実践	有休の取得状況が良くない場合は効果が限定

	施策名	概要	メリット	デメリット
多様な働き方	副業・兼業	社員の副業や兼業を一定の条件のもとで許可する	人材育成、優秀な人材の獲得、新たな知識・顧客・経営資源の獲得	本業への支障、過重労働の助長、人材流出、情報漏えいなどのリスク
	在宅勤務	事業所への出勤を免除し、自宅で情報通信機器を活用し、仕事を行うことを認める制度	育児や介護、傷病等で出社が困難な社員が雇用継続、ワークライフバランスの向上	コミュニケーション不足、万全なセキュリティ対策が必要、労働時間管理が煩雑化
	週休3日制	休日を1日増やし、週休3日とする制度（週の所定労働時間を変更しないために変形労働時間制を適用）	社員のワークライフバランスの促進や採用時のPR効果	顧客や取引先との対応時の支障やビジネス上の機会損失のリスク
	65歳定年制	定年年齢を60歳から引き伸ばし、65歳とする	優秀な人材の長期確保や指導者として後進の育成に貢献	人件費の圧迫や戦力外社員の雇用長期化、健康や安全面での管理不安
	短時間社員制度	フルタイムで働けない事情をもつ社員を、正社員の処遇のまま、勤務時間を短くする	育児や介護等による離職回避、定年再雇用後のモチベーション向上	繁忙期等には人員補充が必要、職場での理解がないとトラブル化
働きやすい職場環境	LGBT	LGBT社員に対し不利益や差別的な言動や取扱いをしないような制度、風土醸成への取り組み	訴訟や法的リスクの回避や該当社員のモチベーション向上	繊細かつプライベートな事由のため、対応が難しい
	女性活躍推進	女性の採用比率、労働時間、管理職比率など、自社の女性活用に関する現状把握・課題の分析と、解決へ向けた行動計画策定・実行	優秀な女性人材による労働力確保、市場ニーズへの対応が可能	企業風土や長時間労働の是正など抜本的な改革が必要なため、時間がかかる
	カムバック制度	育児・介護・配偶者の転勤等の理由で退職した社員を、再度就労可能となった際に復職してもらう制度	採用と教育にかかるコスト削減、および即戦力採用が可能	既存社員との摩擦が起こる可能性や勤続へのモチベーションが低下するリスク

03 過労死等防止対策推進法・過労死等の防止のための対策に関する大綱

労働行政の昨今の動向

長時間労働を抑制し、仕事と生活の調和がとれた社会を実現するために、社会的制裁を含め取り締まりが厳しくなっています。

長時間労働防止に向けての労働行政の取り組み

① **「過労死等ゼロ」緊急対策**：長時間労働削減推進本部にて、(1) 違法な長時間労働を許さない取り組みの強化、(2) メンタルヘルス・パワハラ防止対策のための取り組みの強化、(3) 社会全体で過労死等ゼロを目指す取り組みの強化などを柱として、「働き過ぎ防止のための取り組み強化」を実施しています。主には、企業名公表制度（平成28年5月に初公表）、月80時間超の残業事業場は全数監督などが実施されています。
後述する新ガイドラインによる労働時間の適正把握の徹底も含まれています。

② **企業名公表制度**：次の基準に該当した企業は概ね1年間、「労働基準関係法令違反に係る公表事案」として厚生労働省および都道府県労働局のホームページに掲載されます。

ONE POINT
「過労死等」とは
業務における過重な負荷による脳血管疾患もしくは心臓疾患を原因とする死亡もしくは業務における強い心理的負荷による精神障害を原因とする自殺による死亡またはこれらの脳血管疾患もしくは心臓疾患もしくは精神障害をいいます。

企業名公表のリスク
社会的信用の失墜が大きく、それが影響し入札資格の停止、しいては業績不振、社長の辞職にまでつながっている事例もあります。目に見えないリスクとしては、従業員の退職、生産性低下、職場のモラール低下にもつながります。

経営トップへの指導
違法な長時間労働や過労死などが複数事業所で認められた場合、企業の経営トップに対して、労働基準監督署長らによる直接的な指導が行われることになりました。経営トップが違法な長時間労働などの問題点を十分理解したうえで、自ら率先して是正に取り組むことを目的としています。

企業名公表基準 ❶	STEP1 複数事業所を有する社会的に影響力の大きい企業で、1年程度の期間に、2カ所以上の事業場で、ア イ ウ の要件のいずれかの実態が認められること	ア 1事業場で10人以上または4分の1以上の労働者について、❶1カ月あたり80時間を超える時間外・休日労働が認められること、かつ、❷労働基準法第32・40条（労働時間）、35条（休日労働）または37条（割増賃金）の違反であるとして是正勧告を受けていること
		イ 過労死などに係る労災保険給付の支給決定事案の被災労働者について、❶1カ月あたり80時間を超える時間外・休日労働が認められ、かつ❷労働時間関係違反の是正勧告または労働時間に関する指導を受けていること
		ウ ア または イ と同程度に、重大・悪質である労働時間関係違反などが認められること
	STEP2 監督署長による企業の経営トップに対する指導において、ア または イ の実態が認められること	
企業名公表基準 ❷	STEP1 概ね1年程度の期間に2カ所以上の事業場で、エ または オ のいずれかに該当する実態が認められ、そのうち オ の実態が1カ所以上の事業場で認められること	エ ア の80時間を100時間に読み替える
		オ 過労死に係る労災支給決定事案の被災労働者について、❶1カ月あたり80時間を超える時間外・休日労働が認められ、かつ❷労働時間関係違反の是正勧告を受けていること

企業名公表制度の強化

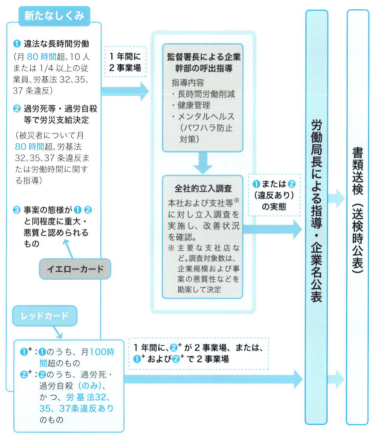

04 労働時間の適正な把握のために使用者が講ずべき措置に関するガイドライン

適正な労働時間の把握

「長時間労働を知らなかった」といっても、企業は免責されません！

ONE POINT

裁量労働制の不適正運用を行った企業の公表

裁量労働制について不適正な運用実態が複数の事業場で認められた（次の❶～❸すべてに該当）場合、企業名を公表する取り組みが開始されます。
❶ 裁量労働制の対象労働者のおおむね3分の2以上が、対象業務に該当しない業務に従事している。❷ 上記❶に該当するおおむね半数以上が、労働基準法32・40条、35条または37条の違反が認められる。❸ 上記❷に該当する1人以上が、1カ月あたり100時間以上の時間外・休日労働が認められる。

勤怠申告時間と在社時間が違う場合

その理由が休憩や自主的な研修、教育訓練、学習等であって労働時間ではないと報告されていても、実際には使用者の指揮命令下に置かれていた場合は、労働時間として取り扱います。

賃金台帳の適正な調製

使用者は、労働者ごとに、労働日数、労働時間数、休日労働時間数、時間外労働、時間数、深夜労働時間数といった事項を適正に記入します。法律で決められた項目を記入していない場合や故意に虚偽労働時間数を記入した場合は30万円以下の罰金に処されます。

適正な労働時間の把握とは？

① **労働時間とは**：使用者の指揮命令下に置かれている時間のことをいい、使用者の明示または黙示の指示により労働者が業務に従事する時間は労働時間にあたります。持ち帰り残業、残業申請していない時間なども含まれます。

② **労働時間把握の対象者は**：一般労働者は当然として、管理監督者や裁量労働制の適用対象者においても健康管理および深夜労働支払いのために労働時間の管理が必要です。つまり、企業にはすべての労働者の労働時間を適切に把握する義務があります。しかしながら、割増賃金の未払いや過重な長時間労働の問題が多い、使用者が労働時間を適切に管理していない実情を踏まえ使用者の労働時間把握義務を明確にした「46通達」が平成13年4月6日にできました。

労働時間適正把握ガイドライン（平成29年1月20日）

近年の労働基準法違反事件を反映し、46通達をより具体化しました。

① **ケースの具体化**：特に下記3点について、具体化された内容が追加され、下記の時間も労働時間とされることが明確になりました。（ア）着用を義務づけられた所定の服装への着替えや業務に関連した清掃等を事業場内において行った時間（イ）いわゆる「手待時間」（ウ）業務上義務づけられている研修・教育訓練の受講や、使用者の指示により業務に必要な学習等を行っていた時間

② **そのほか、やむを得ず自己申告制で労働時間を把握する場合の措置**：要件が新たに追加され（次頁参照）、会社の入退者記録やPC使用ログとの定期的な突きあわせが必要となりました。

● 労働時間の考え方

> **労働時間とは**
>
> 労働時間とは、使用者の指揮命令下に置かれている時間のことをいい、使用者の明示または黙示の指示により労働者が業務に従事する時間は労働時間にあたります。
> 具体的には、持ち帰り残業、残業申請しない時間なども含まれます。

- 使用者には管理監督者も含まれる
- 黙示の指示とは、上司が指示した業務をこなすために、必要に迫られて時間外労働をしているようなケースをいう

● 適正な労働時間の把握

近年の労働基準法違反事件を反映し、46通達をより具体化した「労働時間適正把握ガイドライン」が平成29年1月20日に発表されました。特に下記3点について、具体化された内容が追加されました。

- ● **労働時間の考え方**
  1. 使用者の指示により、就業を命じられた業務に必要な準備行為（着用を義務づけられた所定の服装への着替え等）や業務終了後の業務に関連した後始末（清掃等）を事業場内において行った時間
  2. 使用者の指示があった場合には即時に業務に従事することを求められており、労働から離れることが保障されていない状態で待機等している時間（いわゆる「手待時間」）
  3. 参加することが業務上義務づけられている研修・教育訓練の受講や、使用者の指示により業務に必要な学習等を行っていた時間

- ● **やむを得ず自己申告制で労働時間を把握する場合の措置**
  ⇒以下の要件が新たに追加
  1. 対象となる労働者に対して、ガイドラインを踏まえ、十分な説明を行うこと
  2. 労働時間を管理する者に対しても、ガイドラインを踏まえ、十分な説明を行うこと
  3. 自己申告により把握した労働時間が実際の労働時間と合致しているか否かについて、実態調査を実施し、所要の労働時間に補正すること。
  4. 自己申告した労働時間を超えて事業場内にいる時間について、その理由等を労働者に報告させる場合には、当該報告が適正に行われているか、確認すること。
  5. 労働者による適正な労働時間申告を阻害する措置を講じてはならない。

- ● **賃金台帳の適正な調製**

05 労働基準法 第36条 第38条・労働時間　副業・兼業の促進に関するガイドライン

副業・兼業への対応

有能な人材による副業・兼業を通じた起業によるイノベーションの促進、人材確保、人材育成、労働市場の流動化などがメリット

副業・兼業を自社に取り入れるか？

「自身の能力を一企業にとらわれず幅広く発揮したい、スキルアップを図りたいなどの希望を持つ労働者がいることから、長時間労働、企業への労務提供上の支障や企業秘密の漏洩などを招かないよう留意しつつ、雇用されない働き方も含め、その希望に応じて幅広く副業・兼業を行える環境を整備することが重要である」との考え方から、「副業兼業」は働き方改革の目玉のひとつとなっています。

① **会社のメリット**：人材育成、優秀な人材の獲得・流出防止、新たな知識・顧客・経営資源の獲得などがあります。
② **会社のデメリット**：本業への支障、人材の流出、従業員の健康配慮、情報漏など、さまざまなリスク管理が必要となります。
③ **従業員のメリット**：所得増加、自身の能力・キャリア選択肢の拡大、自己実現の追求・幸福感の向上、創業に向けた準備期間の確保ができるようになります。

企業において副業にはさまざまな課題が！

① **労働時間の通算**：労働時間は事業場を異にする場合においても、労働時間に関する規定の適用については通算するとされています（労基法38条1項）。同項では事業主が異なる場合について触れていませんが通達では「事業場を異にする場合とは事業主を異にする場合を含む」とされています（昭和23年5月14日基発769号）。
② **時間外手当の支払いと36協定**：労働時間を通算した結果、法定労働時間を超えた場合、割増賃金の支払い義務が生じます。また、36協定の締結が必要です。企業はそ

ONE POINT
企業秩序の維持
副業・兼業を認めるにあたっての企業側の一番の懸念は、「本業がおろそかになる」という回答が最多でした（平成28年経済産業省委託事業：「働き方改革に関する企業の実態調査」）。勤務先が複数になることによる所属意識の薄れや就業時間中の誠実労働義務違反の懸念等が予想されます。

● **副業（兼業）許可
申請書サンプル**

の労働者がほかの事業場で労働していることを確認したうえで、契約を締結すべきとの考え方を前提にしています（厚生労働省資料：副業・兼業の現状と課題）。

③ **安全配慮義務**：就業時間以外の活動は原則自由であるものの、それが兼業・副業などの労働に費やされる場合には長時間労働、過重労働となるおそれがあります。会社には労働契約法第5条に基づき従業員に対する安全配慮義務（健康配慮義務を含む）があるので、他社の就労状況の把握と適切な労働時間管理が必要となります。

④ **健康診断等の実施**：対象となるかの選定において、副業・兼業先における労働時間の通算は不要です。

⑤ **情報漏えい**：副業を許可することで、人材の流動化が進むことも予想される中、これまで以上に営業秘密の管理について厳格に行う必要があります。特に、秘密であることの明示や誓約書等における守秘義務契約の明記、

組織的管理体制が重要となります。

副業時の時間外手当の支払い

たとえば、事業主Aで所定労働時間1日5時間、事業主Bで所定労働時間1日4時間の場合、事業主Bで法定外労働1時間が発生します。この場合、事業主Aが労働者と労働契約を締結したあとに、事業主Bが労働者と労働契約を締結しているため、事業主Bに法定の割増賃金の支払い義務があります。

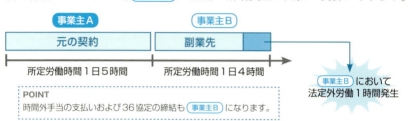

POINT
時間外手当の支払いおよび36協定の締結も 事業主B になります。

● 副業（兼業）に関する誓約書サンプル

2019年11月1日

副業（兼業）に関する誓約書

株式会社　多田国際
代表取締役　　石井治美　殿

私は、このたび副業（兼業）の許可を受けるにあたり、以下の事項を理解しすべてを遵守することを誓約いたします。会社が副業（兼業）に関して疑義が生じた場合は、副業（兼業）先に問いあわせることを承諾いたします。

1. 就業時間中には副業（兼業）は行わず、本業をおろそかにしないこと。
2. 常に健康を維持できるよう、体の自己管理に気を配ること。副業（兼業）により健康に異常がみられ、会社の業務に支障をきたすおそれがある場合は、副業（兼業）を終了すること。
3. 同業や就業他社への秘密漏洩はしないこと。
4. 賭博業や風俗業への就業はしないこと。
5. 兼業に関する事項を含む会社の就業規則およびそのほかの規程を遵守すること。
6. 許可申請書の記載内容に誤りがないこと。
7. 申請内容に変更があった場合には5日以内に会社に通知すること。
8. 異なる副業（兼業）先に転職する場合は、改めて許可を得なければならないこと。
9. 許可期間が平成30年11月1日から31年10月31日までであること。
10. 許可の更新を求める場合には、許可期間満了1ヵ月前までに、会社に通知すること。
11. 許可期間中であっても許可申請内容に変更があった場合、副業（兼業）に関する遵守事項への違反があった場合、その他許可を取り消すべき事情が生じた場合には、会社が副業（兼業）の終了を命じられる可能性があること。
12. 毎月月末までに当月の副業（兼業）先における勤務日および勤務時間を報告すること。
13. 会社が、副業（兼業）先に対して勤務日および勤務時間などに関する問いあわせをすることに同意し、実現に協力すること。
14. 誓約書で定めた内容に違反して副業（兼業）行為をした場合は、就業規則第○条の懲戒規程を適用する。

2019年11月1日

住　所　神奈川県横浜市みらい町○-○-○
氏　名　井上優子　㊞

06 働き方改革実現会議・テレワーク・副業兼業といった柔軟な働き方・働き方改革実行計画

副業兼業時の労災保険・雇用保険・社会保険

副業兼業時の社会保険の考え方は複雑です。
しっかりと整理しましょう。

副業兼業時の社会保険適用と報酬の考え方

① **業務労災**：労災保険制度は、労働者の就業形態にかかわらず、事故が発生した事業主の災害補償責任を担保するものなので、複数就業者にも適用されます。また、複数就業者への労災保険給付額については、事故が発生した就業先の賃金分のみを算定基礎としている※ので、すべての就業先の賃金合算分を補償することはできません。

※ 通達　昭和28年10月2日基収3048号　実際に業務災害が起きた会社（兼業先）の賃金を基に給付基礎日額を計算、が現在も有効

② **通勤労災**：本業の会社から兼業先の会社に向かう場合は、兼業先の労災が適用されます。逆に兼業先の会社から本業の会社に向かう場合は、本業の労災が適用されます。

③ **雇用保険**：事業主が異なる場合には労働時間は通算されません。たとえば、本業も兼業もともに週所定労働時間が加入要件に満たない場合には、雇用保険の適用が受けられないことになります。一方、両方の事業所で加入要件を満たす場合、その者が生計を維持するのに必要な主たる賃金を受ける雇用関係についてのみ被保険者となります（両方の事業所の報酬を合算することはしません）。

④ **社会保険**：業主が異なる場合には労働時間は通算されません。たとえば、本業も兼業もともに週所定労働時間が加入要件に満たない場合には、社会保険の適用が受けられません。一方、両方の事業所で加入要件を満たす場合、いずれかの事業所の社会保険を選択します。報酬月額は各事業所の報酬月額を合算します。各事業主は、被保険者に支払う報酬の額により按分した保険料を納付します。この手続きを「二以上事業所勤務届」といいます。

ONE POINT

雇用保険で被保険者とならない者
❶ 1週間の所定労働時間が20時間未満である者
❷ 同一の事業主に継続して31日以上雇用されることが見込まれない者

同一の事業主の下で、週所定労働時間20時間以上であれば、雇用保険は適用されますが、週所定労働時間20時間未満であるときは、複数の雇用関係を合算して週所定労働時間20時間以上となっても、雇用保険は適用されません。

社会保険の適用要件
短時間労働者の場合、大企業（従業員501人以上）にあっては、週所定労働時間20時間以上、所定内賃金月額8.8万円以上、中小企業の場合は、週所定労働時間30時間以上（ただし、中小企業であっても、短時間労働者の適用について労使合意があれば、大企業と同様の取扱いとなる）などの一定の要件を満たす場合に適用されます。

第0章　いよいよ「働き方改革」がはじまる

● 副業兼業時の労災保険給付額のポイント

たとえば、就業先Aで月15万円、就業先Bで月5万円の賃金の支払いを受けていた場合、就業先Bで事故に遭い就業先A 就業先Bともに休業した場合、就業先Bの5万円の賃金を算定基礎とした補償となります。

例 就業先A・Bを兼業し、月合計20万円の賃金を得ている労働者が、就業先Bで事故に遭い、就業先A・Bともに休業した場合

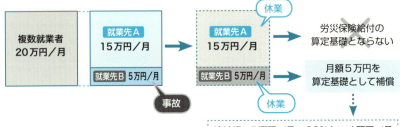

平成29年3月 厚生労働省労働基準局資料：副業・兼業の現状と課題

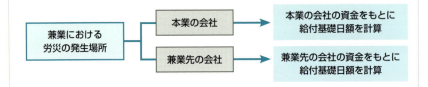

● 副業兼業時の通勤災害のポイント

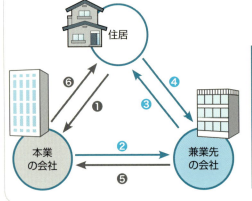

通勤災害 発生場所	給付基礎日額算定 のもととなる賃金
❶	本業の会社
❷	兼業先の会社
❸	兼業先の会社
❹	兼業先の会社
❺	本業の会社
❻	本業の会社

07 労働基準法・労働安全衛生法・パートタイム労働法・労働契約法・労働者派遣法

働き方改革を推進するための関係法律の整備に関する法律

これから、あらゆる法律改正が予定されています。

第0章 いよいよ「働き方改革」がはじまる

働き方改革を推進するための関係法律と改正概要
[労働時間に関する制度の見直し(労働基準法・労働安全衛生法:平成31年4月1日施行)]

① **時間外労働の上限について**:月45時間、年360時間を原則とし、臨時的な特別な事情がある場合でも年720時間、単月100時間未満(休日労働含む)、複数月平均80時間(休日労働含む)を限度に設定します(08 時間外労働の上限規制参照:中小企業は2020年4月1日より適用)。

② **月60時間を超える時間外労働に係る割増賃金率(50%以上)について**:中小企業への猶予措置が廃止されます(中小企業は2023年4月1日の施行)。

③ **10日以上の年次有給休暇が付与される労働者**:使用者は、10日のうちの5日については、毎年、時季を指定して与えなければなりません。

④ **フレックス制度**:清算期間を「3カ月」に延長し、より柔軟な働き方を可能としました。たとえば、6・7・8月の3カ月の中で労働時間を調整することが可能になりました。6月に多く働いて、8月の労働時間を短くすることができます。ただし、各月で週平均50時間(完全週休2日制の場合で1日あたり2時間相当の時間外労働の水準)を超えた場合は、会社はその各月で割増賃金を支払う必要があります。

⑤ **高度プロフェッショナル制度**:金融商品の開発業務といった対象業務を行う一定年収の労働者について、手続きを経ることによって深夜労働を含む残業代の支払いがなく自立的に働ける制度です。導入には健康確保措置を講じる必要があります。

⑥ **産業医機能の強化**:産業医がより効果的に活動するため

ONE POINT
勤務間インターバル制度
勤務終了後、一定時間以上の休職時間を設ける(退社から出社までの間に一定の時間を空ける)制度です。労働者の生活時間や睡眠時間を直接的に確保し、ワークライフバランスを保ちながら働くことを可能にするために、今回の法改正で努力義務とされました。

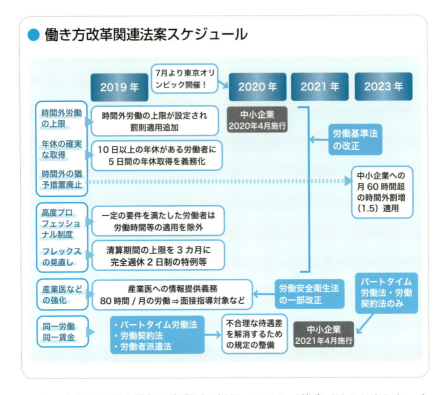

に、会社は必要な情報を産業医に提供することが義務づけられました。また、産業医から勧告があった場合には、会社はその内容に対し、衛生委員会または安全衛生委員会への報告が義務づけられました。

雇用形態にかかわらない公正な待遇の確保
[2020年4月1日より適用・中小企業におけるパートタイム労働法・労働契約法の改正規定は2021年4月1日より適用]

① **同一企業内における正規と非正規との間の不合理な待遇差をなくす**：どのような雇用形態を選択しても待遇に納得して働き続けられるようにすることで、多様で柔軟な働き方を「選択できる」ようにします。
② **同一労働同一賃金の導入**：同一企業・団体におけるいわゆる正規雇用労働者（無期雇用フルタイム労働者）と非正規雇用労働者（有期雇用労働者、パートタイム労働者、派遣労働者）の間の不合理な待遇差の解消を目指します。

08 労働基準法 第36条・労働時間
罰則（6カ月以下の懲役または30万円以下の罰金）

時間外労働の上限規制

労使の合意によっても上回ることのできない上限の定めとその違反は罰則の対象となります。　**2019年4月1日施行（中小企業は2020年4月1日）**

36協定とは

① **時間外労働**：法定労働時間は、1日8時間、1週40時間ですが、「36協定」を結ぶことで、1カ月に45時間、1年に360時間までの時間外労働（原則的限度時間）が可能となります（48・114頁参照）。さらに「特別の事情」があるときは特別条項を結ぶことで、1年に6回まで、原則的限度時間を超えて時間外労働が可能となります。

改正！　時間外労働の上限規制

① **特別条項の要件**：特別条項を結ぶ場合、時間外労働は年720時間を上回ることができません。また、次の3つの要件を満たす必要があります。
（1）2カ月、3カ月、4カ月、5カ月、6カ月の期間のいずれにおいても、休日労働を含んで月平均80時間以内であること（2）いずれの月も、休日労働を含んで月100時間未満であること（3）原則的限度時間を超えるのは1年に6回までであること

② **注意事項**：特別条項を適用する従業員に対し、会社は何らかの健康確保措置を定めなければなりません。また従来とは違い、休日労働の時間も含んで労働時間をカウントすることになります。実務上、月や年の途中で、労働時間をチェックしておかないと、思わぬうちに上限を超えてしまう可能性があります。

③ **罰則**：新しい要件に適合しない36協定は無効となり、労働基準法32条などの違反となり、上記①の上限規制（1）（2）に違反した場合は、36条第6項違反となり、いずれも労基法119条「6カ月以下の懲役または30万円以下の罰金」となります。

ONE POINT

主な適用除外
適用除外として以下の業種が挙げられています。
❶ 自動車の運転業務：改正法の施行の5年後に、年960時間以内の上限規制を適用する
❷ 建設事業：改正法の施行の5年後に、一般事業・業務と同じ上限規制を設ける
❸ 新技術、新商品等の研究開発の業務
❹ 医師：改正法の施行の5年後に、医療の提供の状況等を勘案し厚生労働省令で定める者については、上限時間を厚生労働省令で定める

中小企業への猶予措置
中小企業への適用は、大企業の1年遅れの予定です。

告示を法律に格上げ
今まで原則的限度時間（1カ月45時間、1年360時間）は、「告示」でしたが、労働基準法第36条第4項）に明文化されました。それに伴い、罰則による強制力を持たせました。

第0章　いよいよ「働き方改革」がはじまる

● 36協定 法改正案

> 限度時間が法律で定められる!

新たな上限規制

- **原則** 1日8時間 週40時間
- **例外** 時間外労働の上限規制は、原則として、月45時間、年360時間とする（違反には罰則あり）

臨時的な特別の事情がある場合の特例適用

1. 年間の時間外労働は720時間以内とする。（法定休日労働は対象外）
2. 2カ月、3カ月、4カ月、5カ月、6カ月いずれにおいても平均80時間以内とする（法定休日労働含む）
3. 月の上限は100時間未満とする（法定休日労働含む）
4. 原則を上回る特別条項の適用は年6回が上限

● 1年間の時間外労働時間

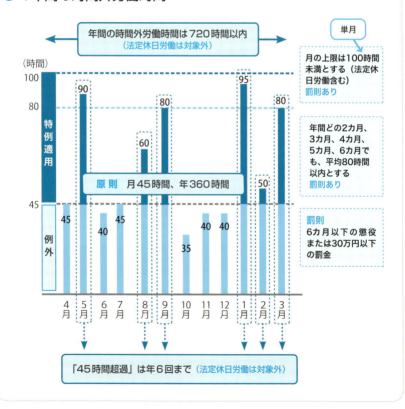

09 労働基準法 第39条7項・有給休暇の取得義務
罰則（30万円以下の罰金）

年次有給休暇の時季指定

年10日以上の年次有給休暇が付与されている労働者に対し、毎年5日間の有給休暇の取得が義務化されました。　**2019年4月1日施行**

年5日の年次有給休暇の取得義務

① **年次有給休暇の取得率**：平成19年12月に厚生労働省が発表した「仕事と生活の調和推進のための行動指針」では、2020年までに年次有給休暇取得率を70％にするとの数値目標が掲げられました。しかし、2016年の有給休暇取得率は49.4％です。2020年までの目標である70％には程遠いため、年5日以上の年次有給休暇の取得が確実に進むようなしくみを導入する必要があります。

② **対象者**：年次有給休暇の付与日数が10日以上である労働者に対し、年次有給休暇のうち5日については、基準日から1年以内の期間に労働者ごとにその時季を指定しなければなりません。

③ **例外**：ただし労働者が時季指定した場合や計画有給が付与された場合は、それらの日数の合計を年5日から差し引いた日数が時季指定の対象になります。

④ **労働者ごとにその時季を指定するとは**：省令で以下の3点が定められています。
　(1) 労働者に対して時季に対する意見を聴くこと
　(2) 時季に関する労働者の意思を尊重するように努めなければならない
　(3) 労働者の年次有給休暇の取得状況を確実に把握するため、使用者は年次有給休暇の管理簿を作成しなければならない

⑤ **計画有休の検討**：年5日以上の年次有給休暇を取得させられない場合、労基法120条により30万円以下の罰則が科せられます。そのため、計画有給の制度を導入し、計画的に取得させる方法も策としてあります。

第0章　いよいよ「働き方改革」がはじまる

ONE POINT

パートタイマーにも年5日の有休取得は必要か？
10日以上有休休暇が付与されるフルタイムのパートタイマーも対象となります。今後は、パートタイマー全員が有休を適切に利用してもらえる環境づくりが必要です。

計画有給には3種類ある
計画有給をする場合には、労使協定において、年休を与える時期に関する定めをする必要があります。計画有給の方式としては次の3つがあります。
❶ 事業場全体の休業による一斉付与
❷ 班別の交代制付与
❸ 年休付与計画表による個人別付与

● 年休を前倒しで付与した場合の特例について

第1項：通常の前倒しの際の取扱い

法定の基準日（4月1日入社の場合であれば10月1日）より前に10労働日以上の年休を与えることとしたときは、その日から1年以内に5日の年休を取得させなければならない。たとえば、下の例のとおり、入社日である4月1日に10日の年休を与えることとした場合には、翌年の3月31日までに5日取得させることとなる。

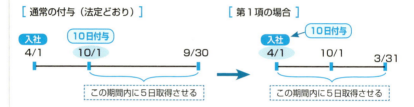

第2項：ダブルトラック発生時の特例

入社した年とその翌年とで年休の付与日が異なるなどの理由から、5日の時季指定義務の履行期間に重複が生じる、いわゆる「ダブルトラック」が発生する場合には、年休の取得状況の管理が複雑になり得る。このため、「最初に10日の年休を与えた日から、1年以内に新たに10日の年休を与えた日から1年を経過するまでの期間」（＝重複が生じている履行期間の第1の履行期間の始期から第2の履行期間の終期までの間）の長さに応じた日数を当該期間中に取得させることも認める。

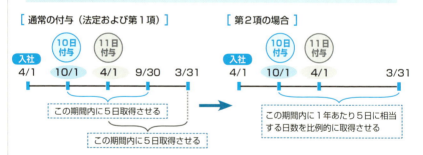

> **例** 2019年4月1日に入社し、2019年10月1日に10日の年休を付与、その後、斉一的取扱いで2020年4月1日に11日の年休を付与する場合の対応。
>
> **原則** 2019年10月1日に付与された10日 ⇒ 2020年9月30日までに5日取得
> 2020年4月1日に付与された11日 ⇒ 2021年3月31日までに5日取得
> その結果、半年の重複期間（ダブルトラック）が発生する
>
> **特例** 履行期間は2019年10月1日から2021年3月31日までの18カ月となる。
> その期間に18カ月÷12カ月×5日＝7.5日を取得させることができる。
> ※端数処理の方法については、時季指定を半日単位で行う場合、0.5単位に切り上げ、1日単位で行う場合、小数点以下切り上げとする

第3項：特例期間後の取扱い

第1項、第2項による履行期間がそれぞれ経過したあとは、第一基準日または第二基準日から1年後の日が基準日とみなされ、法第39条第7項本文を適用する。次の 例1 例2 では、2年目あるいは3年目の年休付与日が基準日とみなされることになる。

[例1 第一基準日から1年後の日]

[例2 第二基準日から1年後の日]

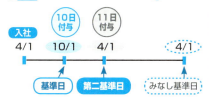

例 2019年4月1日に入社し、2019年10月1日に10日の年休を付与。
その後、斉一的取扱いで2020年4月1日に11日の年休を付与する場合については、その翌年の基準日は2021年4月1日となる。

第4項：履行期間前の年休取得の取扱い

年休を前倒しで分割して付与する場合、付与した年休の日数の合計が10労働日に達した日が第一基準日となり、その日から使用者の時季指定義務が発生する。分割して付与された日数が10労働日に達する前に、事前に分割して付与された分の年休を法第39条第5項または第6項によって取得した場合、当該日数分については、時季指定義務を課さないこととする。次の例では、労働者が基準日の前に3日間年休を取得しているので、使用者は5労働日の年休を付与すべきところ、2日で足りることとなる。

[第4項の場合]

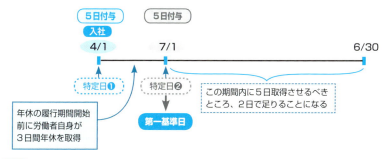

例 4月1日入社の場合、法によれば10月1日に10日の年休が付与されるが、4月1日に5日、残りの5日を10月1日に付与するケース。付与日が合計10日となる10月1日が基準日となるため、そこから1年間の間に5日の年休を取得させる必要があるが、10月1日以前に取得した年休がある場合には、その日数が5日から差し引くことができる。

● 年次有給休暇の時季指定

現行

現行法では労働者が自ら申し出なければ年休を取得できなかった

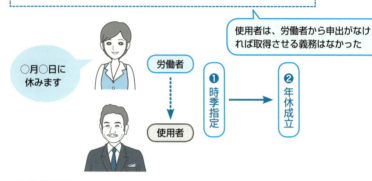

使用者は、労働者から申出がなければ取得させる義務はなかった

改正

改正後は、使用者が労働者の希望を聴き、その希望を踏まえて時季を指定

今後は、積極的に労働者の意見を聞くことが求められる

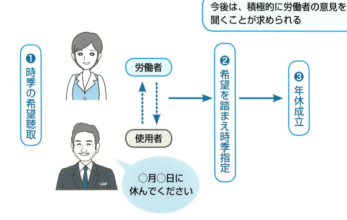

- 最低でも年5日は取得することになります。
- 年5日の年次有給休暇を取得できない場合は、罰則がつきます。

罰則 労基法120条・30万円以下の罰金

10 労働基準法 第32条・フレックスタイム制

労働基準法改正で変わるフレックスタイム制

フレックスタイム制の清算期間の上限が1カ月から3カ月に変更になり、完全週休2日制における法定総労働時間の不都合が解消されるようになりました。

2019年4月1日施行

清算期間の上限変更

① **変更内容**：これまで、フレックスタイム制の清算期間は1カ月を上限としていましたが、法改正により、3カ月まで期間が延長されました。これにより、たとえば、6月・7月・8月の3カ月の中で、6月に多く働いて、8月は労働時間を短くするというような、いっそう柔軟な働き方が可能となります。

② **時間外労働の考え方**：これまでは、清算期間の総労働時間を超えた部分が時間外労働の割増賃金の対象でした。1カ月を超える清算期間の場合、それに加えて1カ月ごとに区切った期間で、1週あたりの労働時間の平均が50時間を超えたら、その1カ月単位で割増賃金を支払い、清算期間の総枠で最終的な割増賃金を計算します（40頁参照）。

③ **手続き**：フレックスタイム制を導入する場合には、労使協定を締結する必要がありますが、これまでは労働基準監督署への届出は不要でした。改正後は、清算期間が1カ月を超える場合には、届出が必要となります。

完全週休2日制における特例

① **労使協定により不都合を解消**：従来は、完全週休2日制の際に、月の曜日の巡りによっては、1日の労働時間の平均が8時間であっても、法定労働時間の総枠を超えてしまう場合がありました。その場合は通達（基発228：平成9年3月31日）により、4つの要件を満たせば、法定労働時間の総枠を超えても時間外労働と扱わなくてもいいと

ONE POINT
中途入社、中途退職の場合の計算方法

1カ月を超える期間のフレックスタイムで、期間の途中に、中途入社または中途退職した場合の計算方法はどうなるのでしょうか。この計算方法は労働基準法第32条の3の2に新設されました。期間の途中で入社・退社となった場合は、当該労働をさせた期間において、1週間の平均労働時間が40時間を超える場合に時間外労働を支払う必要があります。

例 労働者の清算期間中の労働時間が50日だったら、「40時間×（50÷7日）＝285.7」を超えた場合に、時間外労働手当が必要となります。

第0章　いよいよ「働き方改革」がはじまる

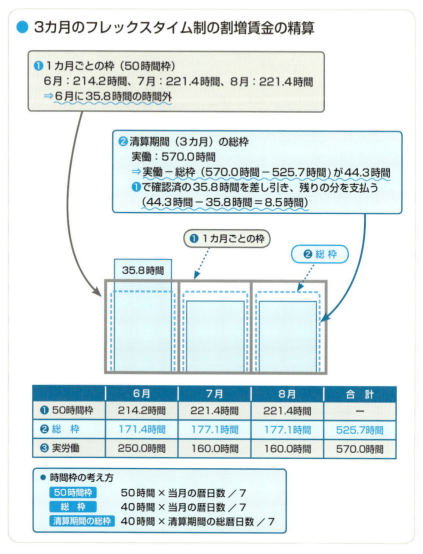

されていましたが、法改正により、特例の要件（下記②参照）を満たした場合に、労使協定を締結すればいいとなりました（詳細は上図参照）。

② **特例の要件**：次の2つの要件を満たす必要があります。
  (1) 労働時間の限度について、清算期間における所定労働日数に8時間を乗じて得た時間とする旨を労使協定で定めること
  (2) 1週間の所定労働日数が5日であること

● 完全週休2日における特例

暦日数 （法定労働時間の総枠）	所定労働日数 （1日8時間労働した場合の 総労働時間数）
31日（177.1時間）	23日（184時間）
30日（171.4時間）	22日（176時間）
29日（165.7時間）	21日（168時間）

暦日30日の法定労働時間は171.4時間だが、その月の所定労働日数が22日の場合の所定労働時間は176時間となり、4.6時間が時間外労働となる

法改正前

通達（基発228 平成9年3月31日）
- 清算期間が1カ月
- 完全週休2日制
- 29日目を起算日とする1週間の労働時間が40時間を超えない
- 労働日ごとの労働時間が概ね8時間以下

効 果
法定労働時間の総枠を超える部分について、時間外労働として扱わなくてもいい

法改正後

労働基準法第32条第3項
- 労使協定で、総労働時間を所定労働日数に8時間を乗じて得た時間とする旨を定める
- 完全週休2日制であること

効 果
清算期間における法定労働時間の総枠が、所定労働日数に8時間を乗じて得た時間数になる

第0章　いよいよ「働き方改革」がはじまる

11 労働基準法 第41条の2

高度プロフェッショナル制度

高度プロフェッショナル制度とは、要件を満たした場合に、労働時間、休憩、休日および深夜の割増賃金に関する規定が、適用除外となる制度です。

適用要件

① **対象業務**：高度の専門的知識などを必要とし、その性質上、時間と成果が比較的連動しない厚生労働省令で定める業務になります。

② **対象労働者**：年収が基準年間平均給与額の3倍相当上回る金額を水準として、厚生労働省令で定める額以上の労働者が対象になります。

制度導入時の手続き

① **労使委員会で決議**：決議事項は次の10項目です。
(1) 対象業務の内容 (2) 対象労働者の範囲 (3) 健康管理時間の把握措置 (4) 1年を通じ104日以上かつ4週を通じ4日以上の休日付与 (5) 健康確保の選択的措置 (6) 健康福祉の確保措置 (7) 同意撤回手続き (8) 苦情処理に関する措置 (9) 同意をしなかった対象労働者に対する解雇そのほか不利益な取扱いの禁止 (10) そのほか省令で定める事項

② **決議を行政官庁に届け出る必要がある**：届出がない場合、制度は適用されません。

③ **書面で労働者本人の同意を得る**：適用労働者は自ら同意を撤回することも可能です。

制度導入後の手続き

① **報告義務**：上記決議事項の(4)～(6)の実施状況を行政官庁に報告する必要があります。

② **健康管理時間**：適用労働者が、事業場内にいた時間と事業場外で労働した時間の合計時間（労使委員会にて除外

ONE POINT

対象業務
❶金属工学などの知識を用いて行う金融商品の開発の業務、❷資産運用（指図を含む。以下この❷において同じ）の業務または有価証券の売買そのほかの取引の業務のうち、投資判断に基づく資産運用の業務、投資判断に基づく資産運用として行う有価証券の売買そのほかの取引の業務または投資判断に基づき自己の計算において行う有価証券の売買そのほかの取引の業務、❸有価証券市場における相場などの動向または有価証券の価値などの分析、評価またはこれに基づく投資に関する助言の業務、❹顧客の事業の運営に関する重要な事項についての調査または分析およびこれに基づく当該事項に関する考察または助言の業務、❺新たな技術、商品または役務の研究開発の業務

対象労働者の年収要件
対象労働者の要件となる賃金額（厚生労働省令で定める額）は1,075万円です。

● 高度プロフェッショナル制度導入時の手続き

次の手続きを行う必要があります。

❶ 対象業務、対象労働者の範囲を明確にする

❷ 労使委員会を立ちあげ、決議事項10項目を決議する

5分の4以上の多数による議決が必要

❸ 決議事項を行政官庁に届け出る

❹ 決議した健康確保措置を講じたうえで、対象労働者に個別同意を取る

● 健康確保の選択的措置 [左頁：決議事項(5)]

次のいずれかの中より1つ選択して実施する必要があります。

勤務間インターバル制度
始業から24時間を経過するまでに、継続して一定以上の休息時間を与え、かつ、1カ月間における深夜勤務を厚生労働省令で定める回数以内とすること

健康管理時間の上限規制
健康管理時間を、1カ月または3カ月について、それぞれ厚生労働省令で定める時間を超えない範囲内とすること

休日の付与
1年に1回以上、継続した2週間（労働者が請求した場合は、1年に2回以上、継続した1週間）の休日を与えること

健康診断の実施
健康管理時間の状況等が、健康の保持を考慮して、厚生労働省令で定める要件に該当した者に対して、健康診断を実施すること

時間を定めることも可能）をいいます。

③ **面接指導（労働安全衛生法第66条の8の4）**：使用者は適用労働者について、健康管理時間が厚生労働省令で定める時間（週40時間を超える時間の合計が100時間）を超える場合、産業医の面談を行う必要があります。

12 働き方改革実現会議・インターバル制度
労働時間等設定改善法 第2条

インターバル制度

前日の終業時刻と翌日の始業時刻の間に一定時間の休息の確保に努めなければならない制度で、努力義務です。

2019年4月1日施行

働きすぎによる心身の健康障害の防止策

① **インターバル制度とは**：勤務終了後、一定時間以上の休息時間を設ける（退社から出社までの間に一定の時間を空ける）ことで、労働者の生活時間や睡眠時間を直接的に確保し、過重労働による健康障害を防止する効果が高いと考えられている制度で、今後努力義務化する方向で議論が進められています（働き方改革実行計画❺）。

② **制度設計は自由**：日本ではインターバル制度は義務化されていないので、企業は業種や現状を踏まえて、オリジナルで制度設計を行っています。休息時間を確保することにより、長時間労働の抑制が期待され、従業員の健康管理が可能になります。しかし、制度を導入しても業務そのものの改善がなくては、制度を乱用するに終わってしまう可能性もあります。制度導入をきっかけに、会社全体での業務改善活動もあわせて行うと、活きた制度となります。

具体的な制度設計のポイント

① **休息時間は何時間とするか**：EUにおいては11時間と法律で決まっていますが、日本では自由に設定できます。よって、企業の実態にあわせて、10時間なども可能です。

② **休息時間の賃金の取扱い**：最も悩ましいのは、始業時間を繰り下げた時間の賃金の取扱いです。働いたとしてみなすのか、時差出勤したとして終業時間を繰り下げるのか、それぞれメリットデメリットがありますのでしっかりと選択してください。

③ **ルールの設定と人事部、上長との連携**：「インターバル

ONE POINT
「EU労働時間指令」（2000年改正）
「1日連続11時間以上の休息の付与」が規制化されヨーロッパでは義務化されています。

休息時間の賃金取扱検討ポイント
終業時刻が遅くなることにより、その日の終業時刻が遅くなるという悪循環が発生する可能性があります。（深夜残業の増加など）他方、賃金を支給する場合、だらだら残業が増加する可能性ありますので十分検討しましょう。

● インターバル制度の目的とメリット・デメリット

インターバル 制度導入	メリット	デメリット
会　社	●労働環境の改善 ●働きやすい職場環境の構築により、離職率の低下、人材確保がしやすくなる ●脳・心臓疾患の労災回避	●勤怠システム導入など、コストがかかる ●現場の実態を踏まえずに制度化すると、逆に働きにくい職場環境となってしまう
労働者	●生活時間や睡眠時間を直接的に確保できる ●健康の維持・改善	●始業、終業時間の自己管理ができない人には不向き

● 休息時間・翌日の始業時刻

「始業・終業時刻の繰り下げ」か、「インターバル時間と翌所定労働時間の重複部分の就労義務の免除」のいずれかを選択します。

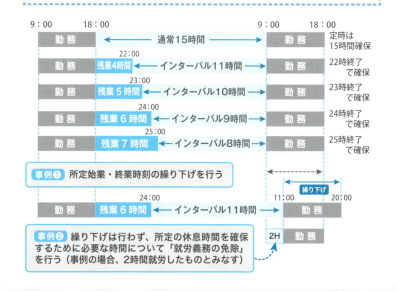

「制度があるから安心」ではなく、毎日のように利用する社員がいては本末転倒です。月に2回の利用までなどとルールは明確に決める必要があります。

13 労働契約法 第20条・パートタイム労働法 第8条 第9条
労働者派遣法 第30条 第31条

同一労働同一賃金

同じ仕事に従事する労働者は、同じ水準の賃金が支払われるべきとするものです。

2020年4月1日施行（中小企業は2021年4月1日）

同一労働同一賃金の趣旨

① **日本の非正規社員は全雇用者の4割**：非正規雇用の待遇を改善し、多様な働き方の選択を広げる必要があります。また、女性は結婚・子育てにより、30代半ば以降非正規社員を選択する傾向にあります。貴重な人材として社会全体で育てることが必要です。

② **非正規社員で働く世帯主は1割程度**：働き方の多様化により、非正規社員で家計を支える人が増えています。そのことが社会的格差、貧困問題となっているため、是正が必要です。

目的と概要

① **規程の整備による不合理な待遇格差の解消**：次のように、正規社員、非正規社員などの雇用形態に関わらない公正な待遇の確保を目的としています。
　(1) **均衡待遇規定（不合理な待遇差の禁止）**：職務内容、職務内容・配置の変更の範囲、そのほかの事情を考慮したうえで、不合理な待遇差を禁止します。
　(2) **均等待遇規定（差別的取扱いの禁止）**：職務内容※や配置の変更の範囲が同じ場合、差別的取扱いを禁止します。※ 職務内容とは、業務内容と責任の程度をいいます。

② **労働者の待遇に関する説明義務の強化**：事業主は、非正規社員から正規社員との待遇差の内容や理由を問われたら、説明する義務があります。

③ **派遣社員の待遇**：派遣労働者は、派遣先が変わるたびに賃金水準が変わると、生活が不安定になるため、次のいずれかの義務化により賃金の安定を図ります。

ONE POINT

労働条件の見直し
正規社員、非正規社員を問わず、各種手当の支給対象になるので、人件費の増加が見込まれます。現状の運用にあわない手当や属人的な手当を見直す必要があります。

福利厚生について
正規社員には各種手当や法定外休暇を認めて、非正規社員は認めないとする会社もありますが、非正規社員に認めないのは違法になる可能性があります。

行政による事業主への助言や指導、「行政ADR」の規定の整備
都道府県労働局において、無料・非公開の紛争解決手続きを行います。「均衡待遇」や「待遇差の内容・理由」に関する説明についても、行政ADRの対象になります。
※行政ADRとは、「裁判外紛争解決手続き」のことをいいます。事業主と労働者の間の紛争を、裁判によらず解決する手続きです。

● 同一労働同一賃金に関する改正

改正＋名称変更：パートタイム労働法／労働契約法／労働者派遣法

改正前後の規定の関係

働き方改革関連法案成立後

※ 青字部分が新設・改正される法律上の規定

	不合理な待遇の禁止 [均衡待遇]	差別的取扱いの禁止 [均等待遇]	待遇の相違などに関する [説明義務]
短時間労働者	改正法第8条 (改正前：パート労働法第8条)	改正法第9条 (改正前：パート労働法第9条)	改正法第8条 (改正前：パート労働法第8条)
有期雇用労働者	改正法第8条 (改正前：労働契約法第20条)	改正法第9条[新設] (－)	改正法第14条[新設] (－)
派遣社員	派遣法第30条の3	派遣法第30条の3	派遣法第31条の2

※ パートタイム労働法は、有期雇用労働者を法の対象に含めるため、法律名称が「短時間労働者及び有期雇用労働者の雇用管理の改善等に関する法律」と改正されました。

● 不合理な待遇差を解消するための規程の整備

関連法	待遇の「違い」の合理性に関する要素	法制度の内容
パートタイム労働法 第8条、第9条 労働契約法 第20条 ⇩ 改正パート・有期労働者法	❶ 職務内容 （業務内容＋責任の程度） ❷ 人材活用のしくみ （職務内容・配置の変更範囲） ❸ そのほかの事情 ※詳細解釈は示されていない	**均衡待遇** ❶～❸を考慮し、「不合理」な待遇を禁止 ⇒ 合理、不合理の詳細解釈は示されていない（パートタイム労働法第8条、労働契約法20条） ⇒ 個々の待遇の性質・目的に照らして事情を考慮し、不合理か否かを判断する（ガイドラインの策定） ⇒ 正規社員と非正規社員について、左列の❶❷❸の要素を考慮し、バランスの取れた待遇を求める **均衡待遇** 同じ処遇が求められる ⇒ 正規社員よりも不利な扱いをしてはならない（パートタイム労働法第9条） ⇒ 左列の❶❷が、事業所に雇用される通常の労働者と同一かどうかで判断 ⇒ 正規社員と非正規社員について左列の❶❷が同一であれば、同一の待遇を求める

(1) 派遣先の労働者との均等・均衡な待遇

(2) 一定の要件を満たす労使協定による待遇

※ あわせて、派遣先になろうとする事業主に対し、派遣先労働者の待遇に関する派遣元への情報提供が新設されます。

● 新36協定届（一般条項）様式第9号 例

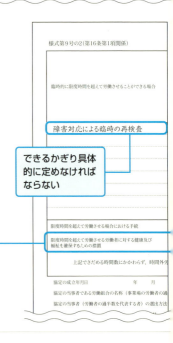

「健康及び福祉を確保するための措置」については、次の①〜⑩のいずれかを講ずることを定める
① 労働時間が一定時間を超えた労働者に医師による面接指導を実施すること。
② 法第37条第4項に規定する時刻の間において労働させる回数を1箇月について一定回数以内とすること。
③ 終業から始業までに一定時間以上の継続した休息時間を確保すること。
④ 労働者の勤務状況及びその健康状態に応じて、代償休日または特別な休暇を付与すること。
⑤ 労働者の勤務状況及びその健康状態に応じて、健康診断を実施すること。
⑥ 年次有給休暇についてまとまった日数連続して取得することを含めてその取得を促進すること。
⑦ 心とからだの健康問題についての相談窓口を設置すること。
⑧ 労働者の勤務状況及びその健康状態に配慮し、必要な場合には適切な部署に配置転換をすること。
⑨ 必要に応じて、産業医等による助言・指導を受け、または労働者に産業医等による保健指導を受けさせること。
⑩ その他

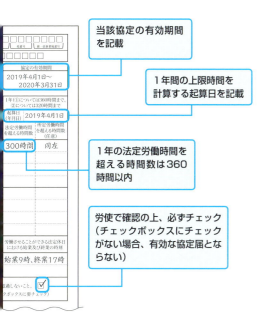

● 新36協定届（特別条項）様式第9号の2 例

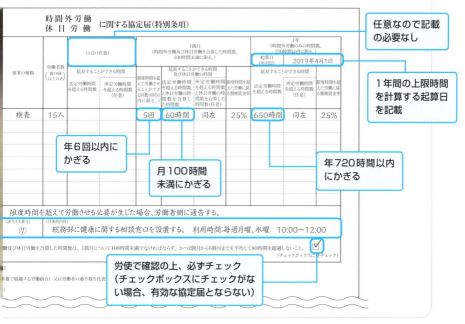

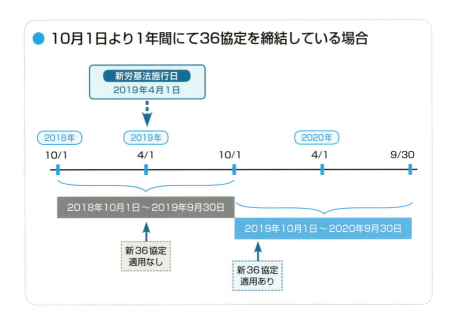

●**新労基法施行日（2019年4月1日）を含む期間で定められた36協定の取り扱い**

新36協定の適用は、2019年4月1日からとなります。新労基法の第36条には経過措置が設けられていて、「2019年4月1日以後の期間のみを定めている協定より、適用される」ことになっています。
なお、2019年3月31日以前の期間を含む36協定は、従前のとおり取り扱われます（新36協定は適用されません）。

第1章
労働基準法と労働基準監督署のしくみとルール

01 労使トラブルについて知ろう
- 「いじめ・嫌がらせ」が6年連続トップになり、紛争内容はさらに多様化
- 個別労働紛争を解決するシステム

02 従来型の労使関係の崩壊
- 総合労働相談件数および民事上の個別労働紛争相談件数は高止まり
- 平成29年度 監督指導1企業あたりの支払額

03 労働基準監督署は司法警察
- 労働基準法の性質と限界

04 労働基準法における罰則
- 労働基準法による主な罰則一覧

05 労働法とは？ 労働法の歴史を紐解く
- 労働法の歴史的背景

06 申出によって有期労働契約が無期労働契約へ
- 無期転換の申込みと転換時期
- 第二種計画認定を受けた場合の無期転換権
- 第二種計画認定申請書の記載例
- これだけは覚えておきたい労働契約法の主な内容

01 個別労働関係紛争法・総合労働相談コーナー・労使トラブル

労使トラブルについて知ろう

中小企業の10社に2.9社は労使トラブルに巻き込まれる時代です。

労働相談は年々増加

① **平成29年度の相談件数は約110万5,000件**：全国に380カ所ある「総合労働相談コーナー」に、平成29年度1年間に寄せられた労働相談は110万4,758件で、10年連続で100万件を超え、高止まりです（55頁上図参照：厚生労働省平成29年度「個別労働紛争解決制度施行状況」より）。

② **民事上の個別労働紛争も増加**：寄せられた相談の約2割（22.9%）にあたる25万3,005件は民事上の個別労働紛争に関するもので、「個別労働紛争解決制度」ができた平成13年10月から高止まりです。

③ **紛争解決援助の対象になるのは**：持ち込まれた相談のうち、助言・指導申出受付件数は9,134件、あっせん申請受理件数は4,952件となっています。

相談内容のトップは「いじめ・嫌がらせ」

① **労使トラブルの最多項目**：相談内容は「いじめ・嫌がらせ」に関するものが最も多く23.6%。ついで「自己都合退職」が12.8%、「解雇」が10.9%、「労働条件の引き下げ」が8.5%、「退職勧奨」が6.8%となっています。そのほかの労働条件でのトラブルも多く、雇止め、出向・配置転換・雇用管理等の相談も持ち込まれています。

② **相談者の8割は労働者**：相談を持ち込む大半は労働者側で82.9%。就労形態は正社員が37.6%と最多ですが、非正規社員からの相談も増えており、パートタイマー・アルバイトが14.2%、期間契約社員が12.2%、派遣労働者が4.9%となっています。

ONE POINT

個別労働紛争解決制度を活用しよう！
増加する従業員と会社間の個別労働紛争を未然に防止し、迅速に解決することを目的とした法律です。
都道府県労働局において、無料で解決援助サービスを提供しています。具体的には、総合労働相談コーナーによる無料の情報提供や相談、都道府県労働局長による助言・指導、紛争調整委員会によるあっせんなどの制度があります。

総合労働相談コーナーって、どんなところ？
労働問題に関するあらゆる相談を、ワンストップで対応するための窓口です。
各都道府県労働局、主要労働基準監督署内、駅近隣の建物などに設置されていて、現在、全国で約380カ所あります。

● 「いじめ・嫌がらせ」が6年連続トップになり、紛争内容はさらに多様化

参考 厚生労働省HP 民事上の個別労働紛争相談の内訳（平成29年）

● 個別労働紛争を解決するシステム

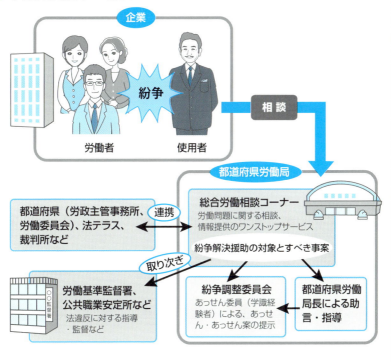

02 個別労働関係紛争法・労使トラブル・就業規則

従来型の労使関係の崩壊

労使トラブルは会社の業績を左右する隠れリスク!?

労使トラブル急増の背景

① **従来型の労使関係の崩壊**：暗黙の了解によって成り立っていた労使の信頼関係が、「不況によるリストラ」「会社に労働法の知識がない」「集団的紛争から個別紛争への変化」「従業員の権利意識の高まり」などによって崩壊しつつあります。

② **労使トラブルは会社の隠れリスクになっている**：会社が従業員への安全配慮義務を怠って、損害賠償請求を受けたり残業代を未払いにすると、労働基準監督署から数百万円単位の割増賃金の支払いを命じられることもあります。これらは会社に大きな経済的負担をかけ、企業の業績を左右する隠れリスクになります。

トラブルを未然に防ぐために就業規則の明文化が急務

① **トラブルが起こると会社に支払命令が出る**：たとえば「残業代は給料に含まれると伝えたはず」など、経営者の思い込みによって紛争に発展するケースが目立ちます。この場合、会社に対して支払命令が出るのが一般的です。解決には長い時間を要し、精神的苦痛も伴います。裁判では会社が納得できる決着は少ないのが現実です。

② **会社のルールを従業員に伝える義務がある**：トラブル防止のためにも「ここまではできるが、これ以上の制度はない」と就業規則に明文化し、従業員にわかりやすく説明します。そのためには労働法の法令や判例、関連情報を知ることも大切です。それがトラブル防止に役立ち、万一トラブルが起こっても、早期に解決できるようになります。よい労務管理は業績をあげるしくみのひとつになる時代であることを認識しましょう。

ONE POINT
労働委員会が扱う労働争議の調整には、あっせん・調停・仲裁がある

あっせんは3つの調整手法のうち最も利用しやすいものであり、労働者側、使用者側、どちらからでも申請することができます。
また、調整を進めるなかで、両当事者に対して解決案を提示することもありますが、これは受諾を強制するものではありません。
ただし仲裁に関しては、いったん仲裁裁定がなされたら、労働協約と同一の効力を持って当事者を拘束することになります。

● 総合労働相談件数および民事上の個別労働紛争相談件数は高止まり

参考 厚生労働省HP 平成29年度 個別労働紛争解決制度施行状況

● 平成29年度 監督指導1企業あたりの支払額

<平成29年度の監督指導による賃金不払残業の是正結果のポイント>

	今年度	前年度比
是正企業数	1,870企業※	521企業増
支払額（割増賃金合計額）	446億4,195万円	319億1,868万円増
対象労働者数	20万5,235人	10万7,257人増

※うち、1,000万円以上の割増賃金を支払ったのは、262企業

● 支払われた割増賃金の平均額
　1企業あたり2,387万円、労働者1人あたり22万円

参考 厚生労働省HP　監督指導による賃金不払残業の是正結果（平成29年度）
https://www.mhlw.go.jp/bunya/roudoukijun/chingin-c_h29.html

03 労働基準法 第102条・労働基準監督署・労働基準監督官

労働基準監督署は司法警察

怖いイメージがある労働基準監督署。その役割は？

監督官は労働法令の司法警察官

① **是正勧告とは**：労働基準法第102条では「労働基準監督官は刑事訴訟法に規定する司法警察官の職務を行う」と規定しています。労働基準監督署の労働基準監督官は、会社に立ち入って帳簿の提出などを求め、法令違反の有無を調査し、法令違反があれば司法警察権を行使して、司法処分を行うことができます。この立ち入り調査を「臨検」といい、法令違反の発見、その是正を目的として行われます。

② **監督署の調査**：調査は次の3種類で、法令違反ならびにそのおそれがある場合に、「指導表」「是正勧告書」が交付されます。
　(1) **定期型**：厚生労働省の行政方針に基づいて、重点的に調査する業種や調査事項を決めて計画的に行うもの
　(2) **内部告発型**：従業員などからの告発により、労働基準監督官が会社に出向いて調査したり、関係者を労働基準監督署に呼び出して行われるもの
　(3) **再調査型**：調査、指導を行った会社に対し、指導・約束した内容が履行されているかを再調査するもの

労働基準監督署の管轄範囲

① **労働基準監督官の司法警察権を定める法律**：「労働基準法」「最低賃金法」「家内労働法」「労働安全衛生法」「作業環境測定法」「じん肺法」「賃金の支払確保に関する法律」の7つで司法警察権を持つことになります。

② **管轄外は権限がおよばない**：労働基準監督官の管轄は①の7つの法律のみです。たとえば、育児介護休業法、労働者派遣法などは、違反行為を見つけても司法警察権を行使することはできません。

ONE POINT

指導表、是正勧告書はどんなときに、交付されるのか？
指導表は、法令違反ではないが改善したほうがよい事実を発見した場合、法令違反になる可能性がある場合に、それを防止するために交付されます。是正勧告書は、法令違反に該当することが確認された場合に交付されます。

是正勧告にしたがわないと、逮捕・送検される可能性もある！
是正勧告を受けたにもかかわらず、期限内に適切な対応をせず放置したり、形式的に改善したと見せかけて出勤簿や賃金台帳の改ざんなどを行ったりして、悪質とみなされると逮捕・送検される可能性もあります。マスコミに取りあげられると社会的な信用の損失にもなってしまいます。

是正勧告は労務管理を見直すチャンス
是正勧告を機に労務管理を見直し、従業員からの信頼が高まって職場の雰囲気が変わり、企業利益につながった例もあります。従業員とともに自社に適切な労務管理を改めて考えるチャンスと捉えるようにしましょう。

労働基準法の性質と限界

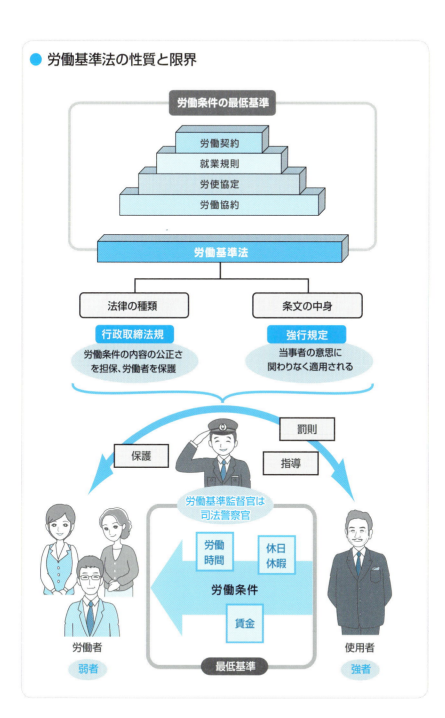

04 労働基準法 第13条・罰則・裁判所

労働基準法における罰則

労働法違反は、単なる行政法による取り締まりだけではなく、刑事罰の対象になります。

労働法の罰則

① **強行法規としての労働基準法**：労働基準法は労働者保護のためにつくられたもので、会社は労働条件を守ることが強制されています。この法律が、使用者である会社によって無視されると存在意義がなくなるので、労使の合意の有無にかかわらず適用されます。

② **違反行為には罰則適用**：労働基準法は罰則規定が設けられていて、使用者である会社の違反には罰金が科されるのがほとんどで、場合によっては懲役刑もあります。労働基準法違反は単なる行政上の取り締まり対象ではなく、刑事上の犯罪なのです。

裁判所の命令、付加金の支払いは大きい！

① **使用者のペナルティー**：従業員にとって最も重要な賃金の支払いを怠った会社には、「付加金」という形のペナルティーが課せられます。

② **付加金の支払いを命じられるケース**：次の4ケースで従業員から訴えがあると、裁判所は会社に未払い金と同額の付加金の支払いを命じます。付加金は、会社に対する制裁的な意味あいを含んでいます。
 (1) 時間外労働、休日労働、深夜労働の割増賃金の不払い
 (2) 年次有給休暇をとった従業員への賃金の不払い
 (3) 休業手当の不払い
 (4) 解雇予告手当の不払い

③ **付加金の請求は違反から2年以内**：付加金は、違反のあった日から2年以内に請求しなければなりません。ただし、支払命令は裁判官の判断にゆだねられるので、請求しても必ずもらえるわけではありません。

ONE POINT
両罰規定とは

労働基準法の罰則には、付加金のほかに「両罰規定」という制度もあります。これは、企業内部で従業員が違反行為を行った場合に、店長など現場レベルの人を処罰するだけではなく、事業主に対しても労働基準法違反の罰金刑を科すためのものです。
ファストフード店の管理職をめぐる裁判では、労働時間や人事権の有無などから、そもそも店長は管理職ではないとする判例もあります。

労働基準法違反は公表される

厚生労働省は通達(平成29年1月20日基発0120第1号)で違法な長時間労働や過労死等を行う会社について企業名公表を行う基準を定めました。これは旧通達(平成27年5月18日基発0518第1号)より公表する基準を下げたものであり他の企業の労働基準法違反を抑制するのが目的です。

● 労働基準法による主な罰則一覧

	内容	罰則
採用	中間搾取の排除（第6条）	1年以下の懲役または50万円以下の罰金
	契約期間に違反した場合（第14条） 労働条件の明示、帰郷旅費の負担に違反した場合（15条第1項、第3項）	30万円以下の罰金
	損害賠償額を予定する契約をした場合（第16条） 前借金相殺の禁止に違反した場合（第17条） 強制貯金の禁止に違反した場合（第18条第1項）	6カ月以下の懲役または30万円以下の罰金
	満15歳に達した日以後の3月31日が終了するまでの者を使用した場合（第56条）	1年以下の懲役または50万円以下の罰金
賃金	賃金で男女差別した場合（第4条）	6カ月以下の懲役または30万円以下の罰金
	賃金支払いの5原則に違反した場合（第24条）	30万円以下の罰金
労働時間など	法定労働時間を守らない場合（第32条） 法定休憩を与えない場合（第34条） 法定休日を与えない場合（第35条） 時間外労働月100時間、月平均80時間を守らない場合（第36条第6項） 割増賃金を支払わない場合（第37条） 法定の年次有給休暇を与えない場合（第39条） 18歳未満の者を深夜業に従事させた場合（第61条）	6カ月以下の懲役または30万円以下の罰金
就業規則	有休を年5日取得させなかった場合（第39条第7項） 就業規則の作成義務を怠った場合（第89条） 意見聴取を怠った場合（第90条第1項） 法令、労働協約に抵触する就業規則の変更命令に応じない場合（第92条第2項） 法令などの周知義務に違反した場合（第106条）	30万円以下の罰金
制裁	減給の制裁に違反した場合（第91条）	30万円以下の罰金
解雇・退職	解雇制限期間中に解雇した場合（第19条） 解雇の予告（予告手当の支払い）をしなかった場合（第20条）	6カ月以下の懲役または30万円以下の罰金
女性	産前産後の休業を与えない場合（第65条） 妊産婦の請求にもかかわらず時間外労働をさせた場合（第66条） 育児時間を与えなかった場合（第67条）	6カ月以下の懲役または30万円以下の罰金
	生理休暇を与えなかった場合（第68条）	30万円以下の罰金

第1章　労働基準法と労働基準監督署のしくみとルール

05 労働基準法 第1条・憲法25条・労働法の歴史

労働法とは？労働法の歴史を紐解く

戦後まもなくできた、主に工場労働者を救済する法律で、経営者を取り締まる法規です。

労働法の歴史

① **「工場法」が労働法の元祖**：1911年、労働者の最低年齢、最長労働時間などを規定し、業務上の傷病・死亡を保障する扶助制度などを設けた「工場法」が制定されました。1916年に改正され、賃金の毎月1回以上の通貨払い、産前産後休暇なども制度化されましたが、従業員の権利を守る意味では、まだまだ不十分でした。

② **労働者保護の法律が誕生**：1947年、労働者の保護を目的に「労働基準法」が制定され、会社には規準の遵守を強制しました。労働基準法は、人として値する生活を営むための最低労働基準を定める基本的な法律です。具体的には、労働契約、賃金、労働時間、休憩・休日、年次有給休暇、災害補償といった労働条件の最低基準を定めていて、社員やアルバイトなどの労働形態にかかわらず、労働者なら誰でもこの法律が適用されます。

昭和60年以降の労働法の流れ

① **時代の流れが大きく変化**：昭和60年ごろになると、女性の社会進出をはじめ、時代の流れとともに労働基準法では解決できない問題が噴出しはじめました。諸外国からは、日本人の働きすぎも指摘されるようになりました。

② **新しいルールの制定**：時代に即したルールの制定が急務となり、昭和60年以降、「労働時間短縮を目指した改正」「育児介護休業法」「男女雇用機会均等法」「紛争解決援助制度の新設」「高齢者等雇用安定法の改正」「労働者派遣法」「労働契約法」など新しいルールが次々と導入されました。

ONE POINT

労働者とは誰を指す？
労働基準法でいう「労働者」とは、職業の種類を問わず、事業に使用される者、賃金を支払われる者を指します。正社員、臨時職員、パートタイマー、アルバイトといった雇用契約の名称にかかわらず、会社との間に使用従属関係がある者とされています。
「請負」「委任」という形をとっても、実質で判断されることになります。

使用者とは誰を指す？
- 事業主（事業の経営主体）：会社、そのほかの法人
- 事業の経営担当者（事業経営一般の権限と責任を負う者）：法人の代表者、取締役、理事
- 事業主のための行為をする者（人事や給与など労働条件の決定、労務管理などの権限を持ち、責任を負う者）：総務部長、人事部長

● 労働法の歴史的背景

昭和20年	終戦	
昭和21年	日本国憲法	
昭和22年	**労働基準法**	**大きな法改正のない時期** 組合法の制定など
昭和34年	最低賃金法	
昭和60年	労働者派遣法	
昭和61年	男女雇用機会均等法	
	週40時間労働制の導入	
昭和62年	有給6日→10日	**労働時間に関する** **法改正が進んだ時期** 変形労働時間制 有給休暇の増大など
	専門型裁量労働制	
	労働時間短縮を目指した改正	
平成3年	育児休業法	
平成5年	パートタイム労働法	
平成6年	有給休暇付与　1年→　6カ月勤務	
平成7年	育児介護休業法	
平成10年	裁量労働制見直しなど	
平成13年	個別労働紛争解決法	
平成16年	**労働基準法改正**　解雇ルールの見直し	
平成18年	高齢者等雇用安定法の改正	**紛争解決に関する** **ルールの制定**
	労働審判法	
平成20年	労働契約法制定・パートタイマー労働法改正	
平成21年	裁判員制度実施	
平成22年	**労働基準法改正**　1カ月60時間を超える割増賃金率	
平成24年	**労働契約法改正**　無期労働契約への転換など	
平成25年	高年齢者雇用安定法の改正 継続雇用制度の対象者限定の仕組み廃止など	
平成26年	雇用保険法の改正　育児休業給付金の支給率の引き上げなど	
平成26年	パートタイム労働法の改正 パートタイム労働者の公正な待遇の確保など	
平成27年	**労働者派遣法改正**　労働者派遣事業は許可制に一本化など	
平成29年	**男女雇用機会均等法の改正**　マタハラ対策が事業主の義務に
平成29年	**育児・介護休業法改正**　2歳までの育児休業の取得可能など
平成31年	**労働基準法・労働安全衛生法の改正**	

参考　厚生労働省　東京労働局　法改正のご案内　http://tokyo-roudoukyoku.jsite.mhlw.go.jp/hourei_seido_tetsuzuki/houkaisei_goannai.html

06 労働契約法 第18条・有期労働契約の無期転換ルール

申出によって有期労働契約が無期労働契約へ

有期労働契約社員の活用方法を再度見直し、無期雇用契約への転換制度も整備しましょう。

転換の申込みがあれば承諾しなければならない

① **平成25年4月1日労働契約法の改正**：同一の使用者との間で有期労働契約が1回以上更新され、かつ5年を超えて反復継続している労働者からの申込みがあれば有期雇用契約から無期雇用契約へ転換できるようになりました。この労働者からの申込みは使用者が拒むことができないとされています。通算5年を超える有期労働契約期間の満了する日までの間に対象労働者が期間の定めのない労働契約の締結の申込みをし、申込み時の有期契約が終了する翌日から無期に転換されます。

② **無期転換後の労働条件について**：期間の定めのない労働契約における労働条件は、原則、有期労働契約における職務内容・労働条件がそのまま維持されることになります。ただし、労働条件（雇用期間を除く）に労使間で別段の定めがある部分（就業規則や個別の合意）については、そのかぎりではないとされています。

無期転換の例外（クーリング期間）と企業の取るべき対応

① **クーリング期間**：有期労働契約と有期労働契約の間に、無契約期間が一定以上ある場合に2つの契約期間を通算しないことです。空白期間は、直前の有期契約が1年以上の場合は、「6カ月以上」、1年未満の場合は、「その有期契約期間の半分以上の期間」です。

② **有期契約社員の有無を明確化**：そのうえで対応を考える必要があります。5年を上限として更新をしないことにするのか（雇止め）、希望者全員を無期転換とするのか、

ONE POINT

第二定年

第二種計画認定の対象外の者（たとえば会社の定年が満60歳の会社において58歳から有期雇用契約を開始し、5年後の63歳のときに無期転換権が発生した場合）には定年が存在しないことになってしまうため第二定年を設定する必要があります。

例 満60歳以降に無期転換した者の定年は満65歳とする。

「多様な正社員」制度の導入

有期雇用契約から無期雇用契約になるにあたり、転勤等の有無から正社員には登用できないという従業員も出てくるでしょう。しかし優秀な人材の確保・定着を図るために「多様な正社員」の制度を導入するのも一つの案です。働く場所を限定する「エリア限定社員」や担当する職務や仕事範囲を限定する「職務限定社員」などが挙げられます。

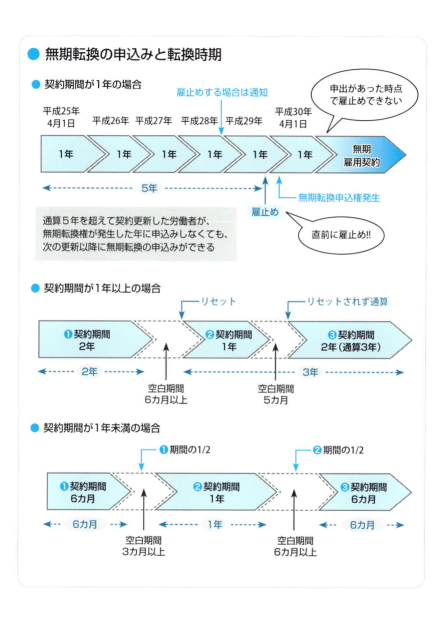

無期転換試験を設けて優秀な人のみを無期雇用契約社員にするのかなどです。いずれにしても、無期転換の規程を作成する必要が生じます。今までは有期契約であったために、定年などの定めがない規程であったり、賞与や転勤の有無なども検討する必要が出てきます。

高年齢者雇用確保措置と無期転換

① **高年齢者雇用確保措置**：高年法第9条によると高年齢者の65歳までの安定した雇用を確保するために企業は、次に定める措置をする必要があります。
　(1)　当該定年の引き上げ
　(2)　継続雇用制度
　(3)　当該定年の定めの廃止
　(2)の継続雇用制度は「現に雇用している高年齢者が希望するときは、当該高年齢者をその定年後も引き続いて雇用する制度をいう」とされ、定年退職した無期契約労働者が65歳に達するまでの間、有期契約労働者として継続雇用する制度をいいます。ここでの問題点は継続雇用した高齢者にも無期転換ルールが適用されるのかということです。労働契約法においては、5年の契約を超え本人の申出があれば、無期契約となってしまい、死ぬまで継続雇用をするという事態が発生する可能性もでてきます。

② **第二種計画認定**：前述の高齢者の継続雇用の問題を防ぐために有期雇用特別措置法による認定を受ければ、定年後再雇用の期間は通算契約期間から除外される例外があります（「定年後」に継続雇用されている期間という定めのため、定年後に雇用された者や定年前から有期雇用の者は対象外となります）。この例外を使うには、「第二種計画認定・変更申請書」に雇用管理措置の計画書をつけ、本社・本店を管轄する労働局労働基準部監督課に提出し、認定を得る必要があります。

● 第二種計画認定を受けた場合の無期転換権

● **第二種計画認定・変更申請書の記載例**

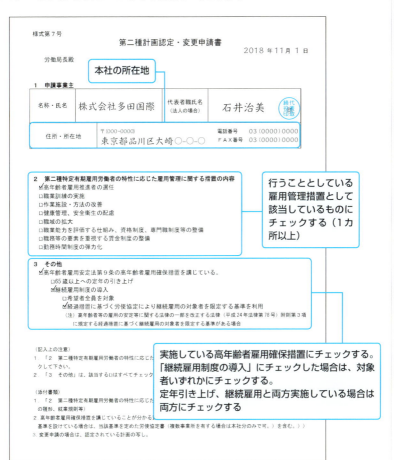

提出はすべて2部で添付書類は以下になります

❶ 「2 第二種特定有期雇用労働者の特性に応じた雇用管理に関する措置」を実施することがわかる資料

　例 契約書の雛形、就業規則、職業能力開発計画書など

❷ 高年齢者雇用確保措置を講じていることがわかる資料

　例 就業規則経過措置に基づく継続雇用の対象者を限定する基準を設けている場合は、当該基準を定めた労使協定書（複数事業所を有する場合は本社分のみで可

❸ ハローワークに提出した「高年齢者雇用状況報告書」の写しを添付することも可能

● これだけは覚えておきたい労働契約法の主な内容

- 労働契約の締結や変更にあたっては、労使の対等の立場における合意によるのが原則です（第3条第1項）。
- 労働者と使用者は、労働契約の締結や変更にあたっては、**仕事と生活の調和**に配慮することが重要です（第3条第3項）。
- 使用者は、労働者の**生命や身体などの安全が確保されるように配慮**しましょう（第5条）。
- 労働者と使用者が合意すれば、労働契約を変更できます（第8条）。
- 使用者が一方的に就業規則を変更しても、労働者の不利益に労働条件を変更することはできません（第9条）。
- 使用者が、就業規則の変更によって労働条件を変更する場合には、次のことが必要です（第10条）。
    ❶ その変更が、以下の事情などに照らして合理的であること。
    - 労働者の受ける不利益の程度
    - 労働条件の変更の必要性
    - 変更後の就業規則の内容の相当性
    - 労働組合等との交渉の状況

    ❷ 労働者に変更後の就業規則を周知させること。
- 使用者は、**やむを得ない事由がないかぎり**、契約期間が満了するまでの間、労働者を解雇することができません（第17条第1項）。
- **権利濫用**と認められる出向命令は、無効となります（第14条）。
- 権利濫用と認められる懲戒は、無効となります（第15条）。
- 客観的に合理的な理由を欠き、**社会通念上相当**と認められない解雇は、権利を濫用したものとして無効となります（第16条）。
- 同一の使用者との間で、有期労働契約が通算で5年を超えて反復更新された場合は、労働者の申込みにより、無期労働契約に転換します（第18条）。
- 使用者が更新を拒否したとき、有期労働契約は契約期間の満了により雇用が終了し、これを「雇止め」といいます。雇止めは、労働者保護の観点から過去の最高裁判例により一定の場合にこれを無効とする「雇止めの法理」が確立しています（第19条）。

第2章
採用・服務規律のしくみとルール

01 採用のルール
- 内定から本採用までの流れと労働契約の効力
- 採用内定者への「内定取り消しの可能性」の通知文例

02 雇用契約書のポイント
- 労働契約期間に関する注意事項

03 試用期間中の解雇の扱いはどうなる？
- 試用期間と解雇

04 採用時の必要書類と契約書
- 採用内定者に入社時に準備してもらう書類を伝える文例

05 従業員教育の一環としての服務規則
- 服務規則と企業秩序

06 増加するハラスメント
- 強いストレスの内容トップ3にハラスメントが入っている
- 職場におけるセクシュアルハラスメントの内容

07 ハラスメントの会社への影響
- ハラスメントの見えない影響

コンプライアンスチェックシート（労働時間 ❶）

01 職業安定法・採用・内定

採用のルール

「採用」と「内定」はどう違う？　簡単に採用取り消しはできません！

採用とはどの時点でいうのか？

① **採用予定者と採用決定者**：採用予定者とは、企業から採用予定の通知を受けているだけで、労働契約が成立していない段階にある人のことをいいます。すでに企業が採用内定の通知を出し、本人も入社の誓約書を提出し内定の承諾があったときには、労働契約が成立したことになり採用決定者とされます。

② **採用とは**：採用内定が出ると、実際に働き出すまでの間、誓約書に記載された採用内定取り消し事由に基づくなど、一定の解約権が留保された労働契約が成立していることになります。

内定取り消しには、ある程度のルールがある

① **内定者の事由によるもの**：内定を取り消した場合、採用予定者は解雇になりませんが、採用決定者は解雇にあたります。取り消し可能なのは、採用内定当時に把握できない事実があり、理由に客観的合理性があり、社会通念上も認められるものにかぎられます。

② **内定取り消しが認められる例**：留年、内定後の学業成績の著しい低下、健康状態の悪化による就労困難、提出書類への重要な虚偽記載。

③ **会社事由によるもの**：会社事由による取り消しができるのは、新規採用できない予測不能な経営事情が発生した場合のみです。実際には誠意を持って説明し、慰謝料を支払って合意のもとで解決するのが一般的です。新卒採用は人生を左右する重大なことなので、安易に取り消していいものではありません。理由が経営不振の場合は、整理解雇4要件に照らして有効かどうか判断されます。

ONE POINT

内定取り消しをした企業名を公表

内定を取り消しする会社は、事前にハローワークや学校の長に通知しなければなりません（職業安定法施行規則第35条）。また、以下のうちひとつでも該当する場合は、企業名が公表されます。
- 2年連続で内定取り消しを行った
- 同一年度に10人以上の内定を取り消した
- 事業規模の縮小が余儀なくされていると明らかに認められない
- 取り消し理由について学生に十分な説明をしていない
- 内定取り消しをした学生に、就職支援を十分に行っていない

内定取り消しのチェックポイント
- 現在、すでに内定を通知しているのか、それとも内々定の段階か
- 取り消し事由の内容
- 内定通知書や入社誓約書などに記載されている取り消し事由

● 内定から本採用までの流れと労働契約の効力

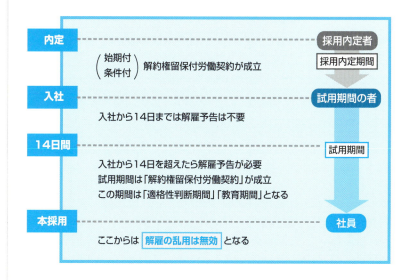

● 採用内定者への「内定取り消しの可能性」の通知文例

● 次の事項のいずれかに該当した場合は、内定を取り消すことがあります。

・一定期間内に入社承諾書を提出しないとき
・停学または退学の処分を受けたとき
・平成○年○月までに必要な単位を履修できないなどで卒業の資格を得ないとき
・健康を著しく害して、正常な業務に耐えられないと会社が判断したとき
・履歴書含む提出書類や面接内容に虚偽があったとき
・逮捕・起訴されたとき
・不道徳行為（窃盗・傷害・暴行・器物破損・飲酒運転など）を犯し、弊社の社員として不適格ないし品位を害する事由が生じたとき
・経営不振、事業規模の縮小等業務上やむを得ないとき
・これらに準ずる採用内定取り消しをされてもやむを得ない事由が生じたとき

02 労働基準法 第15条・採用・労働条件明示書
罰則（30万円以下の罰金）

雇用契約書のポイント

労働条件は口頭伝達ではなく、労働条件明示書に明記して、労使で確認をします。

労働条件があいまいな採用はトラブルのもと

① **採用条件は書面の明示が義務づけられている**：労働基準法第15条では、採用時に賃金・労働時間などの労働条件を書面で明示することを規定しています。この労働条件が異なる場合、従業員は労働契約を解除できます。

② **書面交付でトラブルを防止**：「退職金があると思っていた」「残業はないと言っていた」など、言った言わないのトラブルは、労働条件明示書を交わすことで防止できます。給料や待遇などはそれぞれ異なるので、雇用契約書は個別に作成し、会社と従業員が1部ずつお互いに保管します。

労働条件明示書のポイント

① **有期雇用は雇用期間を明確に**：有期雇用は「雇用契約の期間」を明記し、契約更新しない可能性とその理由を明示します。明示せずに任期満了にすると、解雇予告手当や合理的な解雇理由が求められます。生産量の低下などによって人員過剰になる可能性もあるので、契約更新しない理由に経済環境の変化も加えておきましょう。

② **有期雇用の従業員を引き続き雇用する場合**：改めて雇用契約書を交わします。これを怠ると、正社員になったと勘違いされ、賞与や退職金を請求されることもあります。明示書を交わしておけばトラブル防止になります。

③ **採用の目的も明示しておく**：高待遇でヘッドハンティングするような場合は、会社が期待する成果を明示しておくのもポイントです。従業員のモチベーションもあがり、万一、成果をあげられない場合の対処も明確になり、トラブル防止の一環になります。

ONE POINT
労働契約の最大の意義
採用時に条件を書面で交付しない会社は、従業員としても不安です。従業員と信頼関係を築く最初のステップとして、どのような労働条件で採用したのかを明示することが大切です。

労働契約を結ぶときにしてはいけないこと！
- ○○したら○○円支払うといった賠償を予定したことは禁止（強制貯金 労働基準法第18条）
- 働くことを前提に金銭を貸し、その借金があるうちは辞めさせず、毎月の給料から返済金を天引きするといったことは禁止（前借金相殺の禁止 労働基準法第17条 罰則第119）

パートタイマーへの相談窓口の設置
パートタイマーの明示事項についてはパートタイム労働法第6条2項に定められています。
昇給の有無、退職手当の有無、賞与の有無に加えて相談窓口について明示しなければなりません。「相談窓口」は明示の具体例としては、相談担当者の氏名、相談担当者の役職、相談担当部署などです。

● 労働契約期間に関する注意事項

労働契約
- 期間の定めのない契約
- 期間の定めのある契約

原則 → 3年を越えてはならない

例外 → 3年を越えて契約することが認められる場合
- 一定の事業の完了に必要な期間を定める場合
  （例）土木工事などの有期的事業で、その事業の終期までの期間を定める契約
- 第70条による職業訓練のため、長期の訓練期間を要する場合（特例）

例外 → **5年までの契約が可能な場合**

次のうちいずれかに該当する場合にかぎられる
- 厚生労働大臣が定める基準 に該当する高度な専門的知識、技術、経験を有する労働者をそのような高度の専門的知識などを必要とする業務に就かせる場合
- 満60歳以上の労働者を雇い入れる場合

厚生労働大臣が定める基準

- 博士課程修了者
- 次のいずれかの資格を有する者
  - 公認会計士 ● 医師 ● 歯科医師 ● 獣医師 ● 弁護士 ● 一級建築士 ● 薬剤師 ● 不動産鑑定士 ● 弁理士 ● 技術士 ● 社会保険労務士 ● 税理士
- 次のいずれかの能力評価試験合格者
  - システムアナリスト試験合格者 ● アクチュアリー資格試験合格者
- 特許発明の発明者　● 登録意匠の創作者　● 登録品種の育成者
- ❶ 一定の学歴および実務経験※を有する次の者で、年収が1,075万円以上の者
  - 農林水産業の技術者 ● 鉱工業の技術者 ● 機械・電気技術者 ● 建築・土木技術者 ● システムエンジニア ● デザイナー（衣服・室内装飾・工業製品・広告など）
  - ※ 学歴および業務試験の要件は、大学卒+実務経験5年以上、短大・高専卒+実務経験6年以上、高卒+実務経験7年以上です。
  - ※ 学歴の要件は、大学などで専門的知識などに係る過程の専攻が必要です。
- ❷ システムエンジニアとしての実務経験が5年以上あるシステムコンサルタントで、年収が1,075万円以上の者

チェックポイント　労働契約の期間の上限にも法的な縛りがある

労働契約は、期間の定めのないもの、一定の事業の完了に必要な期間を定めるもの以外は、3年※を超える期間については締結できません。

契約社員の労働契約で、契約期間が原則として3年以内に限定されているのは、不当に長く拘束されることを排除するためです。

ただし、契約期間を3年以内でどう設定するかは会社の自由です。労働者から契約期間を提示することはできません。

※ 専門的な知識や高度な技術を有する労働者を、その高度な専門的知識を必要とする業務に雇い入れる場合や、満60歳以上の者を雇い入れる場合には5年となります。

参考　厚生労働省HP　労働契約期間の上限について
http://www.mhlw.go.jp/bunya/roudoukijun/dl/keiyaku._a.pdf

第2章　採用・服務規律のしくみとルール

03 労働基準法 第21条・採用・試用期間の解雇

試用期間中の解雇の扱いはどうなる？

ミスマッチを防ぐために、会社が従業員の的確性を判断するのが試用期間です。

試用期間中でも解雇には合理的な理由が必要

① **入社14日以内は即時解雇が可能**：通常、解雇をする場合は1カ月前に通告するか、解雇予告手当を支払わなければいけません。ただし、入社14日間はこのルールの適用が除外されます。合理的な理由があると判断されれば、入社14日間は即時解雇が可能です。

② **試用期間中の解雇で認められやすい合理的な理由**：勤務態度や仕事の能力に問題があれば、解雇の合理的な理由として認められますが、「社風にあわない」という理由では解雇できません。このような場合は、試用期間終了前に面談をして、会社の方針・社風を伝え、話しあいのうえで、今後の方向性を決めるようにします。

試用期間が3カ月の会社の対応

新入社員が配属された管理職の役割：試用期間は採用した人材の適格性を見極める期間です。この間の具体的対応策を3つのステップで考えましょう。

(1) 直属の上司に試用期間の法的重要性を認識させ、新入社員の適格性を報告させる体制を整える。就業規則にも管理職の遵守事項を明記して、社内周知を徹底する

(2) いったん雇用すると正当な理由なしに解雇できないので、最初の意志疎通が重要。試用期間満了前に、本当にこの仕事がしたいのか、職場があっているかなど、お互いに確認するようにする

(3) 最近は、試用期間中に緊張のあまり体調を崩し、会社を休むケースが増えている。場合によっては試用期間

ONE POINT

試用期間の長さは？

最長でも1年を越える期間は、労働者を不安定な立場に長く置きすぎると判断されるために、望ましくありません。3カ月ないし6カ月が一般的です。

身元保証書は必要？

身元保証人は、従業員が会社に損害を与えた場合に賠償責任を負ってもらう人ですが、個人情報保護法の施行後は実施を見送る会社も増えています。しかし、前職で問題を起こした場合は、家族が保証人になってくれずに提出を拒む可能性もあります。これらを見極めるためにも、きちんと身元保証書の提出は求めましょう。

提出期限までに書類がそろわない場合は？

入社時に必要な提出書類はたくさんあります。なかには提出期限までに入手できない場合もあります。その点を考慮して、就業規則には「期限までに提出書類を用意できない場合は、管理（人事・総務）部に相談すること」という一文を入れておき、柔軟に対応できるようにしておきます。

● 試用期間と解雇

```
              ┌─────────────────────┐
              │  試用期間中の取り扱い  │
              └──────────┬──────────┘
                 ┌───────┴────────┐
            ┌────┴────┐      ┌────┴──────────┐
            │ 14日以内 │      │14日を超えた試用期間中│
            └────┬────┘      └────┬──────────┘
```

14日以内
- 即時解雇が可能な期間（労働基準法第20条・21条）

↓ **解雇**

合理性がある場合
労働基準法第20条・21条の「解雇予告の適用除外」が適用される → 解雇予告（手当）が不要

14日を超えた試用期間中
- 会社が採用する人材適正性判断のための期間
- 解雇権留保付労働契約

↓ **解雇**

解雇予告（手当）が必要
30日分の平均賃金
or
30日前に解雇予告をする

解雇が適法かどうかどこで判断する？

チェックポイント ― 通常の「解雇」より広い範囲で有効性が認められるケース

- 客観的に合理的な理由がある
- 社会通念上相当と認められる

→ 採用決定後における調査・試用中の勤務状態などから、当初知ることができない事実を知った場合

> 「解雇の有効性」がポイントになるということね。それでも、14日を超えた試用期間中の解雇は、解雇予告が必要になるのね。

を延長できるように、就業規則にその旨を記載し、本人にも理由と期間を伝える

04 労働基準法 第15条・採用・労働条件明示書
罰則（30万円以下の罰金）

採用時の必要書類と契約書

煩雑になりがちな採用時の書類提出はチェックシートをつくって、しっかり管理します。

労働契約は厳格なもの。提出書類はきちんとチェック

① **提出についてのポイント**：大きく次の3つになります。
   (1) **提出期限**：「入社日まで」「入社5日以内」など、会社の都合に応じて決め、就業規則に原則を明記しましょう。採用選考時に提出済みの書類、会社が必要ないと認めた場合は省略可能です。
   (2) **チェックシートの作成**：入社時の提出書類は種類が多く煩雑になりがちです。きちんとそろっていないと社会保険の手続きなどが遅れる可能性もあるので、チェックシートを作成し、提出漏れを防ぐようにします。
   (3) **必要書類は定期的に精査**：個人情報保護法の立法化により、個人情報・機密保持誓約書の提出を求めるなど、提出書類は時代とともに変わります。ただし、入社したての従業員は疑問に感じることもあるので、その根拠を説明し、必要書類の種類を就業規則に明示しておくようにします。

② **入社時に準備してもらう書類**：詳細は右頁を参照してください。
   (1) **誓約書**：コンプライアンスを守り、気持ちを新たにして、働く意欲を書類に残してもらうことが大切です。
   (2) **住民票**：履歴書に記載された住所との照合や、健康保険証作成に必要な家族の名前、生年月日を確認するときに役立ちます。
   (3) **運転免許証の写しおよび運転記録証明書**：業務で必要な場合に提出してもらいます。事故の記録などから、運転の適性を確認することに役立ちます。
   (4) **緊急連絡社員カード**：万一、勤務中に病気や事故で倒

ONE POINT
個人情報の管理

特定個人情報（マイナンバーを含む個人情報のこと）といった雇用管理情報は、会社の企業秘密の中でも特に重要な個人情報であり、その漏洩事故等は従業員のモチベーションにも影響するでしょう。そのため、管理体制を別途設けることも検討が必要でしょう（マニュアルを作成する、管理担当者を決めるなど）。

こんな書類も必要？

次のような書類も必要に応じて提出してもらったり、用意したりしましょう。
- 運転記録証明書
- 技能資格証明書
- 外国人登録証
- 社章借用書

特別な能力を期待する雇用契約の場合は？

特別な能力を要する業務や営業目標を達成することを条件に採用した従業員については、労働契約書に業務内容や営業目標数値を記載しておくようにします。

● 採用内定者に入社時に準備してもらう書類を伝える文例

立木菜々子 様

ご入社にあたり必要な書類

● 入社当日に持参していただく書類
① 会社が必要とする書類：
　□ 誓約書
　□ 身元保証書
　□ 個人情報、秘密保持誓約書
　□ 通勤経路届（通勤手当申請書）
　□ 給与振込同意書
　□ 緊急連絡社員カード
　□ 運転免許証のコピー
　※ すでに提出済みの書類については、持参する必要はありません。

② 公的な書類（社会保険の手続きなどに必要な書類）：
　□ 源泉徴収票（前職がある場合）
　□ 雇用保険被保険者証（前職がある場合）
　□ 年金手帳（前職がある場合）
　□ 給与所得の扶養控除申告書
　□ 住民票（本籍記載のないもの、家族全員記載）

入社当日に提出できない場合は、入社後2週間以内に必ず提出してください。

ご不明な点については、下記にお問いあわせください。
　株式会社　多田国際
　人事部　三澤真奈美
　TEL 03-0000-0000

れたときに、家族と連絡が取れるように自宅以外の家族の携帯電話や勤務先なども把握しておくようにします。

(5) **マイナンバー**：社会保険、労働保険や税務の手続きに使います。管理方法は法律で定められているので、自社のルールをつくりましょう。

05 企業秩序・服務規則・就業規則

従業員教育の一環としての服務規則

職場のルールはもちろん、禁止事項、許可・報告が必要なことも就業規則に明示します。

常識と思えることも服務規則に明示する

① **従業員にも義務がある**：労働契約を結ぶと、従業員にも労働提供義務、職務専念義務、健康管理に努める安全行動義務、会社の調査に協力する義務などが発生します。これを規定するのが「服務規則」です。

② **許可を得てほしいことも明示**：社員の他社でのアルバイトを認めないことは可能です。ただし、実家が農家といったケースもあるため、会社として把握しておきたいことは、許可を得るように服務規則で決めておきます。

③ **特に注意したい秘密保持の誓約**：会社が保有する個人情報などの秘密保持の誓約、パソコンの使用などについても詳細に規定し、従業員に周知徹底したい項目です。また、会社の信用体面を傷つけるような犯罪行為やブログやSNSへの投稿禁止など、常識と思われることも従業員教育の一環として規定しておきます。

職場環境の向上の努力義務も明示

① **守ってほしいマナーも明記**：ルールで決めるものでもありませんが、挨拶や清掃など、職場環境を向上させるために従業員に守ってほしいマナーも服務規則に盛り込んでおきます。

② **報・連・相は仕事の基本**：欠勤や遅刻、休暇の届出はもちろんのこと、コミュニケーションを図り、健全な会社運営をしていくために必要な報告、連絡、相談を徹底させることなども記載しておきます。最近は何でもメールですませようとする人がいます。なかには、気軽に欠勤

ONE POINT
SNSの制限
個人が使用するソーシャルメディア上でも、企業の機密情報を公開してしまうケースが最近増えてきました。インターネットの情報は不特定多数の人が見ることができ、悪用される可能性もあります。そのため、個人のSNSの使用も必要な範囲で制限をかけることが必要になります。

企業秩序を守る必要性
価値観の多様性により、組織活動に支障をきたさないよう、一定の規律が必要になります。

二日酔いは、なぜ服務規律違反になるのか？
二日酔いで出社すると仕事の能率が悪くなり、労働提供義務を完全に果たすことができません。また、安全に業務を遂行できず、労災にあう可能性もあるので、二日酔いは服務規則違反になります。なんとなくダメではなく、論理的に説明し、従業員に徹底します。

● 服務規則と企業秩序

労働者の義務はこんなにある

- 企業活動専念義務 ❽
- 守秘義務 ❼
- 忠実義務 ❻
- 信頼関係 ❺
- 協力義務 ❹
- 職務専念義務 ❸
- 自己保健義務 ❷
- 労働義務 ❶

服務規則を定めるそれぞれの理由

❶ 命じられた仕事が完全に遂行できる心身の状態であること
安全かつ完全に業務遂行できないおそれがあるため勤務を禁止する（例：二日酔い）。

❷ 疲労回復、安全行動義務
自らの健康を一番把握し、一番守らないといけないのは自分自身という原則論。

❸ 勤務中は仕事へ専念
外出中の喫茶店での休憩、携帯電話メール・私用電話、勝手な残業を禁止し、仕事に集中しなければならない。

❹ 協力義務
所属長の指示にしたがい、同僚と協力しあってチームワークの向上に努め、職務を遂行する。

❺❻ 競業禁止
会社のノウハウ流失防止、会社の顧客流失防止の観点から、「独立」「引き抜き」の禁止を就業規則に明記する。

❼ 企業秘密の保護
営業秘密保護法、不正競争防止法において、10年以下の懲役または1,000万円以下の罰金になることもある。

❽ 業務の推進を図るような労務提供
会社に在籍しているかぎり、会社の業績が上がるように協力する義務がある。

を伝えようとする社員もいますが、メールは双方向の意思確認が取れず、会社側の意向を従業員に伝えられません。欠勤の連絡手段も就業規則に明記し、ルールを徹底しておけば気持ちのよい職場になります。

06 民法415条・企業秩序・服務規律・ハラスメント

増加するハラスメント

ハラスメントは個人の問題ではなく、会社として取り組むべき重要な問題です。

セクハラ、パワハラ、マタハラの定義

① **セクシュアルハラスメントとは**：相手方の望まない性的言動によって、円滑な職務遂行を妨げたり職場環境を悪化させ、相手方の対応によって、一定の不利益を与える行為のことをいいます。

② **パワーハラスメントとは**：同じ職場で働く者に対して、職務上の地位や人間関係などの職場内の優位性を背景に、業務の適正な範囲を超えて、精神的、身体的苦痛を与えるまたは職場環境を悪化させる行為をいいます。営業成績を1回だけ叱責したなどはパワハラにはあたりません。

③ **マタニティハラスメントとは**：上司・同僚からの言動により、妊娠・出産した女性社員や育児休業等を申出・取得した社員(男女問わず)等の就業環境が害されることです。マタハラの嫌がらせには制度等の利用への嫌がらせ型と状態への嫌がらせ型があります。

会社はどう対応すべきか

① **会社の指導が問われる**：ハラスメントをする従業員がいる場合、会社は、その従業員に対して指導・注意を行い、職場環境を守らなければなりません。この使用者責任を怠ると損害賠償請求をされ、会社にとっては大きなダメージになります。

② **ハラスメントをなくす対策は？**：管理部門などに相談窓口を設けるようにします(外部に設けてもよい)。また、早期発見のため管理部門も定期的に現場の意見を聞く機会を設けて、会社全体でハラスメントをなくす努力をしていきます。

ONE POINT
ハラスメント対策の重要性
都道府県労働局に寄せられるセクシュアルハラスメントの相談は高止まりの状態です。事業主の中には、ハラスメント対策は雇用管理上の問題ではないと考える人もいますが、セクハラの被害等で裁判になる例も出てきているので、事前の防止策が必要不可欠です。

ツクイ事件
(福岡地方裁判所小倉支部 平成28年4月19日)
マタハラの有無と妊婦への健康配慮義務について争われました。妊娠した従業員との面談における上司の発言が、妊産婦労働者の人格権を侵害したものとされた例。上司は35万円の損害賠償の支払いを命じられました。

こんな管理職・相談窓口は危ない！
「うちの会社にはハラスメントはない」と言い切ったり、「お酒の席だから」と寛容になる管理職や相談窓口は、問題の発覚が遅れて大きな紛争に発展する可能性があります。相談があったのに、うやむやにして穏便にすませようとしたり、高圧的な態度で臨むことは絶対に避けましょう。

● 強いストレスの内容トップ３にハラスメントが入っている

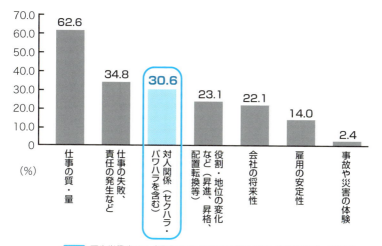

項目	%
仕事の質・量	62.6
仕事の失敗、責任の発生など	34.8
対人関係（セクハラ・パワハラを含む）	30.6
役割・地位の変化など（昇進、昇格、配置転換等）	23.1
会社の将来性	22.1
雇用の安定性	14.0
事故や災害の体験	2.4

参考　厚生労働省HP（平成29年 労働安全衛生調査（実態調査）の概況）
https://www.mhlw.go.jp/toukei/list/dl/h29-46-50_gaikyo.pdf

● 職場におけるセクシュアルハラスメントの内容

対価型セクシュアルハラスメント
職場 において行われる 性的な言動 に対する 労働者 の対応により、当該労働者がその労働条件（解雇、降格、減給等）につき不利益を受けるもの。

環境型セクシュアルハラスメント
当該 性的な言動 により、労働者 の就業環境が害されるもの。

職場とは
取引先の事務所、取引先と打ちあわせをするための飲食店、顧客の自宅などであっても、当該労働者が業務を遂行する場所であれば、これに該当します。

労働者とは
いわゆる正規労働者のみならず、パートタイマー、契約社員、派遣労働者も含まれます。

性的な言動とは
性的な内容の発言および性的な行動を指し、この「性的な内容の発言」には、性的な事実関係を尋ねること、性的な内容の情報を意図的に流布することなどをいい、「性的な行動」には、性的な関係を強要すること、必要なく身体に触ること、わいせつな図画を配布することなどをいいます。つまり、「触っていないからセクハラではない!」は通じません！

参考　事業主が職場における性的な言動に起因する問題に関して雇用管理上講ずべき措置についての指針（厚生労働省告示第314号　平成28年）

07 刑法 176条・民法 709条・企業秩序・服務規律・ハラスメント

ハラスメントの会社への影響

セクハラ、パワハラ、マタハラは犯罪行為です。会社の業績を大きく左右する問題です。

ONE POINT

海遊館事件
(最高裁判所第一小法廷 平成27年2月26日)
職場において女性派遣社員らに対して性的な発言等のセクハラを繰り返した男性管理職2名に対しなされた懲戒処分の有効性が争われました。会社は従前よりセクハラ対策に真摯に向きあってきたため、本懲戒処分が懲戒権を濫用したものとはいえず有効であるとされた判例です。

北米トヨタセクハラ裁判
北米トヨタ自動車の元社長秘書が、社長から体を触られるなどのセクハラ行為を受けたとして訴訟を起こしたものです。この事件で社長は辞任(事実上の更迭)、会社は非を認めて約212億円の和解金を支払いました。

A市水道局裁判
(東京高裁 平成15年3月25日)
職員の自殺のいじめの因果関係と市の安全配慮義務違反について争われました。職員の自殺が上司らのいじめによるとして、損害賠償請求1,173万円とした判例です。

ハラスメントの具体例

① **セクハラの例**：会話中に女性社員の髪や肩に触る。「結婚しないの？」などとプライベートのことを聞く。「年をとると女はかわいげがない」などと発言する。また、性的指向や性自認にかかわらずセクハラに該当する可能性があり、「ホモ」「レズ」という発言もセクハラの背景になり得ます。

② **パワハラの例**：人前で執拗に激しく叱責する。「お前なんかダメだ」など、人間性を否定する言葉で叱責する。存在を無視する。達成不可能なノルマを押しつける。

③ **マタハラの例**：産前産後休暇の取得を上司に相談したところ、「休みをとるなら辞めてもらう」と言われた。

ハラスメントの法的位置づけ

① **刑事上の責任**：大きく分けて次の2点になります。
   (1) **性的言動が身体的接触を伴う場合**：強制わいせつ罪や強姦で6カ月以上10年以下の懲役(刑法176条)
   (2) **悪意ある中傷などで、他人の性的な噂を流して名誉を著しく傷つける場合**：名誉毀損、侮辱罪、脅迫罪

② **民事上の責任**：大きく分けて次の2点になります。
   (1) **加害者の法的責任**：人格侵害。働きやすい職場環境で働く権利の侵害(民法709条)
   (2) **使用者の法的責任**：使用者責任(民法715条)、職場環境調整義務違反安全配慮義務責任(民法415条)

ハラスメントによる会社への影響

① **もしも裁判になったら？**：セクハラの過去の判例では、被害者に有利なものがほとんどで、その多くは損害賠償

● ハラスメントの見えない影響

```
ハラスメント
が起きると…
    ↓
┌─────────────────────────┐
│ 統率力の低下    生産性の低下    │      裁判になると
│ モチベーション → 経営コスト問題 │      会社への社外的な
│ の低下                          │      ダメージ
│    ミスの増加  事故の増加       │      も加わります
└─────────────────────────┘
     健康不全により
     全人件費
     10～20％の損失

┌─────────────────────────┐
│ 高額な損害賠償請求   使用者責任 │
│ 民事訴訟問題    ◀ (配慮義務違反)│
│                                 │
│    代替人件費の増大  見舞金の負担│
└─────────────────────────┘

         ❶ 会社のイメージダウン
         ❷ 社員、取引先からの不信
         ❸ 社員のモラル低下
         ❹ 採用への悪影響の適法性
```

> **チェックポイント**　質の高い製品やサービスを開発・製造する仕事は、従業員の良好な健康状態・メンタルヘルスなしに遂行することは不可能です。職場での「ハラスメント対策」「健康管理処置」は経営課題の1つとなっています。

を求められます。さらに、会社のイメージダウン、社員・取引先からの不信感、採用への悪影響などが起こります。

② **紛争にしないためには？**：社員から相談を受けたら守秘義務を守り、先入観を捨てて受容と共感の態度で話を聞くようにします。親身に話を聞いてくれたという心証を与えることが、最大のリスクマネージメントです。

コンプラチェック

コンプライアンスチェックシート（労働時間❶）

管理監督者
- ☐ 実態上の職務内容、責任権限は、管理職としての役割を果たしているか
- ☐ 勤務態様の実態は管理職としてふさわしいか

労働時間
- ☐ 就業時間外の教育訓練は、出席が強制ではなく、自由参加のものであれば、労働時間に含まなくてよい
- ☐ 一般健康診断は、一般的な健康の確保を図ることを目的として事業者にその実施義務を課したもの。業務として行われるものではないので、労働時間として扱わなくてよい（逆に労働時間としてもよい）ことを認識しているか
- ☐ 特定の有害な業務に従事する労働者について行う特殊健康診断は、事業の遂行に当然実施されなければならないため、労働時間に算入しているか
- ☐ 労働時間とは、単に始業時間から終業時間までではなく、指揮、命令下に置かれている時間と認識しているか

休息時間
- ☐ 休憩時間は自由に使わせているか
- ☐ 休憩時間は一斉に取得しているか
- ☐ 派遣先の使用者は、原則として、派遣中の労働者を含め、一斉に休憩を与えているか

休日
- ☐ 振替休日の運用は、あらかじめ定めてある休日を労働日とし、ほかの労働日を休日としているか
- ☐ 法定休日と所定休日の残業単価の違いが理解できているか

フレックス制度
- ☐ 労使協定を締結しているか
- ☐ 始業および終業の時刻を労働者の決定に委ねることは可能か

変形労働における時間管理
- ☐ 労使協定または就業規則に、変形期間における各日、各週の労働時間を具体的に特定しているか
- ☐ 使用者が業務の都合によって任意に労働時間を変更していないか

※ このコンプライアンスチェックシートは、「第3章 労働時間のしくみとルール」の前半部分になります。

第3章
労働時間のしくみとルール

01 「名ばかり管理職」の問題
- 労働基準法の管理監督者の範囲
- 判例で見る管理監督者の範囲
- 通達による管理監督者の範囲
- 多店舗展開する小売業、飲食業等の店舗における管理監督者の具体的な判断要素について

02 労働時間の基本的な定義
- 法定労働時間と所定労働時間
- 会社の労働時間把握義務

03 休憩に関する基本的な定義
- 休憩時間のバリエーション例
- 一斉休憩の適用除外に関する協定書例

04 休日に関する基本的な定義
- 振替休日と代休の違い
- 振替休日の同一週と翌週にまたがって取得した場合

05 フレックスタイム制度とは
- フレックスタイム制度を採用した場合の時間外労働
- フレックスタイム制度

06 1カ月変形労働時間制
- 事例でわかる1カ月変形労働時間制はこんなに便利！

07 1年変形労働時間制
- 1年変形労働時間制と通常の勤務形態との、休日数と労働時間数の比較

08 事業場外のみなし労働時間制
- 事業場外のみなし労働時間の算定方法

09 裁量労働制（専門業務型）
- 専門業務型裁量労働制
- 専門業務型裁量労働制が適用される19業務
- 専門業務型裁量労働制における具体的な指示の範囲
- 専門業務型裁量労働制に関する協定書例

10 裁量労働制（企画業務型）
- 企画業務型裁量労働制
- 企画業務型裁量労働制における対象労働者の範囲
- 労使委員会で決議しなくてはいけない8つの事項

11 労使協定（36協定）
- 残業の限度時間
- 36協定（時間外労働・休日労働に関する協定）届出例

12 特別条項付き36協定
- 特別条項付き36協定例
- 限度時間が適用されない事業または業務
- 今後の法改正について

コンプライアンスチェックシート（労働時間②）

01 労働基準法 第41条・労働時間・管理監督者

「名ばかり管理職」の問題

労働基準法でいう管理職のハードルは、かなり高いところにあります。だからこそ残業の概念がありません。

⚠️ **資格**
経験、能力などに基づく格付

⚠️ **職位**
職務の内容と権限などに応じた地位

ONE POINT
九九プラス裁判
（東京地裁 平成23年5月31日）
コンビニエンスストア店長への残業手当について争われた。店舗運営に重要な職責を負わず、経営方針に意見を反映させるような機会もなく、短期間で店長になったこと、正社員の3分の2以上が店長であること、勤怠管理をされていたこと、店長昇格後も賃金が昇格前よりも増えていなかったことから、管理監督者には該当しないとされた。

日本ファースト証券裁判
（大阪地方裁判所 平成20年2月8日）
証券会社支店長の残業代に関して争われた。部下の指導監督権限を持ち、支店の経営方針を定め、中途採用においては採否決定権を持ち、人事考課や係長以上の人事を裁量で決定できた。労働時間は報告や管理の対象外とされ、給与も部下より格段に高いことから、管理者の地位にあると認められた。

管理監督者を正しく解釈しよう

① **社会を揺るがした名ばかり管理職の判例**：大手ファーストフードチェーンの直営店店長が権限を持たない「名ばかり管理職」だとして、残業代の支払いなどを求めた訴訟が、会社側が和解金約1,000万円を支払う結果になりました。この事件によって管理監督者の範囲が改めて問われることになり、その後も同様の事件が続いています。

② **管理監督者の労働時間**：労働基準法では、事業の種類にかかわらず、監督もしくは管理の地位にある者は、深夜業を除く労働時間に関する規定が適用されません。管理監督者は何時間働いても本人の裁量によるものとされています。ただし深夜業に関わる割増賃金や年次有給休暇は付与する必要があります。

③ **本来の管理監督者の範囲**：部長、工場長、店長などの名称にとらわれず、実態に即して判断されます。本来の管理監督者の範囲は次のとおりです。この3つの条件を満たしていない場合は、社内で管理職とされていても、残業手当や休日手当が必要になります。
  (1) 経営者と一体的立場で仕事をしている
  (2) 出社・退社や勤務時間について厳格な制限を受けない
  (3) その地位にふさわしい待遇がなされている

④ **トラブル回避のポイント**：明確な規定のない管理監督者の運用は、次の2点に気をつけるようにします。
  (1) 職制上の役職者すべてが管理職と認められるわけではなく、重要な職務と責任を持ち、労働時間の規制がなじまないものに限定される
  (2) 管理監督者でも、深夜労働（22時～5時まで）は割増賃金を支払う必要がある

● 労働基準法の管理監督者の範囲

管理監督者　労働基準法第41条第2号により、事業の種類にかかわらず、監督もしくは管理の地位にある者は、深夜業を除く労働時間に関する規定が適用されません。「管理監督者」とは、部長、工場長などの名称にとらわれず、実態に即して判断されます。

管理監督者の範囲
(通達：基発150号、婦発47号　昭和63年3月14日)

- 経営者と一体的立場で仕事をしている（職務内容、責任と権限など）
- 出社・退社や勤務時間について厳格な制限を受けていない（勤務体制）
- その地位にふさわしい待遇がなされている

上記のすべての条件を満たしていない人は、社内で管理職とされていても残業手当や休日手当が必要です

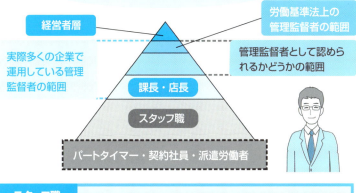

スタッフ職　スタッフ職が、本社の企画、調査などの部門に多く配置されていて、これらスタッフの企業内における処遇の程度によっては、管理監督者と同様に取り扱い、法の規制外においてもこれらの者の地位からして特に労働者の保護に欠けるおそれがないと考えられ、かつ法が監督者のほかに管理者も含めていることに着目して、一定の範囲の者については管理監督者に含めて取り扱うことが妥当です。　　(通達：基発150号、婦発47号　昭和63年3月14日)

チェックポイント

1. 資格および職位上の役職者であれば、すべてが管理監督者として認められるわけではありません。
2. 職制上の役職者で重要な職務と責任を有し、労働時間の規制になじまない者に限定されます。
3. 管理監督者でも深夜労働（22時～5時まで）に対する割増賃金は必要となります。

（次頁に続く）

管理監督者の範囲

● 判例で見る管理監督者の範囲

管理監督者をめぐる民事裁判例

日本の企業では、会社の中で定義・運用されている管理職（店長や課長など）が多いのが実態ですが、労働基準法で定義される第41条第2号で定義される管理監督者の範囲は狭く、未払い残業代をめぐる事件が起きています。

● 東和システム裁判 （東京高裁 平成21年12月25日）

管理監督者として認められず

地位	課長代理（プロジェクトリーダー）
理由	プロジェクトリーダーは常にその地位にあるわけではなく、チームの構成員やスケジュールの決定権限がなく、統括的立場にあるとはいえず、部下の人事考課、昇給、処分、解雇等の決定権限を有さず、出退勤も自由ではなく管理されていた。

● ゲートウェイ21裁判（東京地裁 平成20年9月30日）

管理監督者として認められず

地位	支社長
理由	部下に対する労務管理や処遇の決定権はあるが裁量権は小さく出退勤についても十分な裁量はなく、給与も部下のほうが高額な場合があり、地位にふさわしい待遇ではなかった。

管理監督者として認められなかった判例

- レストラン店長：レストラン「ビュッフェ」裁判（大阪地裁 昭和61年7月30日）
- 銀行支店長代理：静岡銀行裁判（静岡地裁決 昭和53年3月28日）
- 工場の課長：サンド裁判（大阪地裁 昭和57年7月12日）
- マネージャー職：日本コンベンションサービス裁判
　　　　　　　　　　　　　（大阪高裁 平成12年6月30日）
- 課長、係長など：東建ジオテック裁判
　　　　　　　　　　　（東京地裁 平成14年3月28日）
- 主任：キャスコ裁判（大阪地裁 平成12年4月28日）

● 通達による管理監督者の範囲

管理監督者 都市銀行においては、管理監督者の範囲が労働基準局長名で発する通達で、昭和52年2月28日に出ています（基発105号）。

都市銀行における管理監督者の取り扱いの範囲

1. 取締役員を兼務する者
2. 支店長、事務所長など事業場の長
3. 本部の部長などで経営者の直属する組織の長
4. 本部の課またはこれに準ずる組織の長
5. 大規模の支店または事業所の部、課などの長で❶から❹の者と銀行内において、同格以上に位置づけられている者
6. ❶から❹と同格以上に位置づけられている次長副部長など
7. ❶から❹と同格以上に位置づけられ、経営上の責任事項に関する企画立案業務を担当するスタッフ

● 多店舗展開する小売業、飲食業等の店舗における管理監督者の具体的な判断要素について（昭和22年9月13日基発第17号・昭和63年3月14日基発第150号・平成20年9月9日基発0909001号）

職務内容、責任と権限 管理監督者性を否定する重要な要素
1. アルバイト・パートなどの採用について、責任と権限がない
2. アルバイト・パートなどの解雇について、職務内容に含まれず、実質的にも関与していない
3. 部下の人事考課について、職務内容に含まれず、実質的にも関与していない
4. 勤務割表の作成、所定時間外労働の命令にについて、責任と権限がない

勤務態様 ❶ 管理監督者性を否定する重要な要素
1. 遅刻、早退などにより減給の制裁、人事考課での負の評価など不利益な取り扱いがされる

勤務態様 ❷ 管理監督者性を否定する補強要素
1. 長時間労働を余儀なくされるなど、実際には労働時間に関する裁量がほとんどない
2. 労働時間の規制を受ける部下と同様の勤務態様が労働時間の大半を占める賃金などの待遇

賃金等の待遇 ❶ 管理監督者性を否定する重要な要素
1. 時間単価換算した場合にアルバイト・パート等の賃金額に満たない
2. 時間単価換算した場合に最低賃金額に満たない

賃金等の待遇 ❷ 管理監督者性を否定する補強要素
1. 基本給や役職手当などの優遇措置が、実際の労働時間数を勘案した場合に、割増賃金が支払われないことを考慮すると十分ではなく労働者の保護に欠ける
2. 年間の賃金総額が一般労働者と比べ同程度以下である

02 労働基準法 第32条・労働時間・法定労働時間
罰則（6カ月以下の懲役または30万円以下の罰金）

労働時間の基本的な定義

労働時間とは、会社の指揮命令下に置かれている時間のことをいい、会社の明示または黙示の指示により労働者が業務に従事する時間は労働時間にあたります。

労働時間のルール

① **1日8時間、1週間40時間が原則**：労働基準法第32条では、休憩時間を除いて1日8時間、1週間40時間を労働時間と定めています。これを超えて労働させるには労使協定を結ぶ必要があります。

② **特定事業場は例外規定がある**：従業員が常時10人未満の商業、映画演劇業（映画作成事業を除く）、保健衛生業や接客娯楽業は、例外として1日8時間、1週間44時間の労働が許されています。継続的に勤務しているパートタイムも労働者数に算入しますが、派遣労働者は派遣先の労働者数として算入するので注意が必要です。

③ **どこまで労働時間にカウントされる？**（「労働時間適正把握ガイドライン」平成29年1月20日より）

CASE1　参加時間が業務上義務づけられている研修・教育訓練の受講や、会社の指示により業務に必要な学習等を行っていた時間は、労働時間となります。

CASE2　健康診断の時間は、2つの考え方があります。
（1）一般健康診断は、一般的な健康の確保を図ることを目的として事業者にその実施義務を課したものであり、業務遂行との関連において行われるものではないので、受診のために要した時間は労働時間として扱わなくてもかまいません（逆に労働時間としてもかまいません）。
（2）特定の有害な業務に従事する労働者について行われる特殊健康診断は、事業の遂行に当然実施されなければならないため、労働時間に算入します。

ONE POINT

1日とは？
午前0時から午後12時までのいわゆる暦日をいい、勤続勤務が2暦日にわたる場合には、たとえ暦日が違っても1勤務として取り扱い、始業時間の属する日の労働として、当該1日の労働とします（昭和63年1月1日、基発1号）。

1週間とは？
就業規則、そのほかに別段の定めがないかぎり、日曜日から土曜日までのいわゆる暦週をいいます（昭和63年1月1日、基発1号）。

労基署による監督で狙われるポイント
社員の自己申告による労働時間とタイムカードやPCログの記録等に大きな乖離がある場合、「適正な労働時間の管理」や「未払い残業」について、労基署の指導が入る可能性が高くなります。

● 法定労働時間と所定労働時間

法定労働時間	1日8時間、週40時間
所定労働時間	法定労働時間以内であれば会社ごとに自由に決められます。7時間の会社もあれば7時間30分の会社もあります。

● 仮に、所定労働時間7時間の会社で、2時間残業した場合の残業支払いは……

● 会社の労働時間把握義務

● 会社は、始業・終業時刻を確認し、適正に記録することが義務づけられました。その方法は、自ら現認する、またはタイムカード、ICカード、PCの使用時間の記録等客観的な記録を基礎としなくてはなりません。

● 特に、本人が出退勤の申請を行うようなシステムの場合には、自己申告時間と、実際の労働時間が合致しているか実態調査をし、所要の労働時間に補正する、自己申告した労働時間を超えて事業場内にいる理由等を労働者に報告させる場合には、当該報告が適正に行われているかを確認する必要があります。

労働時間適性把握ガイドライン（平成29年1月20日）

CASE 3 昼休み中の電話および来客当番などの手待ち時間や着替えや清掃等の業務に必要な準備時間は労働時間となります。

CASE 4 安全衛生教育・安全委員会・衛生委員会の会議の開催に要する時間は労働時間となります。

CASE 5 出張の移動時間は日常の通勤と同じ考えとなり、労働時間にあたりません。

CASE 6 上司が指示した業務をこなすために、必要に迫られた持ち帰り残業や未申請の残業も労働時間となります。城南タクシー裁判（平成8年3月29日）では、社員が勝手に残業した場合、会社としてそれを拒否していない場合は、労働時間と認められました。

03 労働基準法 第34条・労働時間・休憩
罰則（6カ月以下の懲役または30万円以下の罰金）

休憩に関する基本的な定義

休憩は、労働時間中に、社員一斉に与えなければいけません。

休憩時間のルール

① **労働時間によって決められた休憩時間をとる**：休憩は、労働時間が6時間を超える場合には45分以上、8時間を超える場合には1時間以上与えなければいけません。たとえば労働時間が7時間30分の会社で、昼の休憩が45分の場合、残業を1時間すると労働時間が8時間を超えるので、残業前などに15分の休憩が必要になります。また、休憩は勤務の始まりと終わりではなく、労働時間の途中にとる必要があります。8時間働いたあとに1時間の休憩をとることはできません。

② **休憩の回数・時間数規定を超えれば、会社の自由**：休憩の回数は業務にあわせて自由に設定できます。たとえば製造業など随時休憩が必要な業種は、午前10分、昼40分、午後10分のようにとることも可能です。休憩時間は長い分には限度がないので、医院などで昼2時間休憩をとり、拘束時間を長くするのは問題ありません。

休憩の一斉付与と自由利用

① **社員みんなが一斉にとるのが原則**：休んでいない人がいると気兼ねして休めないという理由から、原則、休憩は一斉に与えなければいけません。ただし、トラックやタクシーの運転手、医院などの保健衛生業、小売業、接客娯楽業などは、この原則からはずれます。また、労使協定を結べば、一斉に休憩を与えないことができます。

② **休憩時間は自由に利用させる**：休憩時間は社員が自由に利用できますが、あくまでも職場の秩序を守ったうえでの自由取得となります。会社内で自由があれば、外出を許可制にするのは違法ではありませんが許可制をとっている会社はまれで、現実的ではありません。

ONE POINT

残業中の休憩付与

昼食後、就業時間をすぎても休憩をまったくとらずに業務を行うことは、能率も落ち、精神衛生上もよくありません。残業時の休憩は、次のような付与方法を規定しておきましょう。

- 夜7時から30分間必ず取得する
※時間限定でとる場合
- 取得した時間を申請し残業時間から控除する
※従業員の裁量に任せる場合

昼休みの電話当番は休憩にあたらない

休憩時間は社員が自由に利用するのが原則です。昼食をとりながら電話当番をするのは労働時間と見なされ、ほかに休憩時間を与えなければいけません。食べながらの電話対応は先方にも失礼にあたるので、労使協定を結び、交代で電話当番をしてもらうようにします。

労使協定がなくても一斉に休憩を与えなくてもよい事業（第34条適用除外）

(1) 運輸交通業 (2) 商業 (3) 金融・広告業 (4) 映画・演劇業 (5) 通信業 (6) 保健衛生業 (7) 接客娯楽業 (8) 官公署の事業

● 休憩時間のバリエーション例

❶

9:00 — 所定労働時間7時間30分労働（45分休憩：休憩45分） — 17:15 残業30分 — 17:45 休憩15分 — 18:00 残業1時間 — 19:00

労働時間が8時間を越える場合1時間以上の休憩が必要です

❷

9:00 — 所定労働時間7時間30分労働（90分休憩：休憩15分／休憩60分／休憩15分） — 18:00 残業1時間 — 19:00

拘束時間を長くできる！

● 一斉休憩の適用除外に関する協定書例

一斉休息の適用除外に関する協定書

　　株式会社 多田国際 と 従業員代表 三澤真奈美 は、一斉休憩の適用除外に関し、次のとおり協定する。

（適用範囲）
第1条　従業員については、交替で休憩時間を与えるものとする。

（休憩時間）
第2条　休憩時間は次のとおりとし、前月20日までに勤務表により周知する。
　　　　（A）12時00分 〜 13時00分　（B）12時30分 〜 13時30分

（特例）
第3条　外勤などのため、本人の時間帯に休憩時間を取得できない場合には、所属長が事前に指定し、ほかの時間帯を適用する。

（施行日）
第4条　本協定は、○○○○年○○月○○日より施行する。なお、労使いずれからも協定の破棄の申し出がないかぎりこの効力を存続する。

04 労働基準法 第35条・労働時間・休日
罰則（6カ月以下の懲役または30万円以下の罰金）

休日に関する基本的な定義

休日とは労働義務のない日のことです。4週間に4日以上であれば、休日の指定は会社が自由に決められます。

休日のルール

① **週に1回以上、4週間で4日以上**：労働基準法第35条で定めている休日は、「毎週1回以上、もしくは4週間で4日以上」です。業務の都合によって、週1回の休日が難しい場合は、4日連続の休日でもかまわないとされています。この休日を「法定休日」といいます。

② **法定休日と法定外休日**：法定休日以外に、会社独自で与えるのが「法定外休日」です。労働時間は週40時間以内と決まっているので、法定外休日の設定が必要となります。「完全週休2日＋祝日は休み」の会社、「週休2日の会社」など、特に業種により法定外休日の設定は大きく違っています。

振替休日と代休の違いは？

① **休日の変更をいつするかで決まる**：休日の変更を事前に指定するのが振替休日、突発的な出来事などで出勤してもらい、あとで休日を指定するのが代休です。この違いを理解せずに混同して使うと、残業代の支払いが発生するので注意が必要です。

② **割増賃金について**：たとえば本来の休みが土日の会社で、事前に同一週内の別の日を振替休日に指定しておけば、労働日と休日が入れ替わるだけのため、土日に出勤しても割増賃金は必要ありません。しかし、突発的に土日に出勤してもらった場合は休日手当を支払うことになります。法定休日の労働に対する割増賃金は通常の賃金の135％増しになります。後日、代休をとった場合は、割増分の135％から通常分の100％を差し引き、35％だけを支払います。休日は計画的にして、振替休日を活用したほうが会社はお得です。

ONE POINT

振替休日・代休には、一定のルールをつくる

本来、休日は体を休めるために取得するものなので、休めなかった日から前後2週間以内に取得してもらうのが望ましいところです。休む権利があるとはいえ、振替休日を何日も溜め込んで一気に使ったり、自分勝手に取得することのないように、振替休日の取得方法は一定のルールをつくりましょう。

必ずしも土日を休日としなくてもよい

休日をいつにするかは会社の自由です。土日や祝日を休日に指定しなくてもよいので、この日に出勤したからといって必ずしも休日手当を支払わなくてはいけないわけではありません。125％の割増賃金の支払いが求められるのは、週40時間の所定労働時間を超えて働いた場合です。ただし、法定休日に働いた場合は、135％の時間外手当を支払います。

● 振替休日と代休の違い

振替休日

労働日である火曜日と休日である日曜日を入れ替えるだけなので、割増賃金は発生しない

日	月	火	水	木	金	土
休日	労働日	労働日	労働日	労働日	労働日	休日

代休

休日である日曜日に出勤して、次の火曜日に休みをとっても、休日出勤した事実は帳消しにならず、割増賃金の支払いは必要となる

日	月	火	水	木	金	土
法定休日	労働日	労働日	労働日	労働日	労働日	所定休日

● 振替休日の同一週と翌週にまたがって取得した場合

- 月曜日から金曜日の労働時間は8時間×5日＝40時間
- 土曜日・日曜日に働いた場合の労働時間はいずれも8時間とする
- 土曜日は所定休日、日曜日は法定休日とする。

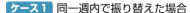

ケース1 同一週内で振り替えた場合　　割増賃金の発生なし

日	月	火	水	木	金	土
休日出勤 8時間	振替休日	出勤 8時間	出勤 8時間	出勤 8時間	出勤 8時間	休日

＝ 労働時間 合計40時間

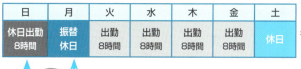

ケース2 翌週にまたがって振り替えた場合　　8時間分の割増賃金（2割5分増）

1週目

日	月	火	水	木	金	土
休日出勤 8時間	出勤 8時間	出勤 8時間	出勤 8時間	出勤 8時間	出勤 8時間	休日

＝ 労働時間 合計48時間

翌週

日	月	火	水	木	金	土
休日	振替休日	出勤 8時間	出勤 8時間	出勤 8時間	出勤 8時間	休日

＝ 労働時間 合計32時間

05 労働基準法 第32条の3・労働時間・フレックスタイム
罰則（6カ月以下の懲役または30万円以下の罰金）

フレックスタイム制度とは

運用間違いが多発するフレックスタイム制度を確認しよう。

フレックスタイム制度とは

① **目的は生活の調和と業務の効率化**：1カ月の労働時間（1週40時間以内、1カ月最高177時間）を定め、社員が出退勤の時刻を決めることで、仕事と生活の調和を図り、業務の効率化を目指す働き方です。

② **就業規則の定めと労使協定が必要**：フレックスタイム制度の導入は、就業規則などに規定して、労使協定では以下のことを定めます。
（1）労働者の範囲（特定の部署、個人の選択が可能）
（2）1カ月以内の精算期間
（3）清算期間における起算日（1カ月の場合は、一般的に賃金締切日の翌日が多い）
（4）清算期間における総労働時間（下記の法定総労働時間内とする）

週の法定労働時間	清算期間の暦日数			
	31日の場合	30日の場合	29日の場合	28日の場合
40時間の場合	177.1時間	171.4時間	165.7時間	160.0時間
44時間の場合	194.8時間	188.5時間	182.2時間	176.0時間

（5）標準となる1日の労働時間
（6）必ず労働するコアタイム
（7）選択できる労働時間のフレキシブルタイム

フレックスタイム制度導入は慎重に

① **デメリット**：出勤時間があわず、取引先や他部門と連絡が取りにくくなったり、急な会議や来客の対応に支障が出たり、勤務時間がルーズになる可能性もあります。
② **労働者の意思に委ねる高度な制度**：出退勤の時刻を従業員に委ねるので、信頼関係があって成り立つ制度です。適する業務か検討し、職種を限定することも必要です。

ONE POINT

フレックスタイム制における遅刻・早退

コアタイムに出勤しない場合は、遅刻または早退となりますが、この部分を控除することはできません。フレックスタイム制の労働時間の清算は1日単位ではなく、1カ月単位で行うことになるので、清算期間における総労働時間が不足していないかぎり、控除はできません。ただし、コアタイムに就業しなかったという規定違反になるので、始末書の提出、人事考課や賞与の査定に反映することになります。

深夜労働は許可制にするのも一案

いくら出退勤を従業員に委ねるとはいえ、夕方出社して深夜労働するという形態は本来のフレックスタイム制度の目的に反します。こうしたケースにならないためにも、コアタイムの設定は必須です。また深夜労働は許可制にするなどの対処も必要になります。

● フレックスタイム制度を採用した場合の時間外労働

1日単位または1週間単位で発生するのではなく、清算期間における法定労働時間の総枠を超えた時間になります。

実際に労働した時間が、清算期間における総労働時間と比べ過不足が生じた場合は、その清算期間内で清算することが原則ですが、繰り越すこともできます。繰り越しをする場合の取り扱いは次のとおりです。

労働時間が不足した場合	総労働時間に達しない時間分を次の清算期間の労働時間に上積みします（原則は、総労働時間に達しない時間分の賃金を控除します）。
労働時間が過剰であった場合	総労働時間を超えて労働した時間分を次の清算期間の一部に充当することはできないので、その期間で清算します（超えた時間分を時間外労働として割増賃金を含めて支給します）。

● フレックスタイム制度

フレックスとは？ 1日の所定労働時間の長さは固定的に定めず、1カ月以内の一定期間（清算期間）を定めておき、従業員がその範囲内で各日の始業および終業の時刻を自分の意思で決定して働く制度です。

 始業時および終業の時間を労働者の意思に委ねるため、原則として業務命令で出社してもらうことができません。間違えた運用をしないように注意してください。

メリット 「清算期間の総枠を超えた時間」が時間外労働となるため、1日8時間または1週間40時間を超えて労働した場合の残業代は発生しません。

06 労働基準法 第32条の2・労働時間・1カ月変形
罰則（6カ月以下の懲役または30万円以下の罰金）

1カ月変形労働時間制

1カ月のうちに繁忙期と閑散期がある会社にピッタリです。

1カ月変形労働時間制とは

① **労働時間を1カ月の平均で見る**：1カ月以内の労働時間が1週間の平均で40時間を超えない範囲であれば、労働基準法で定める1日8時間、1週40時間を超えて働いてもらうことができるのが「1カ月変形労働時間制」です。たとえば、月末に業務が集中する場合、1～15日までは7時間労働、16日以降は9時間労働というように設定できるので、ひと月の間に繁閑がある会社や、シフト制を組んでいる会社に向いています。

② **制度導入の4つの要件**：次のとおりです。
   (1) 就業規則に定める
   (2) 変形期間は1カ月以内として起算日を定める
   (3) 変形期間を通じて法定労働時間の総枠［週法定労働時間 × （変形期間の暦日数 ÷ 7）］を超えないこと
   (4) 変形期間における各日、各週の労働時間を具体的に定め、任意に労働時間を変更できないものとすること

月の労働時間と残業計算

① **1カ月の最大労働時間は？**：上記(3)の計算で求め、以下の表の時間内とします。

週の法定労働時間	清算期間の暦日数			
	31日の場合	30日の場合	29日の場合	28日の場合
40時間の場合	177.1時間	171.4時間	165.7時間	160.0時間
44時間の場合	194.8時間	188.5時間	182.2時間	176.0時間

② **1カ月変形労働時間制の残業の計算は？**：1日および週単位で、あらかじめ決めた労働時間を超えた分と、月単位で法定の総枠時間を超えた分が残業となります。

ONE POINT

1週間変形労働時間制とは

1週間単位でそれぞれの日の労働時間を変えられる制度です。1日ごとに仕事の忙しさがバラつき、それが不定期の場合、1割増賃金を支払うことなく1日の労働時間を10時間まで延長できます。1週間の最大労働時間は40時間です。

1週間変形労働時間制を利用できる職種

この制度を利用できるのは、常時働いている従業員が30人未満の小売業、旅館、料理店、飲食店になります。これらの職種は、特例措置によって1週間の所定労働時間が44時間まで認められていますが、変形労働時間制では労使協定によって1週間40時間以内となってしまいます。また、労働時間を1週間前までに従業員に書面で通知しなければならず、手続きも煩雑なので、あまり人気のない制度です。

● 事例でわかる 1 カ月変形労働時間制はこんなに便利！

● 1日の労働時間7時間、月に2回土曜日出勤する場合

6月

日	月	火	水	木	金	土
	1	2	3	4	5	6
7	8	9	10	11	12	13
14	15	16	17	18	19	20
21	22	23	24	25	26	27
28	29	30				

■ 休日

CASE 1

営業マンの多い事業所で、月曜から金曜はお客様を回り、実績をあげさせたい。しかし、せめて土曜日は月に2回、社内会議を行いたい。
平日は、お客様のニーズにあわせた提案を行うことに集中する営業マン。しかし、月に2回の土曜日は、社内で上司や同僚とのコミュニケーション会議で実績アップ！

月別労働時間数

月	暦日	休日	日数	月総時間	週平均
6	30	6	24	168:00	39:12

● 1日の労働時間が繁閑期によって7時間と8時間、9時間がある場合

6月

日	月	火	水	木	金	土
	1	2	3	4	5	
6	7	8	9	10	11	12
13	14	15	16	17	18	19
20	21	22	23	24	25	26
27	28	29	30			

■ 休日
■ 7時間労働の日
■ 9時間労働の日

CASE 2

経理部は、月初は比較的余裕があるが、月の中旬から後半にかけて月次決算処理で大忙し。とても8時間では仕事が終わらないのがわかっているケース。
月初は、7時間勤務で早く帰宅。その代わり、月末は9時間集中して月次処理が行える、メリハリをつけた1カ月で仕事達成！

月別労働時間数

月	暦日	休日	日数	月総時間	週平均
6	30	8	22	171:00	39:54

● 1日の労働時間10時間、週4日出勤する場合

6月

日	月	火	水	木	金	土
	1	2	3	4	5	6
7	8	9	10	11	12	13
14	15	16	17	18	19	20
21	22	23	24	25	26	27
28	29	30				

■ 休日
■ 10時間労働の日

CASE 3

営業時間の長い、飲食店。8時間で週5日勤務よりも、1日の労働時間が長いほうがシフトが組みやすい。ランチタイム前の11時出勤から、ディナータイム終了後の10時までの10時間労働の週4日シフト勤務形態で、労使ともに働きやすい職場の実現！

月別労働時間数　※週の法定時間44時間

月	暦日	休日	日数	月総時間	週平均
6	30	12	18	180:00	42:00

第3章　労働時間のしくみとルール

07 労働基準法 第32条の4・労働時間・1年変形
罰則（6カ月以下の懲役または30万円以下の罰金）

1年変形労働時間制

年間を通して労働時間を管理し、残業を圧縮するようにします。

1年変形労働時間制とは

① **繁閑にあわせて1年単位で労働時間を管理**：長いレンジで繁閑の差がある会社にメリットが高いのが、1年変形労働時間制です。労働時間を1年単位で管理し、年平均1週40時間以内に調整することで総労働時間の短縮を図ることができ、残業代対策として活用できます。

② **1年変形労働時間制の手続きは厳格**：次の項目を労使協定に定め、対象期間ごとにカレンダーを添付して労働基準監督署へ提出します。
 (1) 対象となる労働者の範囲
 (2) 有効期間
 (3) 対象期間（1カ月を超え1年以内の期間）および起算日
 (4) 特定期間（対象期間中の特に業務が繁忙な期間）
 (5) 対象期間の労働日、労働日ごとの労働時間
 (6) 労使協定の有効期間

③ **1年変形労働時間制を活用して残業代を調整**：閑散期に集中して労働時間短縮や休日を設定することで、年間の総労働時間を一定にでき、残業代の圧縮が可能になります。建設業や百貨店、リゾートホテルなどに適した制度です。

1年変形労働時間制導入の注意点

① **労働日数の限度**：対象期間が3カ月を超える場合、1年あたりの労働日数の上限は280日（うるう年も同様）、労働時間が週48時間を超えるのは3週連続まで、および対象期間の初日から3カ月ごとに区切った期間内に3回までとなっています。

② **1日および1週間の労働時間の限度**：1日10時間以下、1週間52時間以下が原則となり、これを超えた場合は残業代の支払いが必要になります。

ONE POINT

派遣労働者に1年変形労働時間制を適用できるか？

派遣労働者は、派遣元と労働契約を結んでいます。派遣労働者に1年変形労働時間制を提供する場合は、必要な労使協定を派遣元と締結する必要があります。

年度途中で退社した場合の賃金精算

1年変形労働時間制の対象期間の途中で、従業員が退社することもあります。対象期間より短い期間しか労働しなかった者に関しては、実労働時間を平均し、週40時間を超えた時間に関しては割増賃金を支払わなければなりません。

●割増賃金の対象時間＝「実労働期間における実労働時間」－「実労働時間における法定労働時間の総枠」－「1日および1週間で定めた労働時間を超えた分」

● 1年変形労働時間制と通常の勤務形態との、休日数と労働時間数の比較

1年変形事例1 [建設業のケース（完全週休2日の場合）]

● 一般の勤務形態

月	休日数	月	休日数
1月	10	7月	8
2月	8	8月	10
3月	9	9月	8
4月	8	10月	9
5月	10	11月	9
6月	8	12月	8

合計休日 **105**

● 1年変形事例の勤務形態

月	休日数	月	休日数
1月	10	7月	8
2月	6	8月	14
3月	7	9月	8
4月	8	10月	9
5月	10	11月	9
6月	8	12月	8

合計休日 **105**

← 同じ →

> 2月と3月に納期がかさみます。2月と3月の土曜日は隔週出勤とし、1年で最も余裕のある8月に4日分の休日を移動します。メリハリのついた仕事ができ、会社も残業代の支払いがありません。

労使ともに
ハッピーな
1年変形

① 年間で弾力的な労働時間の活用をすることにより、週40時間を超える場合の残業代対策となります。
② 繁忙期、閑散期を設定することにより、1日の所定労働時間、1カ月の総労働時間を有効的に活用できます。
③ 特定期間を設定すれば、最長12日間連続して勤務することが可能となります。
④ 労働基準監督署へ労使協定の届出が必要です。

1年変形事例2 [小売業のケース（完全週休2日の場合）]

● 一般の勤務形態

月	1日の労働時間数	月	1日の労働時間数
1月	8	7月	8
2月	8	8月	8
3月	8	9月	8
4月	8	10月	8
5月	8	11月	8
6月	8	12月	8

年間労働時間 **2,080**

● 1年変形事例の勤務形態

月	1日の労働時間数	月	1日の労働時間数
1月	8	7月	8
2月	8	8月	9
3月	9	9月	8
4月	8	10月	7
5月	7	11月	8
6月	7	12月	9

年間労働時間 **2,080**

← 同じ →

> お中元、お歳暮商戦などの忙しい月の1日の労働時間を9時間に設定しています。比較的お客様の少ない月は7時間勤務とすることで、必要ない時期の労働時間を繁忙期にもってくることが可能です。閑散期の少し早い帰宅と残業代の抑制が可能となります。

③ **対象期間における連続労働日数の限度**：原則として6日間です。ただし労使協定で定めた特定期間だけは、週1日の休日が確保できていればかまいません。

08 労働基準法 第38条の2・労働時間・みなし労働時間
罰則（6カ月以下の懲役または30万円以下の罰金）

事業場外のみなし労働時間制

社外で働く職種の従業員には、特別な労働時間制が適用されます。

事業場外におけるみなし労働制度とは

① **会社の外に出て1人で働く社員に適用**：労働時間の全部または一部を社外での業務に費やし、労働時間を正確に把握するのが難しい職種もあります。その場合、実際の労働時間にかかわらず、あらかじめ定めた労働時間とみなすことが認められています。これを「事業場外のみなし労働制度」といいます。

② **対象となる社員**：みなし労働時間制の対象となるのは、次の条件を満たす場合です。
　（1）会社の外で業務に従事し、かつ上司など会社の具体的な指揮監督がおよばない
　（2）労働時間を算定することが困難な業務

③ **みなし労働時間制が適用できない場合**：社外の業務でも、携帯電話で会社と連絡を取りながら、具体的な指示を受けて働くようなケース、グループで社外の労働に従事しそのメンバーに管理監督者がいる場合や、会社で訪問先・帰社時刻など当日の業務の具体的指示を受けてその後帰社する場合は、みなし労働時間制は適用できません。

こんなときはどうする？

① **法定労働時間を超える場合は届出が必要**：みなし労働時間が1日8時間なら届出は必要ありません。これを超える場合は、労使協定を結び、労働基準監督署への届出が必要になります。

② **みなし労働時間に含まれないもの**：休日や深夜の労働は、みなし労働時間制度の対象外です。みなし労働時間制をとっていても従業員が休日や深夜に働いた場合、別途、時間外賃金の支払いが生じます。この点をあいまいにするとトラブルになるので、制度を把握して間違いのないように運用するようにします。

ONE POINT

コミネコミュニケーション裁判
（東京地裁平成17年9月30日）

営業社員に事業場外みなし労働時間制が適用されるか否かについて争われました。出退勤時刻を記録したIDカード、それを集計した就業状況月報の存在、直行・直帰に対する上司の許可、携帯電話と営業日報による外勤中の行動把握が指摘され、労働時間を算定できるものと判断されました。

みなし労働時間制に適した職種

商品を持って個別営業をするような職種で、直行直帰を常態としている職種はみなし労働時間制の適用に適しています。

● 事業場外のみなし労働時間の算定方法

> ❶ 原則：労働時間の全部または一部について、事業場外で業務に従事した場合において労働時間を算定しにくいときは、所定労働時間労働したものとみなされ、労働時間の一部について、事業場内で業務に従事した場合には、当該事業場内の労働時間を含めて、所定労働時間労働したものとみなされる。
>
> ❷ 当該業務を遂行するためには、通常所定労働時間を超えて労働することが必要となる場合。当該業務の遂行に通常必要とされる時間労働したものとみなされ、労働時間の一部について事業場内で業務に従事した場合には、当該事業場内の労働時間と事業場外で従事した業務の遂行に必要とされる時間とを加えた時間労働したものとみなされる。なお、当該業務の遂行に通常必要とされる時間とは、通常の状態でその業務を遂行するために客観的に必要とされる時間であること。
>
> （通達：昭和63年1月1日　基発1号）

CASE1　事業場外のみなし労働時間と内勤分の労働時間の合計が、所定労働時間内に収まる場合

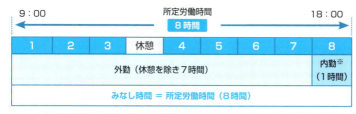

内勤分も含めて所定労働時間（8時間）労働したものとみなされます

※ 内勤には、帰社後の日報作成時間や社有車の事業所返却など、常態的な事業場外労働に付随するものは含まれません。当該業務は事業場外労働の一部とみなされます。

CASE2　事業場外のみなし労働時間と内勤分の労働時間の合計が、所定労働時間を超える場合

所定労働時間以降の1時間分の時間外勤務手当が発生します

09 労働基準法 第38条の3・労働時間・裁量労働制
罰則（6カ月以下の懲役または30万円以下の罰金）

裁量労働制（専門業務型）

個人の裁量で進める仕事で、会社が詳細に管理するのが難しい専門19業務に適用が可能です。

専門型の裁量労働制の考え方

① **労働時間ではなく成果で結果を測る**：ソフト開発や編集など従業員の裁量に任せる仕事は、会社が詳細に進捗管理するのが難しい場合もあります。仕事の進め方を社員に任せ、労働時間ではなく成果で結果を測るのが裁量労働制です。専門的、創造的、研究的な19業務で、会社の指示なしで自律的に仕事をする場合に認められます。19業務でも会社から指示を受ける人は対象とならないので注意しましょう。

② **労働時間はどうなる？**：裁量労働制は実労時間にかかわらず、労使協定で決めた時間を労働したとみなされます。ただし、休日・深夜は別途時間外手当の支払いが必要になります。導入する場合には、同時に納得感のある人事給与制度を再検討する必要があります。

③ **手続き**：裁量労働制は次の項目について労使協定を結び、労働基準監督署への届出が必要です。
   (1) 対象業務
   (2) 対象業務に従事する労働者の労働時間として算定される時間（みなし労働時間）
   (3) 会社が従業員に対して、業務遂行の手段、時間配分の決定に関し、具体的指示をしない
   (4) 業務に従事する従業員の健康、福祉を確保する措置
   (5) 業務に従事する従業員からの苦情の処理に関する措置
   (6) そのほか厚生労働省令で定める事項（有効期間の定め）

裁量労働制が認められている職種

対象は19業務に限定：裁量労働制はホワイトカラーに合理的な制度ですが、19業務に限定されています。

ONE POINT

従業員の健康への配慮を忘れずに！
安全衛生法では、時間外勤務100時間超（2019年4月より80時間）で疲労蓄積が見られる従業員から申出があれば、医師の面談を行うことを指導しています。この要件は裁量労働制でも適用され、会社には健康配慮の義務があります。裁量労働制は残業が際限なく増えかねないので、社員の健康状態に注意を払いましょう。

裁量労働制の休憩、深夜残業は？
裁量労働制でも、休憩や深夜残業などの法規制は通常の労働時間同様に適用されます。休憩はほかの社員と同様に取得し、業務が深夜までずれ込んだ場合は、深夜割増の支払いが必要となります。

みなし労働時間の見直し
業務に遂行に必要とされる時間は、一般的に時とともに変化することが考えられるため、みなし労働時間と業務の遂行に通常必要とされる時間との間に乖離が生じないように、一定期間ごとに協定内容を見直す必要があります（基発150号昭和63年3月14日）。

● 専門業務型裁量労働制

専門業務型裁量労働制　業務の性質上、業務遂行の手段や方法、時間配分などを、大幅に労働者の裁量に委ねる必要がある業務として法令で定められた19業務に関して、労使協定であらかじめ定めた時間を労働したものとみなす制度です。

効果　協定で定めた時間（例：9時間）働いたとみなします。

効果　所定労働時間が8時間の会社なら、何時間会社にいても1時間の残業代の支払いとなります（大幅な乖離は認められません）。

健康・福祉を確保するための措置

- 把握した対象労働者の勤務状況およびその健康状態に応じて、代償休日または特別な休暇を付与すること。
- 把握した対象労働者の勤務状況およびその健康状態に応じて、健康診断を実施すること。
- 働きすぎの防止の観点から、年次有給休暇について、まとまった日数連続して取得することを含めてその取得を促進すること。
- 心と体の健康問題についての相談窓口を設置すること。
- 把握した対象労働者の勤務状況およびその健康状態に配慮し、必要な場合には適切な部署に配置転換をすること。
- 働きすぎによる健康障害防止の観点から、必要に応じて、産業医などによる助言、指導を受け、または対象労働者に産業医などによる保健指導を受けさせること。

（次頁に続く）

● 専門業務型裁量労働制が適用される19業務

専門19業務	内　容
❶ 新商品もしくは新技術の研究開発または人文科学もしくは自然科学に関する研究の業務	● 新商品もしくは新技術の研究開発 材料、製品、生産・製造工程などの開発または技術的改善などをいう。
❷ 情報処理システム（電子計算機を使用して行う情報処理を目的として複数の要素が組みあわされた体系であってプログラムの設計の基本となるものをいう）の分析または設計の業務	● 情報処理システム 情報の整理、加工、蓄積、検索等の処理を目的として、コンピュータのハードウェア、ソフトウェア、通信ネットワーク、データを処理するプログラムなどが構成要素として組みあわされた体系をいう。 ● 情報処理システムの分析または設計の業務 （1）ニーズの把握、ユーザーの業務分析などに基づいた最適な業務処理方法の決定およびその方法に適合する機種の選定。 （2）入出力設計、処理手順の設計などアプリケーション・システムの設計、機械構成の細部の決定、ソフトウェアの決定など。 （3）システム稼働後のシステムの評価、問題点の発見、その解決のための改善などの業務をいう。プログラムの設計や作成を行うプログラマーは含まれない。
❸ 新聞もしくは出版の事業における記事の取材もしくは編集の業務または放送法（昭和25年法律第132号）第2条第4号に規定する放送番組もしくは有線ラジオ放送業務の運用の規正に関する法律（昭和26年法律第135号）第2条に規定する有線ラジオ放送もしくは有線テレビジョン放送法（昭和47年法律第114号）第2条第1項に規定する有線テレビジョン放送の放送番組の製作のための取材もしくは編集の業務	● 新聞または出版の事業 新聞、定期刊行物にニュースを提供するニュース供給業も含まれる。なお、新聞または出版の事業以外の事業で、記事の取材または編集の業務に従事する者、たとえば社内報の編集者などは含まれない。 ● 取材または編集の業務 記事の内容に関する企画および立案、記事の取材、原稿の作成、割り付け・レイアウト・内容のチェックなどの業務をいう。記事の取材にあたって、記者に同行するカメラマンの業務や、単なる校正の業務は含まれない。 ● 放送番組の制作のための取材の業務 報道番組、ドキュメンタリーなどの制作のために行われる取材、インタビューなどの業務をいう。取材に同行するカメラマンや技術スタッフは含まれない。 ● 編集の業務 上記の取材を要する番組における取材対象の選定などの企画および取材によって得られたものを番組に構成するための内容的な編集をいうものであり、音量調整、フィルムの作成など技術的編集は含まれない。

専門19業務	内 容
❹ 衣服、室内装飾、工業製品、広告などの新たなデザインの考案の業務	● 広告 商品のパッケージ、ディスプレイなど広く宣伝を目的としたものも含まれる。考案されたデザインに基づき、単に図面の作成、製品の制作などの業務を行う者は含まれない。
❺ 放送番組、映画などの制作の事業におけるプロデューサーまたはディレクターの業務	● 放送番組、映画等の制作 ビデオ、レコード、音楽テープなどの制作および演劇、コンサート、ショーなどの興行などが含まれる。 ● プロデューサーの業務 制作全般について責任を持ち、企画の決定、対外折衝、スタッフの選定、予算の管理などを総括して行うことをいう。 ● ディレクターの業務 スタッフを統率し、指揮し、現場の制作作業の統括を行うことをいう。
❻ 広告、宣伝などにおける商品などの内容、特長などにかかる文章の案の考案の業務（コピーライター）	● 広告、宣伝等 商品などの内容、特長などにかかる文章伝達の媒体一般が含まれるものであり、また、営利目的か否かを問わず、啓蒙、啓発のための文章も含まれる。 ● 商品等 単に商行為たる売買の目的物たる物品にとどまるものではなく、動産であるか不動産であるか、また、有体物であるか無体物であるかを問わない。「内容、特長など」には、キャッチフレーズ（おおむね10文字前後で読み手を引きつける魅力的な言葉）、ボディコピー（より詳しい商品内容などの説明）、スローガン（企業の考え方や姿勢をわかりやすく表現したもの）などが含まれる。 ● 文章 その長短を問わない。
❼ システムコンサルタントの業務	● 情報処理システムを活用するための問題点の把握を活用するための方法に関する考案もしくは助言 情報処理システムの開発に必要な時間、費用などを考慮したうえで、新しい情報処理システムの導入や現行の情報処理システムの改善に関し、システムを効率的、有効に活用するための方法を考案し、助言（専ら時間配分を顧客の都合にあわせざるを得ない相談業務は含まない）することをいう。アプリケーションの設計または開発の業務、データベース設計または構築の業務は含まれないものであり、当該業務は則第24条の2の2第2号の業務に含まれるものであること。

（次頁に続く）

専門業務型裁量労働制が適用される19業務（続き）

● 専門業務型裁量労働制が適用される19業務（続き）

専門19業務		内容
⑧	インテリアコーディネーター	● 配置に関する考案、表現または助言の業務 顧客の要望を踏まえたインテリアをイメージし、照明器具、家具などの選定またはその具体的な配置を考案したうえで、顧客に対してインテリアに関する助言を行う業務、提案書を作成する業務、模型を作製する業務または家具などの配置の際の立ち会いの業務をいう。
⑨	ゲーム用ソフトウェアの創作	● 創作 シナリオ作成（全体構想）、映像制作、音響制作などが含まれる。
⑩	証券アナリスト	● 分析、評価またはこれに基づく投資に関する助言の業務 有価証券などに関する高度の専門知識と分析技術を応用して分析し、当該分析の結果を踏まえて評価を行い、これら自らの分析または評価結果に基づいて運用担当者などに対し有価証券の投資に関する助言を行う業務をいう。
⑪	金融工学等の知識を用いて行う金融商品の開発	● 金融工学等の知識を用いて行う金融商品の開発 金融取引のリスクを減らして、より効率的に利益を得るため、金融工学のほか、統計学、数学、経済学などの知識をもって確率モデルなどの作成、更新を行い、これによるシミュレーションの実施、その結果の検証などの技法を駆使した新たな金融商品の開発をいう。
⑫	学校教育法に規定する大学の教授、助教授または講師の業務	● 教授研究 学校教育法に規定する大学の教授、助教授または講師が学生を教授し、その研究を指導し、研究に従事すること。患者との関係のために、一定の時間帯を設定して行う診療の業務は含まれない。
⑬	公認会計士	● 公認会計士の業務　法令に基づく公認会計士の業務
⑭	弁護士	● 弁護士の業務　法令に基づく弁護士の業務
⑮	建築士	● 建築士の業務　法令に基づく建築士の業務
⑯	不動産鑑定士	● 不動産鑑定士の業務　法令に基づく不動産鑑定士の業務
⑰	弁理士	● 弁理士の業務　法令に基づく弁理士の業務
⑱	税理士	● 税理士の業務　法令に基づく税理士の業務
⑲	中小企業診断士	● 中小企業診断士の業務　法令に規定されている中小企業の経営の診断または助言の業務

参考　厚生労働省HP　専門業務型裁量労働制
http://www.mhlw.go.jp/general/seido/roudou/senmon/index.html

● 専門業務型裁量労働制における具体的な指示の範囲

具体的な指示の範囲 裁量労働制を運用するにあたり、具体的な指示はどの程度までしていいのか?

具体的指示

- **日々の業務について、上司の細かい指示命令に基づいて行う**
  ⇒ 業務遂行方法と時間配分についての裁量権が与えられていないため、不可。
  細かいスケジュール = 具体的な指示となる。
- **上司が作成した細かいスケジュールにしたがって業務を行う**
  ⇒ 業務遂行方法と時間配分についての裁量権が与えられていないため、不可。
  細かいスケジュール = 具体的な指示となる。

包括的指示

- **進捗について都度報告しなさい**
  ⇒進捗プロセスの管理については、業務上必要不可欠のため、問題ない。ただし、進捗について具体的な変更を求めたりはできない。指導・アドバイス程度にとどめれば可。
- **いつまでに××の仕事をやるように**
  ⇒ 納期は特定するものの、進捗についての細かい時間配分や業務遂行方法などについての指示はせずに、本人の裁量に任せる。

要検討 具体的指示と包括的指示の境界線については、判例がないため特定できませんが、運用上、「包括的な指示を行う」+「進捗の報告」にとどめるように意識しておくことがポイントです。

仕事の進め方を社員に任せ、労働時間ではなく成果で結果を測るのが裁量労働制というのが基本であることを忘れないでくださいね。

(次頁に続く)

● 専門業務型裁量労働制に関する協定書例

専門業務型裁量労働制に関する協定書

株式会社多田国際（以下、会社という）と従業員代表 三澤真奈美 は、専門業務型裁量労働制につき、以下のとおり協定する。

（対象従業員）
第1条　本協定は、広告等の新たなデザインの考案の業務に従事する者に対して適用する。　←対象業務・対象従業員を明確にする
　2　前項における対象業務は、会社が高い専門性を有し、自主的に業務を遂行できると認めた者とする。
　3　「広告」には、商品のパッケージ、ディスプレイなど、広く宣伝を目的としたものも含まれるものであること。

（専門業務型裁量労働制の原則）　←自立的に業務遂行ができる従業員が対象
第2条　前条に規定する従業員（以下、対象従業員という）については、会社は業務遂行の手段および時間配分の決定等につき、具体的な指示をしないものとする。ただし、業務内容、職場規律、秩序および勤怠管理上の指示等についてはこの限りではない。
　2　対象従業員といえども勤務時間中は職務に専念しなければならず、所属長の許可なく業務以外のことを行いまたは私的外出等をしてはならない。

（労働時間の取り扱い）　←みなし時間を決定する
第3条　対象従業員が、会社の定める出勤日に労働した場合、就業規則に定める労働時間等の定めに関わらず、1日8時間の労働をしたものとみなす。また、育児介護休業規程における短時間勤務を申請した者については、当該時間を労働したものとみなす。
　2　対象従業員が、所定休日および法定休日（以下、「休日」）に出勤した場合、就業規則に定める労働時間等の定めにより、実際に労働した労働時間の管理を行うものとする。　←休日および深夜労働については、みなし時間は適用とされない／今後は短時間勤務という働き方も想定されるので、規定しておく

（休日、休憩）
第4条　対象従業員の休日、休憩は就業規則の定めるところによる。

（休日・深夜労働）
第5条　対象従業員が休日勤務、深夜労働をする場合は、許可制として、時間外労働・休日労働協定（36協定）の範囲内で事前に所属長に申請書を提出し、時間外労働をする時間について、許可を得なければならない。
　2　前項において、休日勤務をする者は、所定労働時間（8時間00分）以内で行うことを原則とする。
　3　対象従業員の休日または深夜労働に対しては、給与規程の定めるところにより、時間外手当（裁量時間手当等）を支払う。

（出勤等の手続き等）　←健康管理のために時間管理を行うこと
第6条　対象従業員は出勤した日については、出退時に、勤怠システムに出退勤時刻を記録する。
　2　対象従業員が、出張等の業務の都合により、事業場外で勤務する場合には、第3条に定める労働時間を勤務したものとみなす。
　3　対象従業員が、有給休暇を取得した場合、欠勤した場合には、第3条に定める労働時間を基準時間として勤怠反映を行う。
　4　対象従業員が、特別休暇を取得した場合は、第3条に定める労働時間を勤務したものとみなす。

> 健康と福祉を確保するための措置を明確にする

(対象従業員の健康と福祉の確保)
第7条　対象従業員の健康と福祉を確保するために、以下の各号に定める措置を講ずるものとする。
　1　対象従業員の健康状態を把握するために次の措置を実施する。
　　イ　所属長および人事部は、入退室時の出勤簿の記録により、対象従業員の在社時間を把握する。
　　ロ　所属長および人事部は、勤務時間の状態をみて、対象従業員に対し健康状態についてのヒアリングを行う
　2　人事部は、前号の結果を取りまとめ、必要と認めるときは、次のいずれかの措置を実施する。
　　イ　産業医との面談を行う。
　　ロ　定期健康診断とは別に、特別健康診断を実施する。
　　ハ　有給休暇の取得を促進する、あるいは特別休暇を付与する。
　3　精神・身体両面の健康についての相談室を人事部に設置する。

(対象従業員の苦情の処理) > 健康と福祉を確保するための措置を明確にする
第8条　対象従業員から苦情等があった場合には、以下の各号に定める手続きにしたがい、対応するものとする。
　1　裁量労働相談室を次のとおり開設する。
　　イ　場　　所：人事部
　　ロ　開設日時：毎週月曜日10時から11時
　　ハ　相　談　員：竹内正義
　2　取り扱う苦情の範囲は次のとおりとする。 > 裁量労働が不適当と判断した場合は中止できるように規定しておく
　　イ　裁量労働制の運用に関する全般の事項
　　ロ　対象従業員に適用している評価制度、これに対応する賃金制度等の処遇制度全般
　　ハ　健康状況等についての希望事項等
　3　相談者の秘密を厳守し、プライバシーの保護に努め、必要に応じて実態調査を行い、解決策等を検討する。

(裁量労働適用の中止等)
第9条　会社は、第7条、第8条の規定をもとに講じた措置の結果、対象従業員に専門業務型裁量労働制を適用することがふさわしくないと認められた場合又は妊産婦および育児介護休業規程の適用のある対象従業員から申し出があった場合は、専門業務型裁量労働制を適用しないあるいは中止するものとする。
　2　会社は対象従業員の勤務成績が悪く、裁量労働制の適用が不適当と認められる場合、および環境等の変化により本人より適用の中止の申し出があった場合は、当該対象者に対する専門業務型裁量労働制を中止することができる。

(記録の保存)
第10条　第7条、第8条の規定をもとに講じた措置の内容を、対象従業員ごとに記録し、当該記録を本協定の有効期間中及び有効期間満了後3年間保存するものとする。

(有効期間)
第11条　本協定の有効期間は○○○○年○○月○○日から○○○○年○○月○○日までの3年間とする。
　2　有効期間中であっても社会情勢・業務環境に大きな変化があり見直しが必要と認められた場合、双方協議により改定することができる。

> 有効期間は3年以下とする

○○○○年○○月○○日

　　　　　株式会社多田国際
　　　　　　代表取締役　鶴田　真人
　　　　　株式会社多田国際
　　　　　　従業員代表　三澤　真奈美

> シャチハタ以外の印鑑で捺印する

> 「みなし労働時間」と「業務の遂行に必要とされる時間」との間に乖離が生じないように、一定期間ごとに見直しが必要です

10 労働基準法 第38条の4・労働時間・企画型裁量労働制
罰則（6カ月以下の懲役または30万円以下の罰金）

裁量労働制（企画業務型）

企画・立案・調査業務といったホワイトカラーに導入可能です。

企画業務型は実施までのプロセスに注意

企画業務型の裁量労働制とは：次の条件を満たせば、ホワイトカラーにも裁量労働制を導入することができ、労使委員会であらかじめ決めた時間を働いたものとみなすことができます。

(1) 会社の運営に関する企画・立案・調査・分析の業務
(2) 仕事の進め方を大幅に従業員に任せる業務内容で、上司が具体的な指示をしない
(3) 対象業務を適切に進める知識、経験のある従業員

専門業務型との違いは？

① **対象労働者**：企画、立案などの業務を適切に進める知識、経験のある従業員になります。客観的に見て、新卒で職務経験のない従業員は対象労働者に該当せず、少なくても3～5年程度の職務経験が求められます。

② **労使委員会**：制度導入には労使委員会をつくり、決議を経て、定期的に労働基準監督署への報告義務があります。

③ **個別の同意**：従業員ごと、決議の有効期間ごとに同意を得る必要があります。同意しない従業員に対する不当な扱い（解雇、降格、賞与のカットなど）は禁止です。

企画業務型の残業代はどうなる？

① **みなし労働時間8時間の場合**：労使協定でみなし労働時間を8時間と決めた場合、法定労働時間の範囲内なので残業の支払いは不要になります。

② **みなし労働時間10時間の場合**：みなし労働時間が8時間を超える場合は、超える分の残業代を支払います。この場合、労使協定が必要で、手続きは「時間外労働に関する協定届」と同様になります。

ONE POINT

裁量労働制の休日

裁量労働のみなし労働時間に休日は含まれていません。休日に出勤した場合は、割増賃金の支払いが必要となります。裁量労働制は、出勤日に休んで休日に出勤していい自由労働制度ではありません。ここは就業規則に記載して徹底しておくようにします。

裁量労働制の規律

裁量労働者も企業秩序を守り、服務規律を守る義務があります。勝手な欠勤は許されませんし、タイムカードの打刻を免除するものでもありません。ただし、裁量労働制の自立した時間管理という主旨から考えて、遅刻した場合に賃金から直接差し引くのは問題なので、成果が出ずに勤怠が悪い場合は、賞与の査定などを検討するようにします。

みなし労働時間と実労働時間の乖離

みなし労働時間に比べて、実労働時間が長時間になっている場合は、そもそも裁量の余地がないとして、その適用を不適切とみなされることがあります。（指針第3の1（2）ハ）定期的に就労実態を確認し、業務量や期限の調整、みなし労働時間の見直し等について、労使委員会で協議することも必要です。

● 企画業務型裁量労働制

企画業務型裁量労働制　経済社会の構造変化や労働者の就業意識の変化等が進む中で、活力ある経済社会の実現に向けて、事業活動の中枢にある労働者が創造的な能力を十分に発揮し得る環境が必要になってきています。

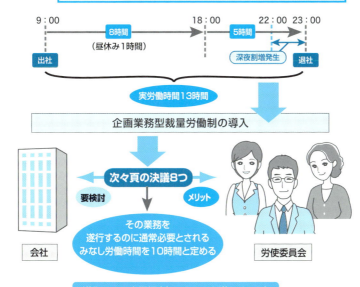

導入できる事業場（次のすべてを満たすこと）

- 対象事業場が属する企業などの事業運営に影響を及ぼす事項に関するもの、あるいは当該事業場の事業運営に影響をおよぼす独自の事業計画や営業計画にかかわるものであること
- 企画、立案、調査、分析の業務であること
- 当該業務の性質上、その遂行方法を大幅に労働者の裁量に委ねる必要性が客観的に存在する業務であること
- その業務の遂行手段、時間配分などについて、使用者が具体的に指示しない業務であること

効果　協定で定めた時間（たとえば10時間）働いたとみなします。

効果　法定労働時間が8時間の会社なら、何時間会社にいても2時間の残業代の支払いとなります（大幅な乖離は認められません）。

（次頁に続く）

● 企画業務型裁量労働制における対象労働者の範囲

対象労働者の範囲 対象労働者は「対象業務に常態として従事していることが原則」です。また、客観的に見て「対象業務を適切に遂行するための知識、経験」などが必要です。

対象業務となり得る業務の例

1. 経営企画を担当する部署において、経営状態・経営環境などを調査・分析し、経営に関する計画を策定する業務
2. 同じく、現行の社内組織の問題点やそのあり方などについて調査分析し、新たな社内組織を編成する業務
3. 人事・労務を担当する部署において、現行の人事制度の問題点やそのあり方などについて調査・分析し、新たな人事制度を策定する業務
4. 同じく、業務の遂行やその遂行のために必要とされる能力などについて調査・分析し、社員の教育・研修計画を策定する業務
5. 財務・経理を担当する部署において、財務状態などについて調査・分析し、財務に関する計画を策定する業務
6. 広報を担当する部署において、効果的な広報手法などについて調査・分析し、広報を企画・立案する業務
7. 営業に関する企画を担当する部署において、営業成績や営業活動上の問題点などについて調査・分析し、企業全体の営業方針や取り扱う商品ごとの全社的な営業に関する計画を策定する業務
8. 生産に関する企画を担当する部署において、調査・分析し、原材料などの調達計画も含め、全体的な生産計画を策定計画を策定する業務

対象業務となり得ない業務の例

1. 経営に関する会議の庶務業務
2. 人事記録の作成および保管、給与の計算および支払い、各種保険の加入・脱退、採用・研修の実施などの業務
3. 金銭の出納、財務諸表・会計帳簿の作成および保管、租税の申告・納付、予算・決算にかかる計算などの業務
4. 広報誌の原稿の校正などの業務
5. 個別の営業活動の業務
6. 個別の製造などの作業、物品の買いつけなどの業務

要検討 経験、実績などを考慮にいれるため、新卒の新入社員などは対象にすることができません。

● 労使委員会で決議しなくてはいけない8つの事項

労使委員会による決議　企画業務型裁量を導入する際は、対象となる事業場において、労使委員会を設置し、当該委員会の5分の4以上の多数による決議で、次の事項を決議する必要があります。

労使委員会で決議すべきこと

1. 対象となる業務の具体的な範囲
2. 対象労働者の具体的な範囲
3. 労働したものとみなす時間
4. 使用者が対象となる労働者の勤務状況に応じて、実施する健康および福祉を確保するための具体的な内容
5. 使用者が対象となる労働者からの苦情の処理のため実施する措置の具体的な内容
6. 本制度の適用について、労働者本人の同意を得なければならないこと、および不同意の労働者に対し不利益扱いをしない。
7. 決議の有効期間（3年以内にすることが望ましい）
8. 企画業務裁量労働制の実施状況にかかる労働者ごとの記録を保存すること

決議の届出

労使委員会で決議したことを、労働基準監督署に届け出ることにより本制度の効力が生じます。

定期報告

要検討　使用者は決議が行われた日から起算して、6カ月以内ごとに1回、所定様式により労働基準監督署に定期報告します。

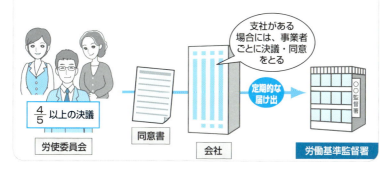

支社がある場合には、事業者ごとに決議・同意をとる

4/5以上の決議　労使委員会　同意書　会社　定期的な届け出　労働基準監督署

11 労働基準法 第36条・労働時間・残業

労使協定（36協定（さぶろく））

労使協定を結ばずに残業させてはいけません！

残業をさせるには36協定を結ぶ必要がある

① **まだまだ多いサービス残業**：平成29年度に割増賃金の是正勧告を受けた企業は、1,870社にもなります。支払総額は約446億円にも上りました。法定労働時間（1週40時間）を超えて時間外労働や休日労働をさせるのは、厳罰の対象です。ここ数年、サービス残業の摘発は急増しており、適切な運用が求められています。

② **36協定は労働基準法第32条を免罰にできる**：この労働基準法の罰則を免責にできるのが36協定（労働基準法第36条）です。労使協定を結び、事前に労働基準監督署に届け出れば、残業が可能になります。36協定は同じ企業内でも、工場ごとなど個々の事業場で締結します。

③ **時間外勤務の限度時間**：36協定を結べば何時間でも残業させられるわけではありません。一般労働者は1週15時間、2週27時間までです。1年変形労働時間制（対象期間3カ月超）を導入すれば1週14時間、2週25時間などと決まっています（右頁参照）。

④ **育児、介護をする人の特別要件**：育児、介護をする人の時間外勤務は特別要件があり、1カ月24時間、年150時間までとされています。

労使協定を結ぶための要件

労働者の過半数を代表する者とは：労使協定は、従業員の過半数で組織する労働組合を代表する者と結びます。従業員の要件は次のとおりです。
(1) 監督または管理職ではない人
(2) 投票、挙手などで選出された人
(3) 会社の意向によって選出されていない人

ONE POINT

労使間で割増賃金を支払わない決議した場合
割増賃金の規程は強行規定なので、労使間の合意でも無効です。

派遣社員に残業は？
派遣労働者は、あくまでも派遣元の社員です。派遣社員に残業させるには、派遣元と36協定を結ぶ必要があります。また、賃金についても派遣元の会社が割増賃金の支払義務を負うことになります。

副業する場合の労働時間は通算で計算される
経済環境の変化で、ワークシェアリングの一環として、二重就業を認める会社も増えています。その場合の労働時間は2社を足した通算で計算されます。
たとえば以前から契約していたA社で6時間労働し、同じ日に副業先であるB社で5時間労働する場合、労働時間は合計11時間になります。この場合、B社が36協定の締結・届出義務を負い、3時間分の割増賃金の支払義務も発生します。

● 残業の限度時間

> 厚生労働大臣が定める限度時間は次のとおりです

期間	一般労働者	1年単位の変形労働時間制	期間	一般労働者	1年単位の変形労働時間制
1週間	15時間	14時間	1カ月	45時間	42時間
2週間	27時間	25時間	2カ月	81時間	75時間
4週間	43時間	40時間	3カ月	120時間	110時間
			1年間	360時間	320時間

※ 2019年4月1日の改正で、告示から36条に明記されます。

● 36協定（時間外労働・休日労働に関する協定）届出例

> ※ 新労基法に基づき2019年4月から適用となります。新様式については、48～50頁を参照してください。

● 従業員数を担当業務ごとに分けて記入する
・パートタイマー、アルバイト、嘱託社員、契約社員なども含める ・出向社員は含める
・管理職は含めない ・派遣社員の人は含めない ・役員は含めない（兼務役員は含める）
※ ただし、兼務役員は管理監督者になっていることが多いため、人数には入れない

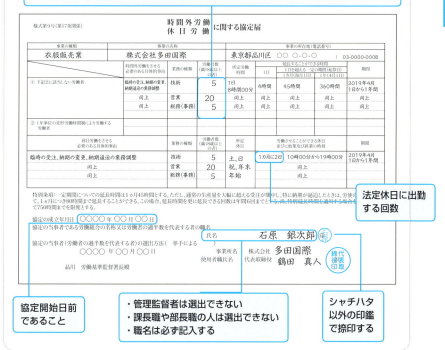

12　労働基準法 第36条・労働時間・特別条項付き36協定

特別条項付き36協定

残業の限度時間を超える場合は労使協定をし直します。

どうしても協定時間を超えそうなとき

① **特別条項付きの36協定を結ぶ**：36協定で決めた、時間外勤務の限度時間を超過するのは労働基準法違反です。ただし、「特別な事情」で限度時間を超えそうなときは、「臨時的なもの」にかぎって再度協定を結んで労働基準監督署に届け出れば、限度時間を超える残業ができます。これが特別条項付き36協定です。

② **法定外時間外労働の割増率**：時間外労働が、月45時間から60時間の場合や、年間360時間を超えた場合は、「3割あるいは5割の割増賃金率とする」など、割増賃金率を上げる努力が必要となります。ただし、努力はしたものの、結果的に法定の2割5分だったとしても違法ではありません。

特別条項付き36協定を届け出るときの注意点

① **協定が認められる条件**：次のようになります。
　(1)「臨時的なもの」であることが条件で、一時的または突発的に時間外労働を行わせる必要のあるもの
　(2) 特別条項付き協定の回数は、1年のうち半分（6回）を超えないことが条件

② **認められないのはこんなケース**：「特別な事情」について具体的な理由を挙げずに、「業務の都合上必要なとき」「業務上やむを得ないとき」といったものは、恒常的な長時間労働を招くおそれがあると見なされ、認められません。

③ **限度時間を超えて時間外労働をさせる場合の手続き**：労使当事者間で協議、通告などの手続きを定める必要があります。この手続きは、一定期間ごとに特別な事情が生じたときに必ず行わなければなりません。

ONE POINT

臨時的と認められる具体的なケース
ボーナス商戦に伴う業務、大規模なクレームの対応、納期のひっ迫など、一時的なものは認められます。

臨時的と認められないケース
特に理由を限定しないで、「業務の都合上」「使用者が認めるとき」など、会社側の勝手な都合は認められません。

特別条項を適用する際のポイント
現実的に協議をすることが難しいのであれば、「労働者代表へ通告のうえ」といった方法に変更することを検討しましょう。

限度時間を超えて働く場合とは？
臨時的に特別な事情がある場合にかぎり、労使で「特別条項付き36協定」を結ぶことで限度時間を超えて働かせることが可能になります。特別な事情とは、たとえば、以下のようなことです。
❶急な発注増加による納期の切迫
❷突発的な機械故障で緊急に修理を要するため
❸クレームなどの発生による緊急対応のため

● 特別条項付き36協定例

> 一定期間についての延長時間は1カ月45時間とする。ただし、通常の生産量を大幅に超える受注が集中し、特に納期が逼迫したときは、労使の協議を経て、1カ月の延長時間を70時間まで、1年については500時間まで延長することができる。この場合、延長時間をさらに延長する回数は年6回までとする。1カ月45時間、1年360時間を超える時間外労働をした割増賃金率は30%とする。ただし、1カ月60時間を超える部分については、50%の割増賃金とする。

● 限度時間が適用されない事業または業務

限度時間の適用除外

- 工作物の建設などの事業
- 自動車の運転の業務
- 新技術、新商品などの研究開発の業務
- 季節的要因などにより、事業活動もしくは業務量の変動が著しい事業もしくは業務または公益上の必要により、集中的な作業が必要とされる業務として、厚生労働省労働基準局長が指定するもの

● 今後の法改正について

今後の法改正

36協定の見直し

現在、特別延長時間について、特に上限が設けられていませんが、政府主導で「働き方改革」が進む中、労働基準法を改正し、36協定における上限時間が設定されます。これを踏まえて、月の時間外労働が平均80時間を超えないように、残業縮減を進めていく必要があります。

❶ 年間の時間外労働は720時間以内とする（法定休日労働は対象外）
❷ 2カ月、3カ月、4カ月、5カ月、6カ月いずれにおいても平均80時間以内とする（法定休日労働含む）
❸ 月の上限は100時間未満とする（法定休日労働含む）
❹ 原則を上回る特別条項の適用は年6回が上限
（第0章 08 時間外労働の上限規制：33頁参照）

コンプラチェック

コンプライアンスチェックシート（労働時間❷）

１年変形労働時間制
- ☐ 労使協定の締結、労働基準監督署への届出を行っているか
- ☐ 労働時間は1日10時間以下、1週間52時間以下としているか

みなし労働時間制
- ☐ 労使協定を締結しているか
- ☐ 外勤者(たとえば営業担当)は、無条件で時間外手当不支給などの措置をしていないか
- ☐ みなし労働時間と内勤分の労働時間の合計が所定労働時間を超えている場合は、時間外割増賃金を支払っているか

専門業務型裁量労働制
- ☐ 裁量労働制が適用されても、休憩、時間外・休日労働への割増賃金の支払い、深夜割増賃金の支払いは適用しているか
- ☐ 業務遂行の手段や時間の配分などに関して使用者が具体的な指示をしていないか
- ☐ 労使協定の締結、労働基準監督署への届出を行っているか
- ☐ 一定期間でみなし労働時間についての見直しを行っているか

企画業務型裁量労働制
- ☐ 労使協定の締結、労働基準監督署への届出を行っているか
- ☐ 個別の同意を得ているか
- ☐ 労使委員会を設立しているか
- ☐ 定期的に就労実態を確認し、業務量や期限の調整、みなし労働時間の見直しを労使委員会で協議しているか

36協定
- ☐ 法令に定める限度時間を超えて時間外勤務を行う必要がある場合は、「特別条項付き協定」の形を取っているか
- ☐ 協定期間の「事前」に、期間を断絶することなく、届出手続きを行っているか
- ☐ すべての事業場単位で届出はなされているか
- ☐ 協定時間を守るための管理体制は、整備されているか、機能しているか

※「労働時間」のコンプライアンスチェックシートの前半部分は82ページ参照。

第4章 有給休暇・特別休暇のしくみとルール

01 実は複雑な有給休暇の考え方
- 年次有給休暇の付与日数
- 勤続年数と年次有給休暇の持ち越しの関係
- 出勤日数8割（8割要件）の算出のしかた

02 年次有給休暇の明確なルールのつくり方
- 基準日の年1回方式と年2回方式によるメリット・デメリット

03 年次有給休暇の時季指定権と時季変更権
- 使用者の時季変更権行使時の留意点
- 事後に有休申請があった場合の対応策は？

04 年次有給休暇は付与から2年で消滅する
- 年次有給休暇の発生のタイミングと時効
- 年次有給休暇の買い取りは違法
- 年次有給休暇の買い上げが認められる場合

05 有給休暇は普段から計画的に消化できるしくみづくり
- 計画的年次有給休暇付与に関する協定書例

06 パートタイマーの年次有給休暇
- パートタイマーの年次有給休暇の付与日数

07 半日有給休暇はなくてもいい
- 半日有給休暇に関する規定書例

08 仕事と生活の調和を図る時間有休
- 時間単位有休の繰越し
- 時間単位有休の端数処理

09 特別休暇は会社独自の休日

10 法定休暇は必ず与えるもの

11 裁判員制度導入による休暇
- 裁判員に選出されるまでのスケジュール

12 特別休暇を設けるときの注意点
- 特別休暇規定の就業規則への記載例

コンプライアンスチェックシート（有給休暇・特別休暇）

01 労働基準法 第39条・有給休暇・付与
罰則（6カ月以下の懲役または30万円以下の罰金）

実は複雑な有給休暇の考え方

企業規模、個人の業務成績にかかわらず年次有給休暇の付与条件は同じです。

有給休暇の付与要件は2つだけ

① **有給休暇とは**：賃金が保証され、労働義務が免除される労働日をいいます。

② **年次有給休暇とは**：従業員が休んだ日も給料を払うのが年次有給休暇です。企業規模や従業員の業務成績、正社員かパートかなどに関係なく、在籍年数や労働時間に比例して与えます。

③ **付与要件**：入社日から6カ月経ち、その間の出勤率が8割以上であれば10日の有給休暇が与えられます。その後は、1年経過するごとに勤続年数に応じた日数が与えられます（右頁参照）。
 (1) 6カ月継続勤務した人（試用期間含む）
 (2) 所定労働日の8割以上出勤した人

④ **勤続年数は通算で考える**：注意点は次の3つになります。
 (1) 定年退職後の再雇用、パートから社員になった場合の有給休暇は、原則的に勤続年数を通算で考えます。
 (2) 使わなかった有給休暇は持ち越しになります。
 (3) 派遣社員の有給休暇は派遣元で給付されていたので、派遣社員から社員になった場合は勤続年数の通算、持ち越しにはなりません。

「出勤日数8割」の算出方法

① **出勤率の求め方**：従業員の出勤率は、所定労働日数から出勤日数を割り、これに100を掛けて計算します。

①-2 **所定労働日数**：休日出勤、会社都合の休業は含みません。

①-3 **出勤日数**：通常の出勤日数に加えて、年次有給休暇、産前産後休業期間、育児・介護休業期間、業務上の病気やケガで休んだ期間（労災休業期間）を含めます。生理

ONE POINT

入社と同時に有休を与えるのは避ける

突発的な病気などの場合に欠勤にならないよう配慮し、入社と同時に有休を10日与える会社もあります。しかし、最近は試用期間中に有休を使って退職を申し出る常識はずれの人も増えているので、有休は試用期間終了後に渡すなど、就業規則を再検討する必要があります。

出勤日の取扱

出勤率の計算で使う出勤日については、就労時間に関係なく、暦日単位で取り扱う必要があります。仮に早退で1時間しか勤務しない日であっても、出勤率の算定から除外できず、1日の出勤日として取り扱います。

● 年次有給休暇の付与日数

継続勤務日数	6カ月	1年6カ月	2年6カ月	3年6カ月
付与日数	10日	11日	12日	14日

	4年6カ月	5年6カ月	6年6カ月以上
	16日	18日	20日

> **チェックポイント** 継続勤務日数は、雇い入れの日から起算します。

● 勤続年数と年次有給休暇の持ち越しの関係

	勤続年数	持ち越し
定年退職後の再雇用者	通算	あり
パートタイマーから社員になった人	通算	あり
派遣社員から社員になった人	通算しません	そもそも自社から付与されていない

> **チェックポイント** 派遣社員は、派遣元で有給を付与されているので、自社で採用したからといって、勤続年数を通算したり、派遣会社からの有給を持ち越す必要はありません。

● 出勤日数8割(8割要件)の算出のしかた

- 年間240日出勤する事業所で、毎年4月1日に年次有給休暇が付与される。
- 勤続3年の2017年4月1日に、従業員のA子さんが出産した。

2018年4月の1日の有給休暇付与8割要件の算出方法は次のとおりです。

4月1日出産:産前産後休業中(出勤したものとみなします)
5月17日から育児休業を取得(出勤したものとみなします)
復職後、2018年4月1日までに有給休暇を14日付与(出勤したものとみなします)

$$\frac{【出勤した日数】240日分}{【所定労働日数】240日分} \times 100\% \Rightarrow 有給休暇の付与要件を満たしている$$

休暇や慶弔休暇は会社の任意で決めます。

休職中の社員の扱い

年次有給休暇を取得できるか?:休職とは、労働義務の免除期間なので、年次有給休暇を取得する権利もありません。休職期間中に有給休暇の付与日がきた場合、出勤日数が8割に達していれば付与はされますが、それを使うことはできません。

02 労働基準法 第39条・有給休暇・基準日

年次有給休暇の明確な
ルールのつくり方

従業員が20名を超えたら年次有給休暇の基準日を設けることを検討します。

年次有給休暇は基準日を設ける

① **基準日を設けて一斉付与する方法**：入社から6カ月を経過すると、社員は年次有給休暇を取れるようになります。しかし、一人ひとり異なる入社日を把握し、いつから有給休暇が発生するのか管理するには限界があります。事務手続きも煩雑になるので、年次有給休暇の基準日を設け、一斉に付与することも認められていますが、通達により、下記の点に注意が必要です。（通達：基発第1号 平成6年1月4日、基発0331第14号 平成27年3月31日）

(1) 斉一的取扱いや分割付与により、法定の基準日以前に付与する場合の有休の付与要件である8割出勤の算定は、短縮された期間は全期間出勤したものとみなす。

(2) 次年度以降の有休の付与日についても、初年度の付与日を法定の基準日から繰り上げた期間と同じ、またはそれ以上の期間、法定の基準日より繰り上げる。

基準日は年1回方式と年2回方式がある

① **基準日による不公平**：基準日をつくると会社側の手間は省けますが、個別に見ると、入社日によって不公平が生じるケースがあります。次の例で見てみましょう。

(1) **年1回（基準日が10月1日のみの例）**：3月1日に入社した従業員の場合、6カ月経過後の9月1日に10日間の年次有給休暇を与え、すぐに、基準日の10月1日にも11日間与えることになり、入社7カ月目で年次有給休暇は21日間にもなってしまいます。ただし、3回目の年次有給休暇は1年後の10月1日にな

ONE POINT

有給取得日に支払う賃金
従業員が年次有給休暇を取得した日も、会社は賃金を支払います。その方法は次の3つから選びます。
❶ 平均賃金
❷ 通常勤務した場合に支払われる賃金（残業代は含まれない）
❸ 社会保険の標準報酬日額
※❸を採用する場合は、労使協定が必要になります。

通常勤務した場合に支払われる賃金方法とは？
上記❷を採用した場合、年次有給休暇を取得した日に、給料を減額すべきところを減額せずに支払うものです。ほとんどの会社で通常の賃金による支払う方法を採用しています。

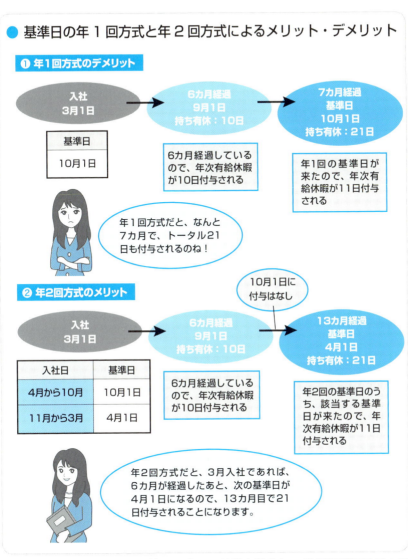

ります。よって、入社日に応じた日数を設定し、試用期間満了日の翌日に付与する方法もあります（上図参照）。

(2) **年2回（基準日が4月1日、10月1日の2回の例）**：同じ3月1日の入社でも、6カ月経過後の9月1日に10日間与えたあと、次の付与日は4月1日になるので、13カ月目で21日間の年次有給休暇を与えることになります。この方法なら付与月が連続するのを避けられます。

03 労働基準法 第39条・有給休暇・時季変更権

年次有給休暇の時季指定権と時季変更権

休まれると業務に支障をきたす場合は日にちを変更できます。

従業員の時季指定権と会社の時季変更権

① **従業員の時季指定権（請求権）**：原則、年次有給休暇は従業員が取りたいときに、理由を問わずに与えなければいけません。これは労働者の権利で「時季指定権」といいます。

② **会社の時季変更権**：一方、会社には「時季変更権」があります。その日に休まれると事業の正常な運営に支障をきたす場合、年次有給休暇の日にちを変更させる権利をいいます。

時季変更権が使えるのはこんなとき

① **時季変更権の基準**：事業の正常な運営を妨げるかどうかがポイントになります。事業規模や内容、担当業務の性質、業務の繁閑、代替要員配置の難易度などが総合的に判断されます。日常的に業務が忙しいことや慢性的な人手不足という理由は、事業の正常な運営が妨げられる場合にはあたらず、時季変更権が行使できないので注意が必要です。

② **時季変更権が使えるのは？**：次の3つの場合、時季変更権が使えます。
（1）業務運営にとって、その従業員が必要不可欠
（2）要員配置の変更、勤務割を検討しても調整困難
（3）代替要員の確保が難しい

② **有給取得の希望は前々日までに申告**：当日の朝になって、突然「今日、休みたいのですが」と言い出されても、会社は代替要員を見つけられず、正常な業務に支障をきたす可能性があります。このような場合は時季変更権を

ONE POINT

有休の理由は聞いてもいいか？
年次有給休暇は理由を問わずに取ることができます。ですから、申請書などに取得理由を書かせるのは、原則として許されません。

恒常的な人員不足による時季変更権は使えない
恒常的な人員不足と判断されると、どんなに業務が忙しくても時季変更権は使えません。適切な人員配置を心がけ、計画的に有給休暇が取れるような工夫をしましょう。

時季変更権で、有休取得日を別の日に指定できるか？
会社は、事業の正常な運営を妨げる場合は、時季変更権の行使ができますが、代わりの日を指定することができません。労働者があらためて別の日を指定することになります。

● 使用者の時季変更権行使時の留意点

- 使用者は、できるかぎり労働者が指定した時季に休暇を取ることができるように、状況に応じた配慮をすることが要請されています。代替勤務者の確保、勤務割を変更するなどの努力を行わずに、時季変更権を行使することは許されないとされています。
（弘前電報電話局裁判　最高裁二小　昭和62年7月10日）

- 従業員の退職時の未消化年次有給休暇の一括取得時季指定に対し、会社は時季変更権を行使できません（基収第5554号　昭和49.1.11）。そうなると、退職が決まったら、退職日に至るまで残った年休を行使してしまい、業務引き継ぎをしないで出勤してこないケースが出てきてしまいます。あまりに度がすぎる場合は業務に支障をきたしてしまうので、引き継ぎをしないまま退職することは、退職金減額要件になることを退職金規程に明記しておくようにします。また有給は、なるべく計画休暇などで消化促進策を検討しておくようにします。

- 派遣中の労働者の年次有給休暇について、事業の正常な運営が妨げられるかどうかの判断は、派遣先ではなく、派遣元の事業についてなされます。　　（基発333号 昭和61年6月6日）

● 事後に有休申請があった場合の対応策は？

CASE 1 当日の朝、傷病により有休の取得申請があったケース
CASE 2 無断欠勤後、無断欠勤した日を有休にしてほしいとの申請があったケース

- いずれのケースも、時季変更権を行使するかどうかを判断する時間がないので、認める必要はありません。
- ただし、当日の申請や事後申請などを、会社の裁量により認めることはなんら問題ありません。実際に、病欠の場合は事後の年次有給休暇を認めている会社は多いようです。事後請求を認める場合は、理由の如何を問わずに認めてしまうと、事業場の規律が保てなくなってしまう可能性があるので、あくまでも会社が認めた場合とする規定を設けておきます。

行使することができます。年次有給休暇を取得する場合、病気などの突発的な出来事を除いて、原則1週間前まで、最低2日前までに申告を義務づけるなど、取得要件を就業規則で定めておくようにします。

04 労働基準法 第39条・有給休暇・時効

年次有給休暇は付与から2年で消滅する

有休の買い取りは認められていませんが、消滅有休については可能です。

年次有給休暇の時効に関する注意

① **年次有給休暇の権利は2年**：付与した年次有給休暇は、在職中、いつまでも使う権利があるわけではありません。権利があるのは付与から2年間で、毎年、基準日に新しい年次有給休暇を与えられると同時に、2年前に付与されたものは残っていても消滅します。

② **新規発生分と繰り越し分とは**：年次有給休暇の時効は2年間なので、その年に使用しなかった日数分は翌年に繰り越すことができます。その場合、前年に権利を得た有休を「繰り越し分」、その年に新しく得たものを「新規発生分」といいます。

繰り越し分と新規発生分はどちらを優先する？

① **優先順位は会社が決める**：年次有給休暇の繰り越し分と新規発生分、どちらを優先して消化していくかについては、実は法律での取り決めはありません。会社が独自で決められるので、新規発生分から優先して消化していくことも可能です。

② **就業規則に優先利用する有休の種類を明記**：当然のことながら、新規発生分より繰り越し分の年次有給休暇のほうが早く時効を迎えます。そのため、会社が新規発生分から優先して消化していくと決めると、理不尽に感じる従業員もいます。トラブルを避けるためには、どちらの有休を優先して消化するのか、詳細なことについても就業規則にきちんと明記しておく必要があります。

③ **就業規則に定めがない場合**：年次有給休暇は繰り越し分から消化していくことになります。

ONE POINT

1年更新の契約社員の有給休暇の有効期間は？

契約期間が1年の契約社員は、入社半年後に有休が10日付与され、発生した時点で2年間は行使できるので、契約更新をした場合には、翌年に繰り越すことができます。一方、更新されなかった場合は、未消化のままとなりますが、会社は未消化の有給休暇を買い取る義務はありません。

積立保存休暇制度

2年の消滅時効が到来した年次有給休暇を、別に積み立てて、病気療養や介護、自己啓発、ボランティア活動等の決められた目的に対して、その積み立てた休暇を利用できる「積立保存制度」を福利厚生やワークライフバランス促進の一環として、導入する企業が増えています。

● 年次有給休暇の発生のタイミングと時効

	10日発生	11日発生	12日発生
入社			12日 Ⓑ
		11日 Ⓑ	Ⓐ 消滅
	10日	Ⓐ 消滅	
2017年4月1日	2017年10月1日	2018年10月1日	2019年10月1日	2020年10月1日

使用可能日数　10日　　21日　　23日

チェックポイント
有休を取得する際に、繰り越し分（Ⓐ）と新規発生分（Ⓑ）とどちらの年次有給休暇から取得するかは、法律では決まっていません。
新規発生分から取得するルールの場合は、有休の消化が早くなります。
いずれにしても、就業規則にルールを明記しておきます。

● 年次有給休暇の買い取りは違法

- 年次有給休暇の買い上げを予約し、これに基づいて労働基準法39条の規定により請求し得る年次有給休暇の日数を減じないし請求された日数を与えないことは違反である。

（基収4718号　昭和30年11月30日）

● 年次有給休暇の買い上げが認められる場合

- 退職時に未消化の年次有給休暇
- 2年前に付与されて、時効を迎えた年次有給休暇
  ⇒ 買い上げる金額も1日3,000円などと自由に設定できます。
- 労働基準法で規定されている年次有給休暇を上回って与えられている年次有給休暇
  ⇒ ただし、就業規則において明示しておく必要があります。

チェックポイント
本来、休養はお金で買えるものではないので、
あくまでも、消滅してしまう場合にかぎられます。
⇒ 制度化することは望ましくありません。

05 労働基準法 第39条・有給休暇・計画的付与

有給休暇は普段から計画的に消化できるしくみづくり

有給休暇の5日を超える部分は会社が取得日を指定できます。

計画的付与で有給休暇の消化促進

① **退社時の時季変更権は使えない**：当然ですが、退職後は有休を使えなくなってしまいます。ですから、退職が決まった人には時季変更権を行使できません。年次有給休暇は最大40日間の権利があり、退職前にまとめて使われるのは会社にとっては損失になることもあります。そのために、日ごろから、有給休暇を計画的に付与することで、ある程度の有休消化を促進するようにします。

② **計画的付与とは**：就業規則に定め、労使協定を結べば、年次有給休暇の5日を超える部分は会社が取得日を決めて、計画的、合法的に消化できます。これを「計画的付与」といいます。

③ **付与方法**：次の3つの方法があります。
（1）会社全体の一斉付与（2）部署・グループ単位の交代制付与（3）計画表での個人別付与

計画的付与の上手な活用法

① **ブリッジ休暇**：たとえば、土日が通常の休日で、火曜日が祝日の飛び石連休の場合、間の月曜日を全社一斉の有給休暇として計画的付与する方法です。

② **夏休みを有休消化に利用**：6月～9月までの間に連続3日は計画休暇として順番に有給休暇を取得し、夏休みの代わりにすることもできます。

③ **個人単位の計画休暇**：従業員個人の事情にあわせて有給休暇を消化させる方法もあります。たとえば、バースデー休暇やリフレッシュ休暇などで、有給休暇を利用して、その休暇に必要な費用（旅費など）の一部や誕生日プレゼントなどを、会社側が提供する制度です。

ONE POINT

有休が5日以下の従業員の労使協定作成の留意点

新入社員などで、年次有給休暇が5日以下だと、ほかの従業員と同様に計画的付与できないこともあります。有給休暇の権利がない従業員を休ませると会社都合による休業となってしまうので、次の方法を就業規則で決めておきます。
❶ 特別休暇にする
❷ 平均賃金の60％支給にする（実際は4割カットと同じ）
❸ 振替休日にする

退職時の有給休暇のまとめ取りを避けるには

有給休暇をまとめて消化し、引き継ぎをしないで退職してしまうケースも増えています。このような事態を避けるために、「引き継ぎをしないで退職する場合は、退職金を減額する」などと就業規則に明記しておきます。

退職予定者への計画有休付与

計画付与は、当該付与日が労働日であることを前提に行われるものであり、その前に退職することが予定されている者については、退職後を付与日とする計画的付与はできない（基発150号 婦発47号 昭和63年3月14日）。

● 計画的年次有給休暇付与に関する協定書例

計画的年次有給休暇付与に関する協定書

　株式会社多田国際（以下、会社という）と従業員代表 三澤真奈美 とは、年次有給休暇の取得の時季の取り扱いにつき、下記のとおり協定する。

（遵守の義務）
第1条　会社および従業員は、相互信頼の精神に基づいて、この協定を誠実に遵守する義務を負う。

（対象となる休暇）
第2条　本協定に基づく計画的年次有給休暇付与の対象となるのは、各人が有する年次有給休暇のうち5日を超える日数とする。

（適用対象者）
第3条　本協定に基づく計画的年次有給休暇付与の対象となるのは、原則として社員とする。

（年次有給休暇のない者）
第4条　計画年休取得日において、個人で取得すべき5日を除いた年次有給休暇が計画的年次有給休暇付与の対象とされる日数を下回る労働者については、特別休暇とし通常の賃金を支払うものとする。　　　→ 平均賃金としてもよい

（取得時季）
第5条　本協定に基づき計画的年次有給休暇を付与する時季および日数は下記のとおりとし、毎年、年度はじめに年間カレンダーなどで周知する。
　1．夏期休暇奨励期間：（8月中に2回）
　2．年末年始休暇：（12月、1月中に○回）

（計画的年次有給休暇の変更）
第6条　会社および従業員は、当労使協定によって計画的年次有給休暇日が確定している場合であっても、やむを得ない事情がある場合には、1週間前に申し出ることにより、この休暇日を変更することができる。　→ 変更することがあることを明記する
　2．会社および従業員は前項の申し出について、業務の正常な運営を妨げ、または従業員の予定を著しく妨げるような事情がないかぎり、これに応じるものとする。

（協定の有効期限）
第7条　本協定の有効期限は、○○○○年○○月○○日から○○○○年○○月○○日までの1年間有効とする。

（協定の自動更新）
第8条　協定満了日の30日前までに、協定当事者のいずれからも文書をもって終了する旨の申し入れがないときは、この協定と同一内容でさらに1年間自動的に更新され、以後も同様とする。

○○○○年○○月○○日

　　　　　　　　株式会社多田国際
　　　　　　　　　代表取締役　　鶴田　真人　㊞　（代表締結印）
　　　　　　　　株式会社多田国際
　　　　　　　　　従業員代表　　三澤　真奈美　㊞　→ シャチハタ以外の印鑑で捺印する

06 労働基準法 第39条・有給休暇・パートタイマー
罰則（6カ月以下の懲役または30万円以下の罰金）

パートタイマーの年次有給休暇

> パートタイマーも出勤日と勤続年数に応じた年次有給休暇があります。

パートタイマーの年次有給休暇の考え方

① **パートタイマーにも年次有給休暇はある**：パートタイマーに有休はないと勘違いしている会社がありますが、パートタイマーも労働基準法による保護の対象で、年次有給休暇を取得する権利があります。

② **1週間の労働時間と勤続年数で決まる**：次の3つのパターンに分かれます（詳細は右頁参照）。
  (1) **労働時間が1週間30時間以上**：正社員と同日の年次有給休暇が、勤続年数に比例して決まる
  (2) **労働時間が1週間30時間未満**：1週間の所定労働日数と勤続年数によって決まる
  (3) **1週間の労働時間が不定期の場合**：1年間の所定労働日数と勤続年数によって決まる

パートタイマーの有休は福利厚生と考える

① **発想を転換してみよう**：パートタイマーに、年次有給休暇を与えることに違和感を覚える経営者もいます。しかし昨今は、要件を満たしたパートタイマーに有給休暇を与えないのは違法だということくらい、労働者自身が知っています。有休を付与されないことが不満となり信頼関係を築けず、仕事を覚えた人が次々と退職していくのは会社の損失となります。採用経費もそれなりの負担となるので、よいパートタイマーに長く働いてもらうために、福利厚生の充実は会社の課題です。

② **有給休暇の付与は喜ばれる**：年次有給休暇を取得できる会社はパートタイマーにとっても魅力的で、定着率は一気に高まります。退職金制度や福利厚生施設の導入前に、基本的なことを整備して働きやすい職場であることをアピールするようにします。

ONE POINT

所定労働日が週1日でも有休は必要

週1回のパートタイマーでも、勤続期間6カ月で1日、1年6カ月で2日と、年次有給休暇を取る権利が保障されています。最近はパートタイマーの人も労働者の権利に敏感になっています。知らないと思っているのは会社だけなので注意しましょう。

所定労働日が不特定の場合の有休付与

週の勤務日が時季によって変動するような、所定労働日数の算出難しい場合は、基準日直前の実績日数を数えて付与していくことになります。たとえば、過去6カ月の労働日の実績を2倍としたものを「1年間の所定労働日数」とみなして判断します（基発0328第6号平成25年3月28日）。

● パートタイマーの年次有給休暇の付与日数

6カ月経過後			時効は2年					

短時間労働者の週所定労働時間	短時間労働者の週所定労働日数	短時間労働者の年所定労働日数	6カ月	1年6カ月	2年6カ月	3年6カ月	4年6カ月	5年6カ月	6年6カ月以上
30時間以上			10日	11日	12日	14日	16日	18日	20日
30時間未満	5日以上	217日以上							
	4日	169日〜216日	7日	8日	9日	10日	12日	13日	15日
	3日	121日〜168日	5日	6日	6日	8日	9日	10日	11日
	2日	73日〜120日	3日	4日	4日	5日	6日	6日	7日
	1日	48日〜72日	1日	2日	2日	2日	3日	3日	3日

③ **パートタイマーから正社員に変更した場合は？**：パートタイマーとして勤務していた期間も勤続年数に加えないといけません。

パートタイマー（週3日で24時間）として3年勤務していた者が正社員として6カ月勤務した場合は、勤続3年6カ月になるので14日の有給休暇を与えることになります。

> **例** 正社員として3年 → パートタイマー（週3日で24時間）として6カ月勤務した場合 ⇒ 勤続3年6カ月になるので8日の有給休暇を与えることになります。

要するに、勤続年数は雇用形態（正社員かパートタイマーか）に関係なく通算され、有給休暇が付与される日にどのような雇用形態なのかによって、有給休暇の日数が決まります。

07 労働基準法 第39条・有給休暇・半日有休

半日有給休暇はなくてもいい

半日有給休暇を導入する場合は、詳細な規定をつくっておきます。

法律上、半日有給休暇の制度はない

① **半日有給休暇は会社独自の制度**：半日有給休暇は会社が自由に導入しているもので、法律上の規定はありません。取得回数や半日の定義についてはルールが煩雑になるので、就業規則で決めておくようにします。

② **半休した日の労働時間はこうなる**：1日の労働時間は実労時間で計算するので、何時に出勤しても8時間までは時間外手当はつきません。
（例）午後1時に出勤した場合、途中1時間休憩を挟むと午後10時までは残業代は不要になります。ただし、午後10時以降も働いた場合は、時間外手当に加えて深夜割増手当を支払うことになります。

半休のトラブルあれこれと対処法

① **午前半休を取った日に、仕事が終わらず深夜残業した場合**：深夜残業をすると割増手当を支払わなければならず、規律も乱れます。半休を取った日の残業は禁止と就業規則に規定しておくのも一案です。

② **毎日のように午前半休を使う**：年次有給休暇は最大40日間付与されるので、何も規定しないと、午前半休を80回取るという非常識なケースも出てきます。「特別な事情を除き、午前半休は月に1回まで」などと上限を設け、就業規則に決めておきましょう。

③ **午後半休する場合の労働時間は煩雑になる**：午前9時出社、午前12時～午後1時まで昼休みという会社で午後半休を取ると、昼休みを取ったあとに1時間働き、午後2時から休暇を取ることになります。労働時間が煩雑になるので、「午後半休の労働時間は昼休みなしで午後1時まで」と定めるのも一案です。

ONE POINT
有休を取得したことで制裁するのは違法

年次有給休暇の取得を欠勤扱いとし、「皆勤手当」や「賞与」を減額している会社があります。年次有給休暇を取るのは労働者の権利で、取得した従業員を差別するのは違法です。例外的にタクシー運転手の年次有給休暇をめぐる判例では給与の減額を認めたケースもありますが、通常は「有給取得を抑制する行為」とみなされます。このような運用をしている会社は早急にルールを見直しましょう。

1日の有給に対して、半日だけ「時季変更権」を行使できるか

労基法第39条で定める年次有給休暇は1日単位で付与するのが原則です。この本来の取得方法を阻害しない範囲で適切に運用される場合に、労働者が希望し、会社がそれに応じた場合は半日休暇を付与しても良いということになっていますので、会社が一方的に時季変更権を行使することはできません。なお本人が変更に同意した場合は可能です。

● 半日有給休暇に関する規定書例

半日有給休暇に関する規定書

（半日有給休暇）
(1) 当該年度における半日有給休暇の取得可能日数（回数）については、事業所の全従業員の過半数を代表する者の意見を聞き、決定する。
(2) 半日単位の有給休暇は、原則として1週間前までに、少なくとも前々日までに所定の手続きにより、必ず事前に申請を行うものとする。なお、事業の正常な運営に支障があるときは、取得することができない。
(3) 本条における半日単位とは、次の時間帯とする。
【原則】（午前半休）午前9時30分 〜 午後14時15分（3時間45分）
　　　　（午後半休）午後14時15分 〜 午後18時00分（3時間45分）
(4) また、午前半休を取得したあとの残業申請は原則認めないものとする。

> 「上限を3日（6回）」などと決めることも可能

> 半日の定義を明記しておくことが大切

> 明記しておくことで、トラブルの防止になる

> 「事前申請以外は認めない」とすることも可能

下記のような規定を盛り込むことも可能です

> 休憩をなしにすると、拘束時間が短くなる

【休憩取得しないケース】
午前9時30分 〜 午後13時15分まで休憩を取得することなく勤務した場合、下記の通り午後半休を取得することができる
（午後半休）午後13時15分 〜 午後18時00分（4時間45分）

【半休時間に差があるケース】
所定就業時間9：00 〜 18：00（休憩12：00 〜 13：00）
上記のような就業時間と休憩の場合、休憩時間の前と後で半休を取得できることとすると、午前半休が3時間、午後半休が5時間となり、午後半休2回分が1日の所定就業時間を上回ってしまいます。このようなことを避けるために「午前半休と午後半休の取得回数の差は1回以下として取得するものとする」とルールを定めることも可能です。

第4章　有給休暇・特別休暇のしくみとルール

08 労働基準法 第39条 有給休暇・時間有給

仕事と生活の調和を図る時間有休

時間有休を導入するためには、「労使協定」が必要です。

時間有休は年間5日まで

① **1時間単位で取得**：1日または半日休むほどではないけれど、ちょっとした用事がある場合に、活用できるのが時間有休です。1日の標準労働時間が取れる時間数を最長として、1時間単位で任意に有給休暇を取得することができます。ただし、年間は5日を限度としますので、1日8時間の場合は、8時間×5日で40時間までを1年間の間で取得することができます。

② **導入するには、労使協定が必要**：次の項目を労使協定で定めます。労基署への届出は不要です。
 (1) 時間単位有休の対象労働者の範囲
 (2) 時間単位有休の日数
 (3) 時間単位有休1日の時間数
 (4) 1時間以外を単位とする場合はその時間数（2時間、3時間単位など）

導入時の留意点

① **端数の繰越しについて**：年5日の時間有休を使いきり、最後に1日未満の端数が残った場合について、どうするか決めておく必要があります。以下の対応が考えられます。
 (1) 翌年に繰り越す
 (2) 端数を日単位に切り上げ、1日として与える

② **1日の時間数の考え方**：1日の時間数は所定労働時間を基に決めますが、7時間30分の場合、5日分は、37時間30分となります。分単位など時間未満の単位は認められませんので、時間に満たない端数がある場合は、以下の通り時間単位で切り上げて計算します。
 (1) 7時間30分を切り上げて、1日8時間とする
 (2) 8時間×5日＝40時間とする

ONE POINT

時間単位有休の対象労働者の範囲とは？

対象とする労働者の範囲を決める際に、「育児・介護休業を行う労働者」と限定することはできるでしょうか。これは、取得目的による制限となり、労基法第39条に抵触するため、このような範囲を定めることはできません。なお、一斉に作業を行うことが必要な業務に従事する労働者は対象としない、ということは可能です。

時季変更権は使えるか？

通常の有休と同じように、事業の正常な運営を妨げる場合には行使できますが、取得単位が1時間単位となりますので、認められにくいことになります。また、あらかじめ取得を認めない時間帯を設定したり、所定労働時間の途中に取ることを制限したりするようなことも認められていません。

● 時間単位有休の繰越し

所定労働時間8時間、有休が1年目に10日、2年目は11日付与される
時間単位有休は年5日までのケース

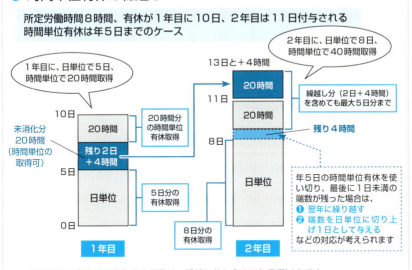

※ 時間単位で付与される有休の日数は、繰越し分も含めて年5日以内です。

● 時間単位有休の端数処理

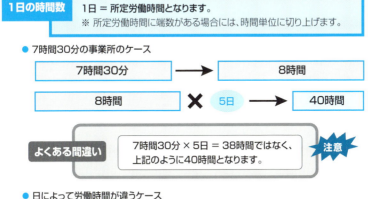

- 日によって労働時間が違うケース

  年間平均1日労働時間数（年間労働時間 ÷ 年間出勤数）で考えます。

- 年間労働時間が決まっていないケース

  所定労働時間が決まっている期間における平均1日労働時間（その期間の労働時間 ÷ その期間の出勤数）で考えます。

09 福利厚生・特別休暇・リフレッシュ休暇

特別休暇は会社独自の休日

付与は会社の自由。ユニークな休暇を設けて採用のアピールにするのも一案です。

特別休暇は会社の裁量で決める

① **欠勤は労働契約の不履行**：本来、欠勤は認められないものですが、冠婚葬祭などでどうしても休まざるを得ないこともあります。これを見込んで、労働契約不履行をなくすのが特別休暇を設ける最大の理由です。会社が労働義務を免除する制度です。

② **会社の自由度が高い**：会社独自の休暇なので、休暇の種類、日数などは自由に決められます。最近は冠婚葬祭での慶弔休暇のほかに、リフレッシュ休暇、誕生日などのアニバーサリー休暇、永年勤続休暇など、独自の休暇を設定する企業が増えています。

③ **福利厚生としての特別休暇の位置づけ**：必ずしも設ける必要はありませんが、今は魅力ある特別休暇があるかどうかも、従業員の会社選びのポイントになっています。優秀な人材を確保するためにも、特別休暇は福利厚生の一環と考えて上手に活用しましょう。

特別休暇は有給？ それとも無給？

① **特別休暇中の給料は？**：有給、無給も会社ごとに決めてかまいません。ただし、従業員間の不平等があると問題になるので、ルールをつくって就業規則に明示しておきましょう。社員の特別休暇は有給が一般的で、その間の給与の考え方は年次有給休暇と同じです。

② **パートタイマーや短時間労働者の特別休暇は？**：弔事や結婚など、最低限の特別休暇は設けておくようにします。ただし、給料は無給と定めるのが一般的です。

ONE POINT

有給休暇と特別休暇

有給休暇と特別休暇の違いは何でしょうか。有給休暇は、法律上で定められたものであり、会社からの許可も不要で、利用目的や取得時期に制限はなく、労働者の自由です。また、賃金の支払いも義務づけられ、勤続年数にも反映しなければなりません。一方、特別休暇は、法的制約がなく、会社が自由に設定するものですので、無給とすることも、取得時期を制限することも、会社が自由に設定できます。よって、会社が定めた利用目的や取得時期以外の利用を拒むこともできます。ただし、一度特別休暇を「有給」として就業規則に定めていた場合に、あとから無給とする場合は、不利益変更に該当します。

従業員からの公募

種類、名称、付与方法はいずれも会社の自由なので、従業員から公募するのもいいでしょう。ニーズの高い休暇について把握できるばかりか、従業員からも喜ばれ、従業員満足度の向上やロイヤリティにもつながります。

10 有給休暇・法定休暇・生理休暇

法定休暇は必ず与えるもの

請求があれば、必ず取得させなければいけません。

法定休暇の種類

① **法定休暇とは**：労働基準法、そのほかの法律（育児・介護休業法など）によって与えることが義務づけられています。従業員から請求されたら取得させなければいけません。
  (1) **年次有給休暇**：従業員の休養を目的とする
  (2) **産前産後の休業**：母体を保護するため
  (3) **育児休業**：1歳未満の子どもを養育するため（男女ともに）
  (4) **介護休業・介護休暇**：親などの家族を介護をするため
  (5) **生理休暇**：月経で就業困難な女性のため
  (6) **子の看護休暇**：病気の子どもを看護するため
  (7) **公民権行使（裁判員休暇）**：選挙の投票、裁判員に選任されて裁判所などに行くため。ただし、住民票を取りに行ったり、個人的に裁判を起こした場合などは該当しません。

法定休暇は有給、無給の2種類がある

① **有給は年次有給休暇のみ**：上記の法定休暇のうち、有給を義務づけられているのは年次有給休暇のみです。そのほかの休暇は法律に定めがなく、会社が給料の有無を決められます。産前産後休暇や育児休暇は健康保険や雇用保険からの給付もあるので、無給にしている会社がほとんどです。

② **生理休暇はノーワークノーペイで**：次の2つの条件を満たす場合、女性従業員には必ず生理休暇を与えなければいけません。ただし証明する手段がないので、運用が曖昧になりがちです。生理休暇はノーワークノーペイの原則にしたがい無給にして、信頼関係のもと運用していくのがベターでしょう。(1) 生理日の就業が著しく困難、(2) 本人からの請求があった場合

ONE POINT
法定休暇の注意点

休みを与えなくてはならないだけで、無給でもかまいません。ただし、休暇を取得したことにより、昇給させなかったり、解雇やその他の不利益な取扱いをしたりすることを法律で禁止されています。

公民権とは？

公民権とは、参政する主権者としての権利です。会社は、次の行為を拒んではいけません。ただし、投票に行くなどの行為については、支障のない範囲で時間変更を求めることはできます。
❶仕事中に選挙に出かける
❷従業員が選挙に立候補する
❸選挙に当選し議員になった

生理休暇を拒否すると罰則がある

生理日に著しく就業が困難かどうかは本人しかわからず、生理休暇は日数の限定もありません。何日でも取得できるので、難色を示す会社もあります。しかし、取得を拒否すると30万円以下の過料が課せられます。

11 裁判員法・特別休暇・裁判員制度・裁判員休暇

裁判員制度導入による休暇

制度を正しく理解して従業員の参加をサポートするようにします。

裁判員制度とは

① **裁判員制度による法定休暇**：裁判は国民には理解しにくく、審理や判決に長期間を要する事件もありました。これを改善し開かれた裁判を目指して、一定の刑事事件に国民が裁判員として参加し、裁判官とともに審理にかかわるのが裁判員制度です。

② **会社が知っておくべき裁判員制度のフロー**：国民8,700人に1人の裁判員が選出されるといわれており、自社の従業員が裁判員になる可能性もあります。裁判員に選出されると、従業員は公民権の行使によって法定休暇を取ることになります。裁判員休暇の定めも準備しておきましょう。

従業員が裁判員に任命されたら？

① **裁判員は辞退できる？**：任命されたのに裁判所に行かないと10万円の過料になります。ただし、病気や傷害がある、重要な仕事で本人が処理しないと著しい損害が生じるなど、やむを得ない理由があれば辞退できます。

② **裁判の日の給料は？**：会社に給与の支払い義務はないので、給料の有無は自由に決められます。ちなみに裁判員に任命された人は、裁判所から日当、交通費が支給されます。会社はその分の負担をする必要はありません。

③ **裁判所に行く途中でケガをしたら？**：業務中の事故ではないので労災にはなりません。国家公務員災害補償法が適用されるので、会社の健康保険も使えません。

④ **事前研修はある？**：ありません。裁判員の拘束時間は、原則として審理にかかる概ね3〜5日間のみです。裁判員休暇も審理にかかる日数のみになります。

ONE POINT

裁判員としての守秘義務は？

裁判員に選ばれた人は、その事実を不特定多数に伝わる人に話してはいけません。休暇を取得するために、裁判員になったことを上司に報告することは差し支えありませんが、上司や会社が公にすることは法律で禁止されています。

裁判員休暇は裁判所から出る証明書で確認する

裁判員としての職務についたことは、申出があれば裁判所が証明書を発行します。裁判員休暇を申請されたら、この証明書で確認するようにします。

● 裁判員に選出されるまでのスケジュール

毎年10月	❶ 裁判員候補者名簿の作成	毎年1回、各市町村の選挙管理委員会が、衆議院議員の選挙権を有する人の中から、くじによって裁判員候補者を選出します。地方裁判所は、その結果に基づいて「裁判員候補者名簿」を作成します。
毎年11～12月	❷ 名簿に載ったことを候補者に通知	裁判員候補者名簿に記載された旨の「通知書」が送られます。この名簿に記載された人は、翌1年間（1月から12月）、裁判員候補者として、裁判所から呼び出しを受ける可能性があります。 ※ 23万6,000人記載される
	❸ 調査票に記入して返信	通知書には「調査票」が同封されています。これは、重い病気やケガなどで、1年間を通じて参加が困難な人や、特定の時期に参加が難しい人（株主総会など）など、あらかじめ候補者の都合を調べるためのものです。
裁判の約6週間前	❹ 事件ごとに、裁判員候補者をくじで選出	名簿の中から、事件ごとにくじで裁判員候補者を選出します。選出された人には「呼出状」が送達され、特定の日時に裁判所に出頭するように求められます（1事件あたり50人程度）。 ※ 3.7%の確率で選出
	❺ 質問票に記入して返信	呼出状には「質問票」が同封されています。裁判員制度は、原則、辞退をすることはできませんが、一定の理由の場合であれば辞退が認められます。辞退を認められるかどうかは、個別に裁判所が判断することになります。
当日	❻ 裁判員の選出	裁判当日の午前に、裁判員や裁判官などと、1人ひとり面接が行われます。面接により、除外されなかった人から、くじなどにより、裁判員が正式に決まります。 裁判員になった人は、午後から裁判に参加します。

※ $\frac{1}{約8,700人}$ の確率で選出

12 福利厚生・特別休暇・慶弔休暇

特別休暇を設けるときの注意点

特別休暇は会社が自由に設定できる分、解釈が異なりトラブルになりやすい休暇なので、就業規則に明確なルールを明記しておきます。

特別休暇を設けるときのチェックポイント

① **連続取得か、分割取得可能か？**：次のように、場合分けして考えるようにします。
　（1）**結婚**：結婚式、入籍など、結婚の手続きは数日かかります。使った日数を会社が個別に把握するのは困難なので、結婚休暇は「連続5日以内」と連続付与するのが一般的です。
　（2）**出産**：配偶者の出産のときは、出産の立会いのあと数日おいて出生届を提出するので、「出産日より14日以内に2日以内」と分割付与できるようにしておきます。

② **連続取得の特別休暇は、暦日か営業日か？**：連続5日の特別休暇中に、土日などの休日が挟まれる場合の運用も明確にしておきます。通常は、営業日で計算します。

③ **結婚の特別休暇は、入社何日目から付与するか？**：試用期間中の結婚休暇の取得については、疑問を感じる人もいるので、「結婚休暇は勤続6カ月以上の者のみ取得できる」など、社風にあわせて明確に決めておきます。

④ **結婚の特別休暇は、入籍後いつまで取れるか？**：価値観が多様化し、結婚後すぐに新婚旅行に行かない人もいます。しかし管理上の手間もあるので、結婚休暇の取得は「入籍後1年以内」などと決めておきます。

⑤ **有給か無給か？**：特別休暇中の給料の有無は、独自の判断でかまいません。有給の場合は「通常の賃金を支払う」などと決めておきます。

⑥ **休暇中に会社の休日があった場合**：有給に含めるか含めないのか決めておく必要があります。

ONE POINT
ユニークな特別休暇

ワークライフバランスや、離職率低下および会社の個性をアピールするために、さまざまな特別休暇制度を設ける会社が増えています。一部をご紹介します。

- **二日酔い休暇制度**：飲みすぎた次の日は年2回まで午前休暇を取得できる制度
- **スモ休**：喫煙者と非喫煙者における休息時間の差の不平等を解消するために、非喫煙者に対して特別休暇を付与する
- **課題解決休暇**：誰かの課題を解決するために使える有給休暇（地域ボランティアなど）
- **親孝行制度**：親孝行し、その内容を朝礼で報告することを条件に、年間1日取得できる休暇

● 特別休暇規定の就業規則への記載例

- 範囲が広くなる可能性があるので、入れておく
- 連続なのか通算なのかをはっきり明示しておく
- すべて取得しないケースもあるため、入れておく

（特別休暇）
第○条　社員が次の各号のいずれかに該当するときは、本人の請求によりそれぞれに定める日数の特別休暇を与える。

	事　由	日数
1	本人が結婚するとき	連続5日以内
2	配偶者が出産するとき（出産日より14日以内までに）	2日以内
3	本人の父母、配偶者、子女が死亡したとき	連続5日以内
4	配偶者の父母が死亡したとき	連続5日以内
5	同居の祖父母、本人の兄弟姉妹、孫が死亡したとき	連続3日以内
6	その他前各号に準じ、会社が必要と認めた場合	認めた日数

(2) 前項の規定に関わらず、前項第1号の特別休暇（結婚休暇）は、入社して勤続6カ月以上の者のみ取得できる。但し、勤続6カ月未満の者でも、無給休暇（欠勤）として取得することはできる。
(3) 本条第1項第1号の特別休暇（結婚休暇）を請求する場合には、少なくとも1カ月前までに所定の書式に記入の上、会社の承認を得なければならない。また、本条第1項第3号以降の特別休暇を請求する場合には、原則として事前に届け出なければならない。
(4) 本条に定める特別休暇は有給とし、通常の賃金を支払う。
(5) 特別休暇の期間中に本規則第44条に定める休日がある場合は、その休日は休暇日数に算入しない。
(6) 結婚休暇は、婚姻届の提出日より1年経過した後、忌引休暇は死亡日から10日を経過した後は権利が消滅するものとする。

- 休日を、特別休暇の日数に含む、含まないは、会社が事前に決めておく
- できちゃった婚など、結婚休暇の取得時期が労使ともに不明確になりがちなため、期限を明示しておく
- 入社6カ月までは試用期間でもあるため、しっかり仕事を覚えてから取得してもらう

コンプラチェック

コンプライアンスチェックシート（有給休暇・特別休暇）

年次有給休暇のルール

- ☐ 定年後の再雇用、パートタイマーから社員になった場合、勤務年数は「継続勤務」として扱った付与日数になっているか
- ☐ 年度内に取得しなかった年次有給休暇日数は、次年度に繰り越すこととしているか
- ☐ 有給休暇を取得した労働者に対して、賃金の減額など不利益な扱いをしていないか
- ☐ 有給休暇の権利のない者を休業させた場合は、最低でも休業手当を支払っているか
- ☐ 有給休暇を取得したことを理由として、精勤手当を減額あるいは不支給としていないか

有給休暇の買い上げ

- ☐ あらかじめ買い上げ予約をし、法定の有休日数を減らしてはいないか（法定以上の日数の年休・退職時に消滅する有休については、買い上げ可能）

時季指定権と時季変更権

- ☐ 時季変更権を行使し得る正当な理由がないにもかかわらず、労働者の請求する時季に有給休暇を与えないなどしていないか

計画付与

- ☐ 計画的付与は、年次有給休暇の日数のうち5日を超える部分としているか
- ☐ 労使協定を結んでいるか

パートタイマー・アルバイト

- ☐ パートタイマー・アルバイトの年次有給休暇は週所定労働日数または年間所定労働日数に応じて付与しているか

半日有休・時間単位の有休

- ☐ 運用ルールについて詳細に定めて記載しているか
- ☐ 時間単位の有休は労使協定を締結しているか

特別休暇

- ☐ 特別休暇の取得方法については細かく記載してあるか
- ☐ 特別休暇は、無給か有給か明確に決まっているか
- ☐ 特別休暇の日数をその都度決めてはいないか
- ☐ 土日などの休日が含まれている場合のルールは、明確に決まっているか

第5章
休職・メンタルヘルスのしくみとルール

01 休職規定は会社独自のルール
- 休職規定の就業規則への記載例
- こんな時代、こんな規定もプラスしておけば安心！

02 復職の判断は会社がする
- 休職・復職の流れに即した就業規則を作成
- 治癒の有無の判断はどうするか？

03 脳・心臓疾患や精神障害による労災請求が急増
- 経営者の安全配慮義務とは？
- 脳・心臓疾患の労災認定基準

04 精神障害の認定基準
- 精神障害の発病についての考え方
- 面接指導運用フロー（厚生労働省：過重労働による健康障害防止対策）

05 健康診断は会社の義務
- 一般健康診断
- 定期健康診断項目（法律により、決められている受診項目）

06 ストレスチェック／医師による面接指導の実施
- ストレスチェックの実施手順

コンプライアンスチェックシート（休職・メンタルヘルス）

01 就業規則・休職・休職期間

休職規定は会社独自のルール

労働基準法に休職の条文はありません。会社の方針、実際にできる範囲でルールをつくります。

休職は雇用を継続したまま労働義務を免除する

① **休職とは**：長期の病気やケガといった不測の事態に、雇用を継続したまま労働義務を免除するのが休職制度です。労働基準法には休職の条文はないので、必ずしも必要な制度ではありませんが、多くの会社が一定のルールを設けて制度をつくっています。

② **休職期間は会社が自由に設定できる**：企業規模、業務内容、企業風土にあわせて「休職者をいつまで雇用継続できるか」を具体的に考えて制度をつくります。

③ **ポイント**：次の2点を盛り込んでおきます。
　(1) 勤続年数に比例した期間を設定すると納得感がある
　(2) 状況に応じて延長、短縮できるように規定しておく

休職している間の給料は？

① **傷病手当金は最大1年6カ月支給される**：病気やケガで連続4日間仕事を休むと、4日目から健康保険の傷病手当金が最大1年6カ月間支給されます。1日につき標準報酬日額の3分の2（おおむね給与の67%）支給されます。賃金を支給していたり、有休を取得している間の傷病手当金は相殺され支給されません。

② **休職期間中の社会保険料は？**：育児・介護休暇とは異なり、休んでいる期間の社会保険料の免除制度はありません。傷病手当金をもらいながら従業員自らが社会保険料を支払うことになります。従業員が休職する前に、会社への支払い方法を確認しておきます。

③ **休職中の社会保険料の支払い方法**：次の2つの方法があるので、事前に話しあいをしておきましょう。

ONE POINT

会社から休職命令を出せるようにするには

本人から休職願いが出ていなくても、客観的に見て休養が必要な従業員もいます。このような場合は、会社が休職を命じることがある旨を就業規則に明記しておきます。メンタルヘルス問題も増えているので、見落としてはならない条文です。

【条文例】
本人からの届出はないが、会社が休職の必要があると判断する場合には、休職を命じることがある。この場合、休職の判断のために医師による診断書の提出等を求めることがあるが、社員は正当な理由なくこれを拒むことはできない。

休職期間中に定年退職を迎える場合は？

休職制度の前提は、使用者と労働者との間に労働契約関係が維持されていることが条件となりますが、就業規則に休職期間中の定年退職について定めがない場合の取扱いが不明確となります。そのため休職条文に下記の文言を追記するのをお勧めします。

●ただし、休職期間中に定年退職を迎える場合は、休職期間は満了となり定年退職とする。

● 休職規定の就業規則への記載例

1. 業務外の傷病（通勤途上の災害による傷病を含む）により欠勤が30日を超えても、その傷病が治癒しないとき。いったん出勤した者が、3カ月以内に再び欠勤した場合、前後を通算し30日を経過しても、その傷病が治癒しないとき

「だらだら休み」も通算してしまう

別表1

勤続年数	休職期間
1年未満	2カ月
1年から5年未満	6カ月
5年以上10年未満	1年
10年以上	1年6カ月

勤続比例にする

自由に設定できる

2. 心身または精神の衰弱等により業務に耐えられないと認めたとき：別表1
3. 出向等会社業務の都合によるとき：その都度定める期間
4. 前各号のほか、特別の事情があって休職させることが適当と認められるとき：会社が認める期間
5. 私傷病により休職する場合には、医師の診断書を提出しなければならない。なお、医師について会社が指定することがある。
6. 本条の休職期間は、特別の事情があると認められる場合には延長または短縮することがある。

弾力的に活用できるようにする

● こんな時代、こんな規定もプラスしておけば安心！

チェックポイント

- 休職をする場合には、会社支給の携帯電話およびパソコン、帳票そのほかの備品やデータなどを会社に返還しなければならない。
- 休職者は会社の許可なく、二重就業をしてはならない。
- 休職期間中は賃金は支給しない。
- 休職期間中は、勤続年数に通算しない。
- 月に1回は、会社に状況報告連絡をしなければならない。
- 社会保険料は、毎月、○○日までに振り込むこと。

(1) 会社が社会保険料を立て替えて復職後に徴収する
(2) 毎月、自分で会社に振り込む

02 就業規則・休職・復職

復職の判断は会社がする

本人の希望と、休職前の業務ができる程度の体調回復が、復職の必須要件です。

復職の判断基準をつくっておこう

① **医師の診断のもと、会社が総合的に判断**：最終的に復職の判断をするのは会社ですが、医療の専門家ではない者が従業員の体調を判断することは容易ではありません。会社の業務内容を把握している産業医などの診断をもとに、総合的に判断し慎重に決定するようにします。

② **判断基準は従前の業務**：復職の判断は、原則「休職前の業務を通常どおり行える健康状態に回復したかどうか」で決まります。ただし、職種が限定的・専門的なものでない場合は、配置転換の検討も必要です。能力や経験などを考慮して他業務が行えるなら、復職させるべきという判例もあります。

③ **復職後の処遇**：復職後に、休職前よりも業務の軽減、時間短縮、責任の軽減などの処置をとる場合は、状況に応じた降格、給与の減額があることも就業規則に明記しておきます。

復職できない場合

① **復職できない場合、「解雇」ではなく自然退職**：従業員を解雇するには、解雇予告や解雇予告手当の支払い義務が発生します。定められた休職期間の満了後復職できなくても、解雇ではなく自然退職とします。

② **休職期間満了時のルールを決める**：休職期間満了時のトラブルを避けるために、復職できない場合は自然退職の扱いになることを就業規則に明記しておきます。ただし、休職期間の延長などを配慮し、話しあったうえで決定することは忘れないでください。

ONE POINT
休職を繰り返す場合の対処方法

完治しないで復職したために、遅刻や欠勤を繰り返したり再休職するケースもあります。こうした問題を避けるために、「月複数回数の労務不能がある場合は再休職命令を出すこともある」「同一傷病による休職期間は、前後を通算する」といったことを就業規則に明記しましょう。

リハビリ勤務制度とは

「リハビリ勤務制度」は、精神的な病気などで休職した従業員が段階的に職場に復帰し、仕事に慣れていくことを目的としたものです。職場復帰プログラムは、厚生労働省の「心の健康問題により休業した労働者の職場復帰支援の手引き」（平成16年発表・平成21年3月改訂）が参考になります。ただし、リハビリ期間中は休職扱いなので無給が一般的で、労災の適用もありません。運用があいまいなので、本人と事前にしっかり話しあいをしておきましょう。

● 休職・復職の流れに即した就業規則を作成

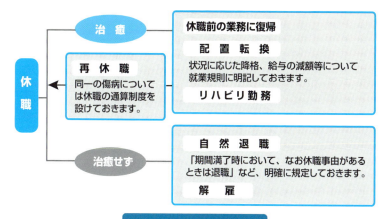

治癒	**休職前の業務に復帰** **配置転換** 状況に応じた降格、給与の減額等について就業規則に明記しておきます。 **リハビリ勤務**
再休職 同一の傷病については休職の通算制度を設けておきます。	
治癒せず	**自然退職**「期間満了時において、なお休職事由があるときは退職」など、明確に規定しておきます。 **解雇**

私傷病休職制度は解雇猶予措置

社員との労働関係を維持しつつ労働を免除し、病気・ケガの回復を待つことによって社員を退職から保護する制度です。就業規則等を再確認し、トラブルを回避しましょう。

● 治癒の有無の判断はどうするか？

原則
休職前の業務を通常どおりなし得ることを治癒の定義としています。

限定的・専門的ではない職種
ほかの業務への現実的配置可能性を踏まえる必要があります。

最終的な判断は会社が行います

主治医の診断書の内容に疑問がある場合	❶ 労働者本人と面談し治癒しているか否かを確認 ❷ 主治医と面談し、業務を行えるか否かを確認（本人同意あり） ❸ 産業医を通じて主治医に診断書の内容を確認（本人同意あり）
主治医と産業医の診断内容が分かれた場合	産業医の診断内容があればその意見も踏まえて復職の可否を判断。産業医の診断に基づき復職の可否を決定することに問題はありません。

治癒しない従業員は職を失ってしまうため、復職の可否を巡るトラブルが起こりがちです

チェックポイント　治癒の判断に困らないために

就業規則に「会社の指定する医師による健康診断、検診、または精密検査等の受診を命じることができ従業員は合理的な理由なくこれを拒んではならない」旨を明記しておくとよいでしょう。

03 安全配慮義務・過労死・脳・心臓疾患等に係る労災請求
罰則（50万円以下の罰金）

脳・心臓疾患や精神障害による労災請求が急増

過労死も会社の安全配慮義務が問われる時代に！

ONE POINT

東芝事件
（昭和26年3月24日 最高裁判所第二小法廷）

株式会社東芝の女性従業員（以下X）が、うつ病に罹患して休職し期間満了後に復職できなかったことから、Xを解雇したところ、このうつ病は過重な業務に起因するものであり会社の「安全配慮義務」が争われた裁判です。この裁判により、体調悪化が見てとれる場合は、本人からの申告の有無にかかわらず、会社は労働者の健康に配慮しなければならないとされました。

システムコンサルタント事件
（昭和12年10月13日 最高裁判所第二小法廷）

長時間かつ精神的緊張の持続する業務を長期間行ったシステムエンジニアの脳出血死が業務による過重な負荷に原因することが明らかで、使用者は高血圧症が要治療状態にある労働者を過重な業務に就けないよう配慮すべき義務を負うので、上記労働者の死亡につき損害賠償責任を負うことになった判例です。しかし、労働者も自らの健康保持についてなんら配慮していなかったため、賠償額は損害額の50％になりました。

安全配慮義務の質の変化

① **安全配慮義務とは**：会社は、従業員を危険な環境から保護し、生命や健康に配慮することが義務づけられています。
　(1) **昭和50年代**：工場における安全ベルトの着用など物理的な安全を確保することが目的
　(2) **平成以降**：メンタルヘルスの観点も加わり、社員の心と身体の健康も確保するものへと拡大され、労働契約法第5条にも明文化

② **脳・心臓疾患と精神障害**：くも膜下出血や脳梗塞などの「脳・心臓疾患」が発症した場合、発症と業務の因果関係があると認められれば、業務上の疾病として労災保険の給付の対象になります。また、労働者により業務による心理的な負荷を原因としてうつ病等の「精神障害」を発した場合も、業務上の疾病に該当し得るとしています。

脳・心臓疾患と精神障害の労災認定

① **脳・心臓疾患とは**：長時間労働等の過重労働で、くも膜下出血などのさまざまな疾病にかかりやすくなり、脳・心臓疾患は、残業時間が長いなどの過重労働が要因となって発症しやすくなります。労災認定のための要件は下記のとおりとされています。(2) (3) については、加えて労働時間以外の負荷も要因とされます。
　(1) 異常な出来事
　(2) 短時間の特に過重な業務
　(3) 長時間の著しい疲労の蓄積をもたらす過重業務

● 経営者の安全配慮義務とは？

安全配慮義務
- 労務の提供にあたって、労働者の生命・健康などを危険から保護するよう配慮すべき使用者の義務をいいます。

労働契約法 第5条（労働者の安全への配慮）
- 使用者は、労働契約に伴い、労働者がその生命、身体等の安全を確保しつつ労働することができるよう、必要な配慮をするものとする。

● 脳・心臓疾患の労災認定基準

（平成29年　過労死等防止対策白書第3章）

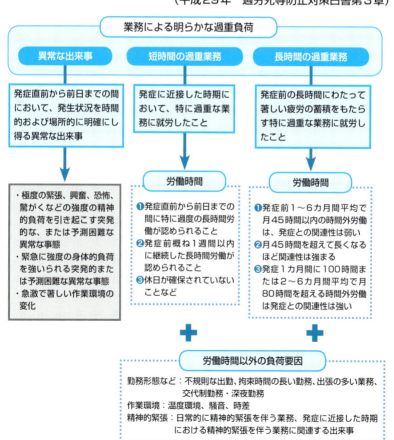

149

04 安全配慮義務・過労死・精神障害の認定基準　罰則（50万円以下の罰金）

精神障害の認定基準

長時間労働者への面接指導などにより、労働時間抑制策を検討します。

ONE POINT
EAP 企業って何？

Employee Assistance Program の略で、生活面から従業員をサポートしたり、管理職への教育などについて、専門的な知識で対応してくれる会社のこと。EAP 企業と契約すると、従業員からの健康相談、悩み相談などを受けつけてもらえ、具体的なアドバイスももらえます。企業と個人のリスクマネジメントとして、近年注目されているサービスです。

残業100時間超の社員は医師の面接を受けさせる

月100時間を超える時間外労働を行った労働者から申出があった場合、会社は医師による面接指導を行い、心身の状況を把握しなければなりません。そして、必要に応じて配置転換や労働時間の短縮、休暇の付与、深夜業の減少など、適切な措置を講じなければならないことが義務づけられています。

面接指導の対象者となる要件が変更される

2019年の法改正で、面接指導の対象労働者の要件が変更されます。現行は1カ月あたり100時間超の労働者が義務でしたが、改正後は80時間超になります（省令改正予定）。

従業員からの体調不良の申出は放置しない！

① **精神障害とは**：長時間労働や劣悪な環境の中でのストレスは、精神障害を引き起こすことがあります。労災認定のための要件は下記のとおりとされています。
　(1) 認定基準の対象となる精神障害を発病していること
　(2) 認定基準の対象となる精神障害の発病前概ね6カ月の間に、業務による強い心理的負荷が認められること
　(3) 業務以外の心理的負荷や個体側要因により対象疾病を発病したとは認められないこと

② **強い心理的負荷と認められる出来事の具体例**：強い心理的負荷と認められる出来事には、1回で認められる「特別な出来事」と組みあわせで認められる「出来事」に分類されます。

> 「特別な出来事」
> - 強姦や、本人の意思を抑圧して行われたわいせつ行為などのセクシュアルハラスメントを受けた場合など、「心理的負荷が極度のもの」と認められた場合
> - 発病直前の1カ月に概ね160時間を超えるような、またはこれと同程度の（たとえば3週間に概ね120時間以上の）時間外労働を行うなど、「極度の長時間労働」が認められた場合
>
> 「出来事」
> - 自らの死を予感させる程度の事故などを体験した場合
> - 業務に関連し、ひどい嫌がらせ、いじめ、または暴行を受けた場合
> - 長時間労働がある場合、❶発病直前の2か月間連続して1カ月あたり概ね120時間以上の時間外労働を行った場合 ❷発病直前の3カ月間連続して1カ月あたり概ね100時間以上の時間外労働を行った場合

長時間労働者への面接指導の義務化

労働者から申出を受けた事業者は、医師による面接指導を行います。事業者は面接指導後に、面接指導実施者の就業上の措置に関する意見を医師から聴取し、必要に応じて労働時間の短縮等の措置を講じなければなりません。

● 精神障害の発病についての考え方

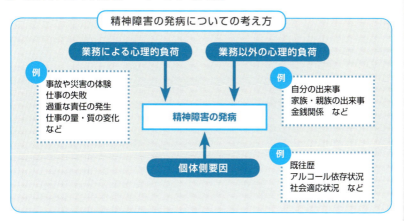

● 面接指導運用フロー
（厚生労働省：過重労働による健康障害防止対策）

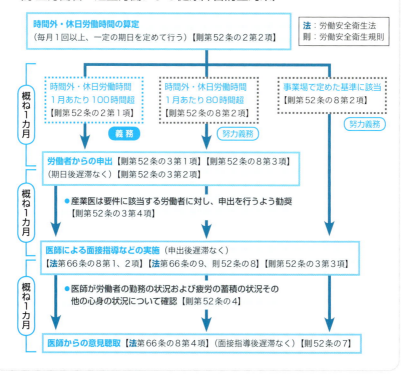

05 労働安全衛生法 第66条・健康診断・一般健康診断
罰則（50万円以下の罰金）

健康診断は会社の義務

健康診断の結果次第では配置転換などを検討します。

従業員の健康状態を把握する義務がある

① **一般健康診断とは**：労働安全衛生法では、次の要件で、従業員に一般健康診断を行うことを会社に義務づけています。
（1）入社時（2）年1回の定期健診（3）深夜業、坑内や異常気圧下での業務など、厚生労働大臣が定める特定業務従事者は6カ月に1回の定期健診

② **短時間労働者の健康診断は？**：パートタイマー、アルバイトも、引き続き1年以上雇用される見込みがあって、1週間の所定労働時間が正社員の4分の3以上ある人には健康診断を実施する義務があります。

健康診断の結果によって適正な処置を

① **健康診断の結果は5年間保存**：個人情報保護法の施行後、健診結果を従業員本人に渡すだけで、結果を把握していない会社も増えています。しかし、労働安全衛生法では健診結果をもとに個人票をつくり、5年間保存することを会社に義務づけています。

①-2 **従業員50人以上の事業所の場合**：所轄労働基準監督署長へ定期健康診断結果報告書の届出義務があります。

② **健康診断はその後の処置がポイント**：健診の結果、健康状態に問題が認められた場合は、事業者は医師等から意見を聴取し、速やかに配置転換や労働時間の短縮、深夜業の軽減などの対応をしなければなりません。単に健診をすればいいわけではないので、会社は従業員の健康状態を把握し、不幸な事故を未然に防ぐようにしなくてはなりません。

ONE POINT

健診を受けない従業員の対策

健康診断を受けない従業員がいるのは労働安全衛生法違反です。会社は50万円以下の罰金となりますが、それ以上に、従業員の健康状態を把握できないで必要な対策が取れないことに問題があります。忙しさなどを理由に健診を受けない社員は、始末書などの懲戒にするなどと就業規則に定め、受診を促すようにします。

健康診断結果の取得について

健康診断の情報を事業者が取得するにあたり、労働者の同意は不要です。労働安全衛生法で定められた健康診断の結果すべては事業者に集積されるしくみになっており、健康診断により事業者が取得した情報が外部へ漏洩することも防止されています。

● 一般健康診断

	対象従業員	実施時期
雇い入れ時の健康診断 (労働安全衛生規則 43条)	常時使用する従業員	雇い入れるとき
定期健康診断 (労働安全衛生規則 44条)	常時使用する従業員	1年以内ごとに1回、定期的に
特定業務従事者の健康診断 (労働安全衛生規則 45条)	特定業務に常時使用する従業員	配置替えの際、6カ月以内ごとに1回。定期的に
海外派遣労働者の健康診断 (労働安全衛生規則 45条の2)	外国に6カ月以上派遣される従業員、外国に6カ月以上派遣された労働者	海外派遣前、派遣後に
結核健康診断 (労働安全衛生規則 46条)	上記健康診断において、結核の発病のおそれがあると診断された従業員	上記健康診断受診後の概ね6カ月後に
給食従事者の検便 (労働安全衛生規則 47条)	事業場内の給食従業員	雇い入れの際、配置替えの際に
自発的健康診断 (労働安全衛生規則 50条の2)	常時使用する従業員で、自発的健康診断を受けた日の前6カ月間を平均して、1カ月あたり4回以上深夜業に従事した者	左記従業員が自発的に

● 定期健康診断項目（法律により、決められている受診項目）

① 既往歴・業務歴の調査
② 自覚症状・他覚症状の有無の検査
③ 身長、体重、腹囲、視力、聴力検査
④ 胸部エックス線検査、(定期検診のみ)喀痰検査
⑤ 血圧測定
⑥ 貧血検査
⑦ 肝機能検査
⑧ 血中脂質検査
⑨ 血糖検査
⑩ 尿検査
⑪ 心電図検査

※1年以内ごとに1回行われる定期健康診断の検査項目のうち下線部分は、一定の基準に基づき医師が必要でないと認めるときは省略することができます。また、雇い入れ時健康診断については、医師による健康診断を受けたあと3カ月を経過しない者を雇い入れる場合、証明書を提出すれば、その健康診断の項目について省略することができます。

06 労働安全衛生法 第66条の10・ストレスチェックの義務化
罰則（50万円以下の罰金）

ストレスチェック／医師による面接指導の実施

ストレスチェックの結果によっては、面接指導を受けさせなければなりません。

労働者のメンタルヘルス不調を未然に防止する制度

① **ストレスチェック制度の目的**：メンタルヘルス不調の労働者を把握することを目的とした制度ではなく、メンタルヘルス不調を未然に防止する目的で、医師保健師等による心理的な負担の程度を把握するための検査と結果に基づく医師の面接指導の制度です。

ストレスチェックの対象者と実施方法

① **ストレスチェックの対象労働者**：定期健康診断の対象の者と同じ条件になります。労働者50人以上の事業場に対して1年に1回、実施時期を決めて行います。この50人には、常態として使用しているかどうかで判断するため、週1回しか出勤していないようなアルバイトでも継続雇用し、常態として使用している状態であれば、カウントする必要があります。

② **ストレスチェックの結果**：高ストレス者として面接指導が必要とされた労働者から申出があったときは、遅滞なく医師の面接指導を受けさせなければなりません。事業者は、労働者が面接指導を申し出たこと、またはストレスチェックの結果のみを理由とした不利益取扱いは禁止されています。

③ **ストレスチェックを実施したあと**：常時50人以上の労働者を使用している事業者は、1年以内ごとに1回、ストレスチェック結果について所轄の労基署に提出しなければなりません。労基署への報告義務違反には労働安全衛生法により50万円以下の罰金があります。また、検査

ONE POINT
労働者の健康情報の保護
労働者の健康情報の保護が適切に行われることが極めて重要であり、事業者がストレスチェック制度に関する労働者の秘密を不正に入手することがあってはなりません。個人情報を取り扱った実施事務従事者には法律で守秘義務が課され、違反した場合は刑事罰の対象になります。個人情報は適切に管理し、社内で共有する場合でも必要最小限にとどめることが求められます。

不利益取扱いの防止
事業者による以下の行為は禁止されています
- 医師による面接指導を受けたい旨の申出を行ったこと
- ストレスチェックを受けないこと
- ストレスチェック結果の事業者への提供に同意しないこと
- 医師による面接指導の申出を行わないこと
- 面接指導の結果を理由として、解雇、雇止め、退職勧奨、不当な動機、目的による配置転換、職位の変更を行うこと

● ストレスチェックの実施手順

ストレスチェックの実施
- 導入前の準備
- 質問票の配布、記入
- ストレス状況の評価、医師の面接指導の要否の判定

・事業所の衛生委員会で実施方法を検討
・社内規定として明文化
・実施体制と役割分担

↓

本人に結果を通知

・第三者や人事権を持つ職員が、記入、入力の終わった質問票の内容を閲覧してはいけません。
・結果は会社には返ってきません。結果を入手するには結果の通知後本人の同意が必要です

↓

本人から面接指導の申出

申出は結果が通知されてから1カ月以内に行う必要があります

↓

医師による面接指導の実施

面接指導は申出があってから1カ月以内に行う必要があります

↓

就業上の措置の要否・内容について医師からの意見聴取

医師からの意見聴取は面接指導後1カ月以内に行う必要があります

↓

就業上の措置の実施

厚生労働省：ストレスチェック制度導入マニュアル

結果報告書の産業医の署名捺印欄ですが、実施者が産業医でない場合でも、産業医には事業場の実態を把握する必要があるため、産業医の捺印が必要です。

コンプライアンスチェックシート（休職・メンタルヘルス）

コンプラチェック

休職規定

- ☐ 私傷病による休職の場合は必ず診断書をもらって判断しているか
- ☐ 休職期間は会社が雇用継続できる範囲で設定しているか

復職の判断

- ☐ 復職できない場合は解雇ではなく自然退職としているか
- ☐ 復職後も休みを繰り返す場合は休職期間を通算できる規定になっているか
- ☐ 復職の判断は慎重に行っているか

経営者の安全配慮業務について

- ☐ 安全配慮義務には心身の健康と広義であることを認識しているか
- ☐ 安全配慮義務違反には民事損害賠償請求がなされるリスクがあることを認識しているか

職場の健康管理について

- ☐ 月100時間を超える時間外労働を行った労働者からの申出による医師の面接指導を行っているか（2019年4月より80時間に変更）
- ☐ 労働時間削減策を検討、実行しているか
- ☐ 常時50人以上の労働者を使用する事業者は、1年に1回ストレスチェックを行って、ストレスチェックと面接指導の実施状況を労働基準監督署に報告しているか

健康診断

- ☐ 常時50人以上の労働者を使用する事業者は、定期健康診断結果報告書を労働基準監督署に提出しているか
- ☐ 1年以内ごとに1回、定期に、医師による定期健康診断（一般診断）を行っているか
- ☐ 常時使用する労働者を雇い入れるときは、健康診断を実施しているか
- ☐ 健康診断後、個人票を作成し、これを5年間保存しているか
- ☐ パートタイマー、アルバイトも、引き続き1年以上雇用される見込みがあって、1週間の所定労働時間が正社員の4分の3以上ある人には健康診断を実施しているか

第6章
妊娠・出産・育児・介護のしくみとルール

01 産前産後の休業
● 出産育児に関する諸制度

02 育児休業 ❶
　　制度の概要と対象者
● 育児休業制度の概要
● 育児休業を延長できる要件

03 育児休業 ❷
　　賃金保障と社会保険料
● 出産後の育児休業制度

04 育児休業 ❸
　　復職後の制度
● 所定外労働・時間外労働・深夜業の制限制度の概要
● 子の看護休暇制度の概要

05 育児休業 ❹
　　両親ともに育児休業をする場合の特例
● パパ・ママ育休プラスの具体例
● パパ休暇とパパ・ママ育休プラスを取得する場合

06 介護休業 ❶
　　制度の概要と対象者
● 介護に関する諸制度
● 対象家族の範囲

07 介護休業 ❷
　　所定外労働の制限と勤務時間の短縮などの措置
● 介護のための所定外労働の制限
● 介護のための勤務時間短縮などの措置

08 育児休業・介護休業
　　不利益な取扱いの禁止・ハラスメントの防止対策
● 不利益取扱いなどの禁止
● 事業主が講ずべきハラスメントの防止対策

コンプライアンスチェックシート
（産前産後・育児介護）

01 労働基準法 第65条・育児休業・産休
罰則（6カ月以下の懲役または30万円以下の罰金）

産前産後の休業

妊娠・出産に関しても労働基準法の適用があります。

産前産後は休業を与える義務がある（産休）

① **産休は、産前6週間、産後8週間**：従業員が妊娠し、本人から申出があった場合、産前6週間、産後8週間は休暇を与えなければいけません。ただし、産後6週間後からは、本人の希望と医師の許可があれば復職できます。

② **通院休暇**：従業員が妊娠中の検診や保健指導に行く場合、会社は通院休暇などを与える義務があります。その際の給料は無給でもかまいません。

③ **妊娠した従業員に対する勤務中の注意**：医師の診断書または母性健康管理指導事項連絡カードがある場合、医師の指導事項にしたがって、通勤緩和などの措置をとる必要があります（男女雇用機会均等法 第13条）。

産休中の給料や社会保険料は？

① **出産育児一時金・出産手当金とは**：出産育児一時金は、出産費用の補填として一時金にて受給できます。また出産手当金は、産前産後休業中の給与補填として日額×休業日数分の手当金にて受給できます。

② **出産育児一時金の支給額**：1人につき42万円です。ただし、産科医療補償制度に加入する医療機関などで出産した場合にかぎられ、それ以外の場合は、平成27年1月1日以降の出産より39万円から40.4万円になりました。

②-2 **産休中は出産手当金が支払われる**：産前42日（多胎児は98日）、産後56日間は、健康保険から出産手当金が支払われます。金額は標準報酬日額の3分の2（概ね給料の67%）です。

③ **産休中の社会保険料の免除**：平成26年4月より産休中の社会保険料が免除されることになりました。産前産後休業取得者申出書の届出が必要となり、出産日確定後に

ONE POINT

予定日が遅れたら？
出産が予定日よりも遅れた場合は、予定日から実際の出産日の間も産休期間となります。出産手当金も、その分を加算して支払われます。

子どもが1歳になる前に復職したら？
（労働基準法 第67条）
保育所入園のタイミングにより復職する場合など、子どもが1歳になる前に復職をするケースがあります。その場合、子どもが1歳になるまでは、当該労働者に30分の休憩を2回与えなければいけません。実際には、1時間分短縮勤務にするのが現実的です。給料の有無は、会社で定められます。

海外で出産したら？
海外の医療機関では、健康保険の直接支払制度を利用できないため、出産後に出産育児一時金を請求することとなります。産科医療補償制度も適用されないことから、支給額は42万円ではなく40.4万円になります。

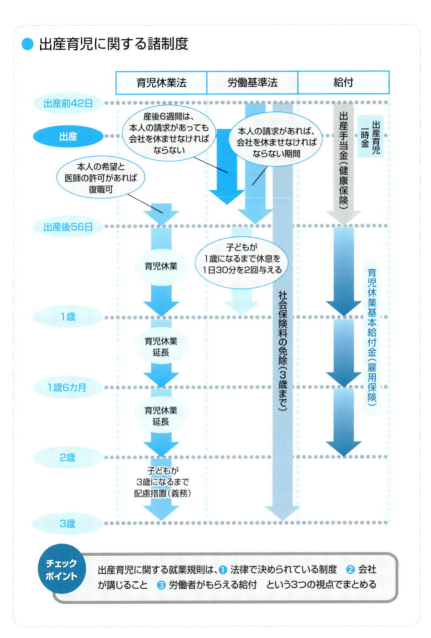

申請することが一般的です。なお会社では手続き完了前でも産前42日前より保険料を控除しないでおき、保険料納付書上は対象者分が含まれますが、手続き完了後に調整されることを待ちます。

02 育児／介護休業法 第5条・育児休業・期間と対象者

育児休業❶
制度の概要と対象者

育児休業制度を人材確保のアピールにつなげましょう。

子どもが1歳になるまでは育児休業

① **子どもが1歳になるまで**：産休が終わり、出産後57日目から子どもが1歳になるまでは、本人から申出があれば男女を問わず育児休業を与えることが義務づけられています。この期間内であれば、休業期間は従業員が自由に決められます。

② **1歳6カ月まで延長可能**：次のような事情で復職が難しい場合は、子どもが1歳6カ月になるまで育児休業の延長ができます。
 (1) 保育園に空きがなく子どもを預ける場所がない
 (2) 養育する予定の人が、病気やケガをした

③ **2歳まで延長可能**：平成29年10月1日の法改正により、1歳6カ月の時点で上記事情があり、復職が難しい場合は、さらに子どもが2歳になるまで育児休業の延長ができます。

働き方が多様化し、育休の考え方も変化

① **男性も育休を取得する時代**：平成28年度に育児休業を取得した男性は5.4％で、前年度より1.0％上昇しましたが、いまだ低い水準です（厚生労働省「平成28年度雇用均等基本調査」）。今後は男性社員も取得しやすいように、2週間程度の短期の育児休暇制度などを設けるなど、制度を整えておくのも一案です。

② **期間従業員も育児休業はとれる？**：契約社員やパートタイマーなどの期間従業員も、あらかじめ契約更新回数が定められているケースと契約更新がない場合で、1歳6カ月までに労働契約が満了するケースを除いて、育児休業を取得できます。

ONE POINT

育児休業の撤回はできる？
いったん申し出た育児休業も、開始前なら理由を問わずに撤回することができます。撤回後に、再度育児休業を申し出ることは原則的にはできません。ただし、配偶者の死亡など特別な事情があれば、再度の申請が可能です。

育児休業終了日の予定変更はできる？
当初の終了予定日の1カ月前までに申し出れば、1回までは終了予定日を変更することができます。なお1歳6カ月または2歳までの休業の延長を申し出る場合は、終了予定日の2週間前が期限です。
短縮については、特に法律での規定がありません。従業員との話しあいによって、早期復帰の道筋を探っていきましょう。

● 育児休業制度の概要

育児休業制度
（育児・介護休業法
第5条〜第10条）

● 労働者は申し出ることにより、子が1歳に達するまでの間、育児休業をすることができます（次の労働者は適用除外となります）。

適用除外となる者

❶ 日々雇用されるもの
❷ 有期契約労働者（次のいずれかに該当する者）
・入社1年未満の者
・子が1歳6カ月に達する日までに雇用契約が終了することが明らかな者
※2歳までの延長の場合は「1歳6カ月」を「2歳」に読み替え

労使協定により適用除外となる者

労使協定を締結すれば、次の❶〜❸も適用除外とすることができる
❶ 入社1年未満の者
❷ 申出から1年以内（1歳6カ月までの育児休業をする者は6カ月以内）に雇用契約が終了することが明らかな者
※2歳までの延長の場合は「1歳6カ月」を「2歳」に読み替え
❸ 週の所定労働日数が2日以下の者

※ 労使協定により配偶者が専業主婦（夫）である場合は育児介護休業の取得を拒むことができた規定は、平成21年の法改正により廃止されました。

● 育児休業を延長できる要件

育児休業期間の延長
（育児・介護休業法
第5条〜第10条）

● 一定の要件を満たした場合、1歳6カ月に達するまで、その後さらに2歳に達するまで、育児休業が延長できるようになりました。

次のいずれかの事情がある場合（1つ該当すればよい）

● 保育所に入所を希望しているが、入所できない場合

 または

● 子の養育を行っている配偶者で、1歳（2歳までの育児休業の場合は「1歳6カ月」）以降、子を養育する予定であった者が死亡、負傷、疾病などの事情により、子を養育することが困難になった場合

 注意
育児休業の延長において、休業開始予定日（1歳の誕生日または1歳6カ月の誕生日応答日）から、希望どおり休業するには、その2週間前までに申出をします。**申出をするまでに保育所からの入園拒否証明がないと、雇用保険の給付は継続できません。**
※ なお、1歳までの育児休業は1カ月前までに申出をする必要があるため、出産報告とあわせて、忘れずに申出の手続きを行いましょう。

チェックポイント ● 育児休業の延長は、育児休業中の労働者（たとえば妻）が継続して休業するほか、その配偶者（たとえば夫）が代わりに休業することも可能です。

03 育児／介護休業法・育児休業基本給付金・社会保険料免除

育児休業❷
賃金保障と社会保険料

2歳まで育児休業を延長できるようになったことにより、育児休業給付金も2歳まで受給できるようになりました。

育児休業中の賃金保障はどうなる？

① **給与の67％の育児休業基本給付金が支払われる**：育児休業中は、ノーワークノーペイの原則から給与が支払われないことが多いため、その生活保障として産休前の給与の約67％（育児休業の開始から6カ月経過後は50％）をハローワークが給付し、育児休業を取得しやすくするために育児休業基本給付金が支払われます。給付要件は次のとおりです。
(1) 休業開始前2年間に賃金支払基礎日数11日以上の月が12カ月以上あること
(2) 休業中に賃金の支払いがない、または8割未満にダウンしていること
(3) 就業日数が、各月に10日以下であること

② **育児休業基本給付金の支給期間**：育児休業開始日（通常、産後57日目）から、子が満1歳（1歳半または2歳）に至るまでの期間となります。

③ **育児休業基本給付金の支給額**：休業前の賃金月額（休業開始時賃金日額）の67％（育児休業の開始から6カ月経過後は50％）相当額が支給されます。

④ **休業開始時賃金日額とは**：育児休業もしくは介護休業の開始前6カ月間の賃金の総額を180で割ったものです。育児休業給付や介護休業給付の支給額算定の基礎となります。なお、女性が育児休業をとる場合は、通常、産前休業取得前6カ月間の賃金総額を180で割ったものとなるケースが多くなります。

育児休業中の社会保険料はどうなる？

① **育児休業期間は保険料免除**：育児休業期間（最長子ど

ONE POINT

育児休業基本給付金の手続きは会社がする
育児休業基本給付金の手続きは、受給者本人ではなく会社が行います。2カ月に1回申請するので忘れないようにします。

職場復帰後の社会保険料（育休月変）
育児休業終了日に3歳未満の子を養育している被保険者は、❶従前の標準報酬月額と改定後の標準報酬月額との間に1等級以上の差が生じること❷育児休業終了日の翌日が属する月以後3カ月のうち、少なくとも1カ月における支払基礎日数が17日以上であること、の条件を満たす場合、随時改定（月額変更）に該当していなくても、育児休業終了日の翌日が属する月以後3カ月間に受けた報酬の平均額に基づき、4カ月目から標準報酬月額を改定することができます。つまり減額後の給与に応じた社会保険料に変更することができます。

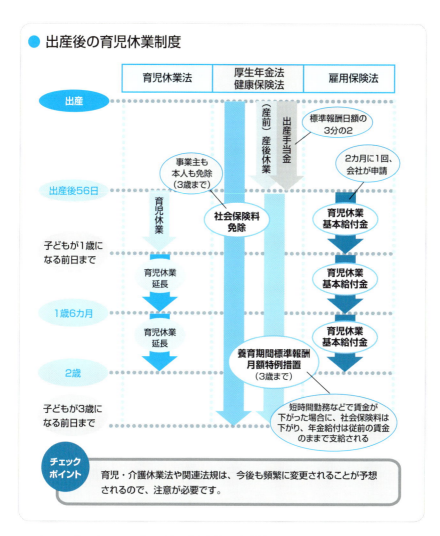

もが3歳になるまで）は社会保険料が全額免除されます。従業員負担分だけではなく会社負担分も免除されるので、忘れずに社会保険事務所に申請します。

② **職場復帰しても優遇がある**：職場復帰後は社会保険料の負担が再開します。復帰直後は勤務時間の短縮などで給料が下がるのが一般的で、比例して社会保険料も減額されます。ただし、将来受け取る年金は、この期間は従前と同額の保険料を支払ったものとして計算されます。これが「養育期間中の標準報酬月額給特例措置」で、子どもが3歳まで認められます。

04 育児／介護休業法
第16条、第17条、第19条、第23条

育児休業❸
復職後の制度（短時間勤務制度、所定外労働・時間外労働・深夜業の制限、看護休暇）

働きながら育児を両立する従業員をサポートする制度です。

会社も子育てを応援しよう

① **3歳まで適用される制度**：3歳未満の子どもがいる従業員は育児休業終了後、次の制度の適用を受けることができます。
   (1) 短時間勤務制度（1日の所定労働時間を6時間とする措置を含めることが必要です）
   (2) 所定外労働の制限

② **就学前まで適用される制度**：上記①に加え、小学校就学前の子どもがいる従業員は次の制度の適用を受けることができます。
   (1) 時間外労働の制限
   (2) 深夜業の制限

子どもが病気になったときの看護休暇

① **看護休暇とは**：小学校就学前の子どもがいる従業員は、子どもの病気やケガの看病をするために、1年に一律5日まで看護休暇を取得できます。手続きが煩雑にならないように、基準日を設けて4月1日〜3月31日までなど1年の期間を定めておくようにします。看護休暇の取得日数は、平成22年度の法改正で就学前の子ども1人あたり年5日になりました（2人以上は年10日）。

② **看護休暇取得時の給料**：看護休暇中は給与の支払い義務はありません。ノーワークノーペイの原則にしたがい、看護休暇は無給にしておくのが一般的です。

③ **取得単位**：平成29年1月の法改正により、半日での取得が可能となりました。

ONE POINT

短時間勤務制度を小学校就学前や小学校3年生まで延長する会社も

従業員への福利厚生の一環として、短時間勤務制度を小学校就学前や小学校3年生まで延長する会社もあります。小学校低学年では子どもの帰宅時間が依然として早く、学童保育所に入った場合でも、就業場所によっては、そのお迎えに間にあわないケースもあります。子の養育のために従業員が離職を選択しないように会社の体力に応じて導入を検討してみましょう。

看護休暇の申出があったら必ず取得させる

看護休暇は、突発的な子どもの病気やケガに対応するための休暇であることから、当日の朝になって突然申し出られることもあります。会社としては困ったと思うかもしれませんが、業務の繁忙などを理由に看護休暇を拒むことはできません。ただし、勤続6カ月未満の従業員、労働日数週2日以下のパートタイマーなどは、協定を結ぶことで対象外にすることができます。

対象となる子が2人以上の場合

同一の子の看護のために、年10日の看護休暇を利用することも可能です。

● 所定外労働・時間外労働・深夜業の制限制度の概要

制度	子の適用年齢	どんな制度？	適用除外者は？
所定外労働の制限	3歳未満	所定労働時間を超える労働をさせない制度	●日々雇用される者 ❶入社1年未満の者 ❷週所定労働日数が2日以下の者　｝労使協定
時間外労働の制限	小学校就学前まで	1カ月24時間、1年150時間を超える時間外労働をさせない制度	●日々雇用される者 ●入社1年未満の者 ●週所定労働日数が2日以下の者
深夜業の制限	小学校就学前まで	深夜労働（22時～翌5時）をさせない制度	●日々雇用される者 ●入社1年未満の者 ●週所定労働日数が2日以下の者 ●所定労働時間の全部が深夜にある者 ●子の保育ができる同居家族がいる者

- 管理監督者は、所定外・時間外労働の制限の対象外となります（深夜業の制限は対象）。
- 有期契約社員（育児休業等は一部適用除外）も上記制度の対象となります。

● 子の看護休暇制度の概要

子の看護休暇制度（育児・介護休業法第16条の2～3）
● 小学校就学前の子を養育する労働者は、申し出ることにより、1年に、子が1人の場合は5日、2人以上の場合は10日まで、病気、ケガをした子の看護や予防注射・定期健診のために、休暇を取得することができます。

注意
事業主は業務の繁忙などを理由に、子の介護休暇の申出を拒むことはできません。

- 1年度（特に会社が定めをしなかった場合は4月1日～3月31日）に、5日（10日）を限度に与えられる休日をいいます。
- 年度内に子どもが生まれた場合、その時点で5日の休暇が付与されます。
- 半日単位での取得も可能です。（1日の所定労働時間が4時間以下の労働者は、半日単位での取得はできません。）
- 申出は口頭でも認められます。
- 「予防接種」には、インフルエンザ予防接種など、予防接種法に定められる定期の予防接種以外のものも含まれます。
- 定期健診も含まれます。
- 勤続6カ月未満の労働者および週の所定労働日数が2日以下の労働者については、労使協定の締結により対象外とすることができます。

05 育児／介護休業法 第9条

育児休業❹ 両親ともに育児休業をする場合の特例

両親が協力して子育てをすることができるよう、主に男性の育児参画を促進する制度です。

パパ・ママ育休プラスとは

① **1歳2か月までの育児休業**：通称「パパ・ママ育休プラス」。父母が共に育児休業を取得し、次の要件を満たす場合、育児休業取得期間を子が1歳2カ月に達するまでに延長することができます。
 (1) 配偶者（例：母）が、子の1歳の誕生日前日以前に、育児休業をしていること
 (2) 本人（例：父）の育児休業開始予定日が、子の1歳の誕生日以前であること
 (3) 本人（例：父）の育児休業開始予定日が、配偶者（例：母）がしている育児休業の初日以降であること

② **育児休業が取得できる期間**：パパ・ママ育休プラスを適用する場合でも、父母がそれぞれ取得できる期間は1年間です（女性の場合は、出生日以後の産後休業期間を含み、1年間となります）。

パパ休暇とは

① **産後8週以内の育児休業**：通称「パパ休暇」。父が子の出生後8週間以内に育児休業を取得し、なおかつ終了した場合、その後父は特別な事情がなくても再度育児休業を取得することができます。

② **女性にも適用されます**：女性は産後休業を取得した場合、この特例は適用されませんが、たとえば養子縁組をした場合などにおいては、女性も当然に適用されます。

ONE POINT

海外におけるパパ・クオータ制度とは？

パパ・ママ育休プラスは、ドイツ、ノルウェー、スウェーデンなどの諸外国におけるパパ・クオータ制度などを参考に、両親がともに育児休業を取得することでメリットが生じるよう、育児休業期間の延長および延長期間において育児休業給付金が受給できるしくみとして創設されました。特に延長期間（2カ月）の検討においては、ドイツとスウェーデンの制度が参考とされました。

夫と妻が両方育児休業給付金を受けることができる？

夫婦それぞれが育児休業給付金の受給要件を満たしている場合、受給することができます。

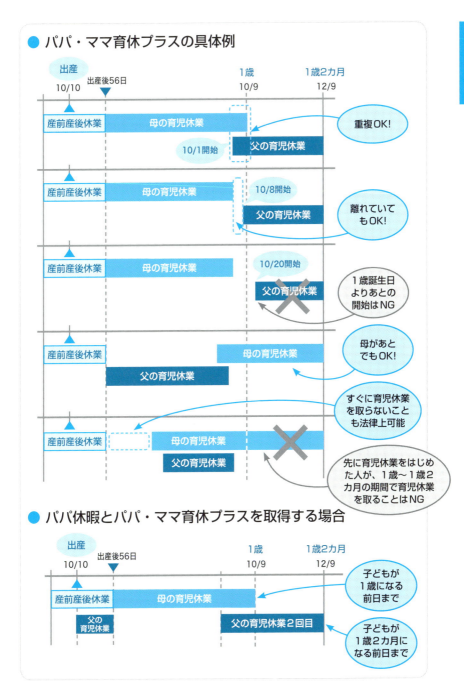

06 育児／介護休業法 第11条・介護休業・対象家族

介護休業 ❶
制度の概要と対象者

1人の従業員が複数回取得できて、対象家族の範囲が広いことが特徴です。

介護休業制度の概要と対象者

① **介護休業は通算93日、合計3回まで**：加齢や病気などで介護の必要な家族がいる場合、従業員は会社に申し出ることで、対象家族1人につき通算93日間、合計3回までの介護休業をとることができます。

② **対象者**：勤続年数1年以上で、介護休業終了後も雇用される見込みがあれば誰でも利用できます。ただし労使協定を結ぶことで、次の従業員については、介護休業の対象外にすることもできます。
 (1) 勤続1年未満
 (2) 93日以内に退職予定、所定労働時間が週2日以内

③ **対象家族の範囲が広い**：介護休業をとれる対象の家族は、配偶者、父母、子ども、配偶者の父母だけでなく、同居して扶養している祖父母、兄弟姉妹、孫まで認められています。平成29年1月の法改正で同居・扶養要件がなくなり対象範囲が広くなったため、1人の従業員が複数回取得する可能性もあります。

介護休業中の給料や社会保険料は？

① **介護休業基本給付金は給料の67％**：休業中は、雇用保険から1日につき休業前6カ月間の平均給与の67％にあたる介護休業基本給付金が支払われます。

② **保険料の免除制度はない**：介護休業は、1回の期間が3カ月程度です。手続きも煩雑になることから、その間の保険料免除の制度はありません。休業中の社会保険料は、出産手当支給期間や休職期間中と同様に、会社が建て替えておいて、復帰後にまとめて給料から天引きするか、自分で会社に振り込むかを就業規則で定めておきましょう。

ONE POINT

介護休業の活用

介護は育児と違って、状態が一進一退するものです。1人の家族につき93日以内なら3回まで介護休業をとることができるため、対象家族の状態の変化にあわせて、介護計画を立て直すなど、仕事と介護の両立のために介護休業を活用しましょう。

要介護状態とは

負傷、疾病または身体もしくは精神上の障害によって、2週間以上、常時介護を必要とする状態のことです。平成29年1月の法改正により具体的な判断基準が設けられました。

有期契約社員も利用できる

勤続年数が1年以上で、介護休業開始予定日から起算して93日を経過する日から6カ月を経過する日までに、その労働契約が満了することが明らかでなければ、パートタイマーやアルバイトなども介護休業を利用することができます。つまり、あらかじめ契約更新回数が定められているケースと契約更新がない場合において、申出から93日と6カ月が経過するまでに労働契約が満了するケースを除いて、介護休業の対象となります。

● 介護に関する諸制度

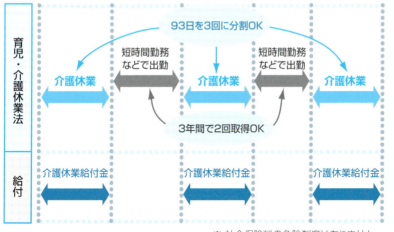

※ 社会保険料の免除制度はありません。

チェックポイント 介護休業の期間は通算93日間、合計3回と短期間かつ複数回の休業です。長引く介護と仕事を両立するためのしくみをつくるための休業制度であると理解しておきましょう。

● 対象家族の範囲

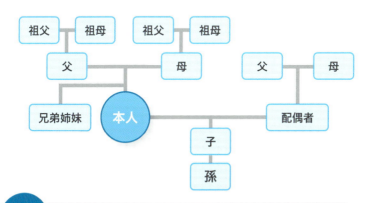

チェックポイント 祖父母、兄弟姉妹、孫については、法改正前は同居かつ扶養要件がありましたが、法改正後はなくなりました。

07 育児／介護休業法 第16条、第18条、第20条、第23条

介護休業❷ 所定外労働の制限と勤務時間の短縮などの措置

介護をしている従業員には、所定外労働の制限や短時間勤務制度などの所定労働時間の短縮等の措置を講ずることが義務づけられています。

介護をしている従業員への措置

① **所定外労働の制限**：家族の介護をしている従業員が請求した場合は、要介護状態にある対象家族の介護が継続する期間、所定労働時間を超えて労働させてはいけません。法律上、請求期間の上限はないため、従業員は必要な期間、適用を受けることができます。

② **短時間勤務制度など**：家族の介護をしている従業員から申出がある場合は、連続する3年間以上の期間において、所定労働時間の短縮等の措置を講ずる必要があります。なお、当該措置は期間内に2回以上利用できる制度としなければいけません。

家族の介護や世話のための介護休暇

① **介護休暇とは**：要介護状態にある対象家族がいる従業員は、その介護や世話をするために、1年に5日まで介護休暇を取得できます。なお、対象家族が1人の場合は5日、対象家族が2人以上の場合は10日、介護休暇を取得できます。

② **介護休暇取得時の給料**：介護休暇中は給与の支払い義務はありません。ノーワークノーペイの原則にしたがい、介護休暇は無給にしておくのが一般的です。

③ **取得単位**：平成29年1月の法改正により、半日での取得が可能となりました。1日単位の休暇は取得しづらいときでも、半日単位であれば気兼ねなく取得でき、介護をしながら働き続ける従業員に活用されることが期待されます。

ONE POINT

介護休業の期間変更はできる？

介護休業を希望する従業員は、休業開始2週間前までに会社に申し出る必要があります。しかしながら休業開始後、介護を要する家族の状態によっては、あらかじめ想定していた休業期間を超えて、介護が長引くこともあります。そのため、介護休業では1回の申出ごとにつき1回にかぎり、終了予定日の2週間前に申し出ることで、休業期間の延長をすることができます。なお、期間を短縮する場合については法律に定めがないので、労使間の話しあいで取扱いを決めることになります。

介護休業の撤回はできる？

介護を要する家族の状態が変わり、介護休業が必要でなくなるケースも想定されます。介護休業では、休業開始予定日の前日までであれば、理由を問わず介護休業の申出を撤回することができます。ただし場合によっては、撤回後やはり介護休業が必要になる場合も想定されます。その場合、同じ対象家族については1回にかぎり再度の申出が可能となります。

● 介護のための所定外労働の制限

所定外労働の制限
事業主は、介護を行う労働者より、所定外労働の制限を請求された場合は、所定労働時間を超えて労働させることはできません。
なお、この請求は介護をしているかぎり何回でもできます。

介護休業と所定外労働の制限

介護は、状態によっては長期化する可能性があります。そのため、介護休業は通算93日以内、合計3回までですが、所定外労働の制限は何回でも適用を受けることができるようになっています。2回目の介護休業を取得するケースとしては、要介護状態から回復した対象家族が、再び介護状態に至った場合などが想定されます。3回目も同様です。介護の容態にあわせて介護休業と所定外労働の制限を使い分け、介護をしながら就業を継続できるよう、サポート体制を整えましょう。

● 介護のための勤務時間短縮などの措置

勤務時間の短縮などの措置
事業主は、就業しつつ介護を行うことができるよう、連続する3年間以上の期間において2回以上利用できる所定労働時間の短縮などの措置を講じなければなりません。

要介護状態にある対象家族を介護する労働者には、次のいずれかの措置を講じなければなりません

❶ 短時間勤務制度
（1）1日の所定労働時間を短縮する制度
（2）週または月の所定労働時間を短縮する制度
（3）週または月の所定労働日数を短縮する制度
（隔日勤務、特定の曜日のみの勤務などの制度をいいます）
（4）労働者が個々に勤務しない日または時間を請求することを認める制度
❷ フレックスタイムの制度
❸ 始業・終業時刻の繰り上げ・繰り下げ（時差出勤の制度）
❹ 労働者が利用する介護サービスの費用の助成、そのほかこれに準ずる制度

チェックポイント
介護休業の制度または所定労働時間の短縮などの措置の内容については、介護を必要とする期間、回数、対象となる家族の範囲などについて、法で定められた最低基準を上回るものとすることが、事業主の努力義務として求められます。

08 育児／介護休業法 第10条、第25条・不利益取扱いの禁止

育児休業・介護休業
不利益な取扱いの禁止・ハラスメントの防止対策

育児・介護休暇をとった従業員への不利益取扱いは違法です。本人の意思を尊重した配慮を。

育児介護休業したことで不利益を与えてはダメ

① **仕事に対する価値観の多様化**：価値観の多様化によって、出産後に望む労働形態も人それぞれです。育児や介護が大変だろうと会社が良かれと思った配置転換が、本人の意思に反するとトラブルに発展することもあります。

② **禁止事項**：妊娠や育児介護を理由に次の取扱いをすることは禁止されています。
（1）解雇（2）雇止め（3）契約更新回数の引き下げ（4）退職または非正規社員への労働契約の変更の強要（5）自宅待機を命じる（6）その意に反して所定外労働の免除等の措置を継続させる（7）降格（8）減給または賞与などの不利益算定（9）昇進・昇格の人事考課における不利益評価（10）不利益な配置転換（11）就業環境を害する

ハラスメントの防止対策

① **育児休業などに関するハラスメント**：職場において、上司または同僚による、育児休業等の制度または措置の申出・利用に関する言動により、労働者の就業環境が害されることをいいます。

② **ハラスメントの類型**：次の3つの類型があります。
（1）**解雇その他不利益な取扱いを示唆するもの**：1回の言動で該当
（2）**制度の利用または利用の請求を阻害するもの**：上司の場合は1回の言動で該当、同僚の場合は繰り返しまたは継続的な言動で該当
（3）**制度の利用によりいやがらせをするもの**：繰り返しまたは継続的な言動で該当

ONE POINT
広島中央保険生活共同組合（A病院）裁判
（最高裁 平成26年10月23日）

妊娠のため軽易な業務へ転換することに伴い、副主任を解任され、育児休業終了後もその地位に戻されなかったことについて、❶本人の自由な意思に基づいて降格を承諾したものと認めるに足りる合理的な理由が客観的に存在せず、また❷不利益取扱い禁止の趣旨および目的に反しない特段の事情が存在しない（降格の必要性がない）ことから、当該取扱いは男女雇用機会均等法第9条第3項に違反するとされた。

● 不利益な取扱いなどの禁止

不利益な取扱い・転勤命令の禁止
（育児・介護休業法 第10条、第16条、第16条の4、第16条の7、第16条の10、第18条の2、第20条の2、第23条の2）

事業主は、育児休業や介護休業、子の看護休暇ならびに介護休暇、所定外労働の制限、短時間勤務制度等、時間外労働および深夜業の制限について申出等をしたことを理由として、労働者に対して解雇その他不利益な取扱いをしてはなりません。

事業主が禁止される「解雇その他不利益な取扱い」とは？ → **労働者が育児休業等の申出などをしたことに因果関係がある行為**

※「因果関係がある」とは、育児休業などの申出等をしたことを契機として不利益取扱いが行われた場合であり、「契機として」とは、育児休業等の申出などと不利益取扱いが時間的に接近して（1年以内に）行われたか否かをもって判断されます（原則として法違反となります）。

ただし、次のいずれかに該当する場合は、違法とはなりません
❶ 業務上の必要性から不利益な取扱いを行わざるを得ず、不利益取扱いにより受ける影響を上回る事情が存在するとき
❷ 労働者が同意している場合で、有利な影響が不利益な影響を上回り、当該取扱いについて事業主から説明がなされ、一般的には同意するような合理的な理由が客観的に存在するとき

転勤に関する配慮についての例示（育児・介護休業法 第26条）
❶ その労働者の子の養育または家族の介護の状況を把握すること
❷ 労働者本人の意向を考慮すること
❸ 就業場所の変更を行う場合は、子の養育または家族の介護の代替手段の有無の確認を行うこと

● 事業主が講ずべきハラスメントの防止対策
（育児・介護休業法 第25条）

❶ 事業主の方針等の明確化およびその周知・啓発
❷ 相談（苦情を含む）に応じ、適切に対応するために必要な体制の整備
❸ 職場における育児休業等に関するハラスメントに係る事後の迅速かつ適切な対応
❹ 職場における育児休業等に関するハラスメントの原因や背景となる要因を解消するための措置
❺ 上記の措置とあわせて講ずべき措置
※ 妊娠・出産等に関するハラスメントの防止対策について（男女雇用機会均等法 第11条の2）も、上記と同様に平成29年1月1日より義務化されました。

コンプラチェック

コンプライアンスチェックシート（産前産後・育児介護）

産前産後の休業

- ☐ 産前産後の休業は請求されたら与えているか
- ☐ 産後の復職は8週間後、医師の診断書があれば6週間後としているか
- ☐ 産前産後の休業をしたことを理由として解雇していないか（労基法第19条）

育児・介護休業

- ☐ 育児・介護休業に関する労使協定を作成し周知しているか
- ☐ 要件を満たすパートタイマーにも育児休業を付与しているか
- ☐ 扶養しておらず同居していない家族でも、介護休業の対象家族である場合は、介護休業を付与しているか
- ☐ 出生後8週間以内に育児休業を取得した場合でも、再度の育児休業を付与しているか
- ☐ 保育園に預けられない場合は育休を1歳6カ月（または2歳）まで延長しているか
- ☐ 育児休業や介護休業の申出をしたこと、または取得したことを理由として、解雇やそのほかの不利益な取扱いをしていないか
- ☐ 小学校の始期に達する子を養育する従業員や要介護状態の対象家族の介護を行う従業員が請求したにもかかわらず、法定労働時間を上回る時間外労働、深夜業を行わせていないか
- ☐ 子の看護休暇、介護休暇は、半日単位での取得を認めているか
- ☐ 要介護状態の対象家族の介護を行う従業員が請求したにもかかわらず、所定外労働を行わせていないか
- ☐ 労働者を転勤させようとするときには、育児や介護を行うことが困難となる従業員について、その育児または介護の状況に配慮しているか

育児休業中の社会保険

- ☐ 育児休業期間中の社会保険料免除申請を出しているか
- ☐ 育児休業から復帰したあと、月額変更および特例措置の手続きを忘れていないか

第7章
賃金・退職金のしくみとルール

- ● 法定休日に働いた場合
- ● 会社独自の休日（所定休日）に働いた場合

06 割増賃金の計算方法
- ● 割増賃金の計算式
- ● 間違えやすい残業計算の処理

07 法定割増賃金の引き上げ
- ● 労働基準法第37条第1項ただし書き
- ● 深夜労働した場合は？

08 代替休暇制度
- ● 労働基準法第37条第3項
- ● 何時間働くと代替休暇がもらえる？
- ● 代替休暇を取得しないといくら支払われる？

09 代替休暇労使協定
- ● 代替休暇制度に関する労使協定のポイント

10 中小企業への猶予措置の廃止
- ● 中小企業の範囲
- ● 判断基準と注意点

11 賞与は会社の業績の利益配分
- ● 賞与に関する規定例

12 退職金規定
- ● 退職金制度の目的
- ● 従来型の退職金制度の問題点
- ● 退職金に関する規定例

13 退職金の算定方法と退職金制度
- ● ポイント制退職金制度の例
- ● 退職金額比較表（部長～課長）

14 退職金の積立方法
- ● 各種積立制度の詳細
- ● 理想的な退職金積立方法

コンプライアンスチェックシート（賃金・退職金）

01 賃金とは？
- ● 賃金にあたるもの、あたらないもの
- ● 賃金支払いの単位

02 賃金の5原則
- ● 賃金控除に関する協定書例
- ● 労働基準法による賃金ルール

03 最低賃金法は強制法
- ● 最低賃金の対象と対象除外
- ● 最低賃金を守っていますか？
- ● 最低賃金の減額特例許可が必要な人

04 平均賃金の計算方法
- ● 平均賃金を計算するときの注意点

05 ノーワークノーペイと残業の割増賃金
- ● 割増賃金の考え方

01 労働基準法 第3条、第4条、第11条・賃金・差別の禁止
罰則（6カ月以下の懲役または30万円以下の罰金）

賃金とは？

賃金には詳細なルールがあります。労働基準法で定める賃金ルールを確認しておきましょう。

労働基準法で定める賃金とは

① **名称にかかわらず労働の対価が賃金**：労働基準法で定める賃金には、次のような規定があります。
（1）従業員が提供した労務の対価として会社が支払うもの
（2）「給与」「賞与」「手当」などの名称を問わない
（3）就業規則で支払要件が明確になっていること

② **賃金にあたるもの、あたらないもの**：次のように区別されます。
（1）**賃金にあたるもの**：給与・賞与、就業規則に規定された家族手当など、会社が個人分を負担する社会保険料など
（2）**賃金以外**：就業規則にない慶弔金・退職金、実費（出張旅費、作業服）、福利厚生施設の利用料（社宅、保養所）、会社以外から支払われるもの（旅館のチップなど）など

差別の禁止

① **均等待遇と同一賃金**：労働基準法では、次の3つの条件によって賃金を差別してはいけないことになっているので注意してください。
（1）国籍、信条、社会的身分を理由に、賃金、労働時間そのほかの労働条件の差別をしてはならない（労働基準法第3条）
（2）女性であることを理由として、賃金について男性と差別的取扱いをしてはならない（労働基準法第4条）
（3）労働組合に加入していることで、従業員に不利益を与えてはならない（労働組合法第7条）

② **雇用区分による待遇の差は？**：正社員と契約社員の待遇

ONE POINT

「労働の対価」の判断基準
労働者の個人的な吉凶禍福に際して使用者が任意的に手当を支給しているか否かが判断基準に考えられます。任意的に支給される慶弔見舞金は賃金にあたりませんが、就業規則等で支給条件が明確な慶弔見舞金は使用者に支払い義務があり、賃金にあたるとされます。恩恵的なもので、同じに見られる見舞金でも取扱いが異なります。

賃金台帳は3年間の保存義務
賃金の支払いに関しては、賃金台帳に記録をつけます。台帳は3年間の保存義務があるので、うっかり廃棄しないように気をつけましょう。

間接差別とは？
採用条件を提示するときなどに「5拠点以上転勤可能な人」などと、実質的に性差別となる可能性のあるものを「間接差別」といいます。コース別雇用管理も、運用次第では違法と判断されることもあるので注意が必要です。

● 賃金にあたるもの、あたらないもの

賃金にあたるもの
- 会社が所得税や社会保険料を負担する場合

賃金にあたらないもの
- 作業に必要な工具購入費用
- 出張旅費
- 作業服
- 福利厚生施設の利用
- 財産形成貯蓄を奨励するため事業主が支払う奨励金※
- 解雇予告手当

※ 全員が強制で財形や持株購入を義務づけられており、その奨励金の場合は賃金となります。

● 賃金支払いの単位

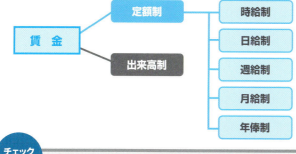

チェックポイント
労働した時間が多ければ会社の利益になるとはかぎらず、賃金決定において工場労働のように時間の長短を成果とみなす考え方のみでは対応できなくなっています。

に差をつけるのは、労働条件によるものなので違法ではありません。ただし、業務内容が同じなのに、雇用区分で賃金差をつけるのは平等の考え方に反し、違法とされるケースがあるので気をつけましょう。

02 労働基準法 第24条・賃金・5原則
罰則（30万円以下の罰金）

賃金の5原則

従業員の定期収入を保護するために、賃金支払いにはルールがあります。

賃金支払いの5つのルール

① **目的と考え方**：賃金は従業員の生活の糧になる重要なものです。定期収入を確保するために、労働基準法では次の5つの支払条件を守ることを会社に義務づけています。

② **通貨払いの原則**：賃金は、通貨で支払わなければいけません。現物給付が許されるのは労働協約での定めがある場合のみです。退職金の小切手支給は、労使双方の利益に合致するという意味では、合意があれば可能です。

③ **直接払いの原則**：中間搾取されないために、賃金は従業員本人に直接支払わなければいけません。委任状を持った代理人への支払いも無効です。本人が希望しても、家族名義の銀行口座に振り込むことはできません。代理人に預けたお金を本人が受領していないと主張すると、会社が全額補償することになります。ただし扶養される同居の配偶者や子などの使者には、支払いが可能です。

④ **全額払いの原則**：会社が一方的に賃金を控除することはできません。控除できるのは、税金や社会保険料などの法定控除とあらかじめ労使協定で決めた項目だけです。この労使協定の監督署への提出は必要なく、自動更新も可能です。

⑤ **毎月1回以上払いの原則**：労働者の生活の安定を確保するために、賃金は月1回以上の支払いが原則です。年俸制でも年1回の支払いではなく、月1回以上の分割支払いにより、毎月1回以上払いの原則を維持しなければなりません。ただし、賞与や臨時ボーナスなど、1カ月を超えて支払われる賃金は除外されます。

⑥ **一定期日払いの原則**：いつ賃金が支払われるのかわからないと従業員は不安になるので、支払期日は毎月25日などと定めて、一定周期で支払わなければいけません。

ONE POINT
振込手数料は労使どちらの負担？
労働基準法では、賃金の払い込みについては現金払いの定めしかありません。法律上、会社負担にしなければならない定めはないので、労使の話しあいのうえで、どちらが負担するかを決めておきます。

使者とは？
使者と代理人の区別は難しいですが、社会通念上、本人に支払う場合と同一の効果となる者であるかが判断基準となります。たとえば、本人が病気などで賃金を受け取れないことが明らかであり、妻への賃金の支払いが本人からの明確な意思であれば、使者として認められます。

賃金の非常時払いの規定
従業員が出産、病気、災害などに見舞われて、その費用にあてるために賃金の請求を受けた場合、たとえ支払期日前でも、その間に働いた分に相当する賃金を支払わなければなりません。親が急な病気で帰省する費用なども、非常時払いの対象になります。請求があったのに支払わないと法令違反になるので注意しましょう。

● 賃金控除に関する労使協定書例

賃金控除に関する労使協定書

　株式会社多田国際 と 従業員代表　三澤真奈美 は、労働基準法第24条第1項但書に基づき、賃金控除に関し、次のとおり協定する。

1　株式会社コンサルトは、月例賃金は毎月20日、賞与は毎回通告する賞与支払日に支払う。会社は賃金支払いの際、次に掲げるものを控除して支払うことができる。
　　　(1) 会社の貸付分の当月返済分
　　　(2) 財産形成貯蓄金（一般、住宅、年金）
　　　(3) 社宅使用料、給食費
　　　(4) 組合会費
　　　(5) 生命保険および損害保険などの保険料
　　　(6) 社員持ち株会に対する拠出金
　　　(7) この協定によるもののほか別途会社と協定したもの
　　　(8) そのほかの社員から徴収委託があり、会社が認めたもの

2　この協定は、2019年　4月　1日から有効とする。

3　この協定は、何れかの当事者が90日前に文書による破棄の通告をしないかぎり、効力を有するものとする。

> 休職期間中の社会保険料なども控除できるように、包括的な条文を入れておくこともできる

● 労働基準法による賃金ルール

賃金　労働基準法第11条　この法律で賃金とは、賃金、給料、手当、賞与そのほか名称の如何を問わず、**労働の対償として使用者が労働者に支払うすべてのもの**をいう。

❶ 賃金に関する契約条件が不明確にならないよう規制

雇い入れ時の明示（労働基準法第15条）
賃金決定方法などに関する事項の就業規則への記載（労働基準法第89条第2項）

❷ 賃金を労働者に確実にいきわたらせるための規制

賃金支払いの5原則（労働基準法第24条）

❸ 労働者の生活保障のための規制

賃金の非常時払い（労働基準法第25条）
休業手当の支払い（労働基準法第26条）

❹ 差別禁止のための規制

国籍信条または社会的身分による差別禁止（労働基準法第3条）
女性であることを理由とする差別禁止（労働基準法第4条）

03 労働基準法 第28条・最低賃金法 第4条・賃金・最低賃金 罰則（50万円以下の罰金）

最低賃金法は強制法

従業員から「いらない」と言われても、最低賃金額の支払いが命じられます。

最低賃金法の規定

① **最低賃金法とは**：憲法第25条の「健康で文化的な生活を営む権利」を保障するために、賃金には法律で最低基準が設けられています。

② **最低賃金の種類**：最低賃金は、地域別最低賃金と特定最低賃金の2種類があります。

(1) **地域別最低賃金**：産業や職種にかかわりなく、都道府県ごとに最低賃金が定められています。また、正社員、日雇い、パート等の雇用形態、外国人にかかわらず、すべての労働者に適用されます。

(2) **特定最低賃金**：地域別最低賃金よりも高い賃金水準が必要とされる産業に設定されています。適用される産業は都道府県ごとに異なり、平成29年9月現在では、全国で233の最低賃金が定められています。
なお、地域別最低賃金と特定最低賃金に差がある場合には、いずれも高いほうの金額が適用されます。

最低賃金のポイント

① **最低賃金の効力**：賃金が最低賃金額未満の場合は最低賃金額との差額を支払わなければなりません。また、労働者が最低賃金額より低い賃金額に合意していても、最低賃金法によって無効とされ、最低賃金額と同様の定めをしたものとなります。

② **罰則**：地域別最低賃金額以下の場合は最低賃金法の罰則の50万円以下の罰金、特定最低賃金額以下の場合は労働基準法の罰則の30万円以下の罰金が定められています。

③ **派遣労働者**：派遣先での地域別最低賃金が適用されます。

ONE POINT

特定最低賃金の適用除外
18歳未満または65歳以上の人、雇入れ後一定期間未満で技能習得中の人、その他当該特有の軽易な業務に従事する人などには適用されません。

歩合制の場合
たとえ実績がなくても、最低賃金の支払いが命じられます。最低賃金に達しない労働契約は無効になるので注意してください。法令違反にならないために、営業職など歩合制の職種は、最低賃金に所定労働時間を掛けたものを固定給とし、売上による歩合を上乗せしている企業が多いようです。

従業員から「給与をいらない」といわれたら？
「給料はいらないから働かせてほしい」と従業員からの申出によって賃金を払わなかったとしても、最低賃金法違反となります。従業員への賃金の支払いをするだけでなく、罰則の対象にもなるので、労働の対価としての賃金はきちんと支払いましょう。

● 最低賃金の対象と対象除外

❶ 最低賃金の対象
通常の所定労働時間、労働日に対する賃金にかぎられる。

❷ 最低賃金の対象から除外されるもの
(1) 臨時に支払われる賃金（結婚手当など）
(2) 1カ月を超える期間ごとの賃金（賞与など）
(3) 所定時間外労働、所定休日労働、深夜労働の賃金
(4) 精皆勤手当、通勤手当、家族手当

● 最低賃金を守っていますか？

❶ 賃金の支払われ方による比較
(1) 時間給：時間給 ≧ 最低賃金
(2) 日　給：日給 ÷ 1日の所定労働時間 ≧ 最低賃金
(3) 月　給：賃金額を時間あたりに換算したもの ≧ 最低賃金

❷ 月給の場合の1時間あたりの賃金の計算方法
1時間あたりの賃金
　＝（基本給 ＋ 手当 － 除外される賃金）÷（年間所定労働時間 ÷ 12）

例 東京都の一般事業所で、月給16万円、年間所定労働時間1,920時間で働くAさんの場合
→【計算式】16万円 ÷（1,920 ÷ 12）＝ 999.9円（1時間あたりの賃金）となり、東京都の最低賃金958円（平成29年10月1日より）を上回っているので問題はない。

● 最低賃金の減額特例許可が必要な人

次の人は事前に労働基準監督署の許可をとれば、最低賃金以下とすることも可能です。
❶ 精神または身体の障害で著しく労働能力の低い人
❷ 試用期間中の人
❸ 職業訓練中の一部の人
❹ 所定労働時間が短い人・軽易な業務に従事する人・断続的な労働に従事する人

なお、最低賃金の減額の特例許可を受けようとする場合は、最低賃金の減額の特例許可申請書2通を作成し、所轄の労働基準監督署を経由して都道府県労働局長に提出する必要があります。

第7章　賃金・退職金のしくみとルール

04 労働基準法 第12条・賃金・平均賃金 労働基準法 第26条・休業手当・罰則（30万円以下の罰金）

平均賃金の計算方法

会社の都合で従業員を休ませる場合は、平均賃金の6割以上を保障します。

平均賃金を利用するのは？

① **平均賃金の計算が必要になるもの**：解雇予告手当、休業手当、年次有給休暇手当、災害補償、減給の制裁。

② **平均賃金の計算**：必要になるのは解雇や休業などシビアな理由のときです。この算出を間違えると労使トラブルになる可能性が高いので、計算には慎重を期さなくてはいけません。

②-2 **計算方法**：次の計算式のようになります。ただし、賃金の締切日がある場合は、直前の締切日からさかのぼって計算します。賃金への算入範囲などは右頁を参照してください。

> **計算式** 労働基準法の平均賃金 =
> $\left(\dfrac{\text{支払事由発生の日より前の}}{\text{3カ月間に支払った賃金の総額}}\right) \div$ その期間の総日数（暦日数）

③ **最低保証**：労働日数が少ないパートタイマーなどの場合、通常の計算方法だと、平均賃金が極端に少なくなることがあります。そこで、日給、時間給、出来高給、請負制の場合は算定期間中（3カ月間）の賃金総額を実際の労働日数で割った金額の60％を保障します。

休業手当は支払わなければならないもの

① **休業手当の支払い義務**：従業員が労務の提供を準備し、働く意志があるのに、会社の都合で労働できない場合は会社の業績などに関係なく、平均賃金の6割以上の休業手当を支払わなければなりません。違反すると労働基準監督署から支払命令が出て処罰されます。

(1) **支払うべき事例**：工場の焼失、機械の故障、原材料不足、資金難、生産過剰による操業短縮、監督官庁の勧

ONE POINT

新型インフルエンザの流行で休業させた場合は？

休業の理由が、国や自治体から強制的に休業させるように要請された場合は、休業手当の支払義務はありません。ただし、会社が自主的に休業した場合は、休業手当を支払うことになります。国や自治体からの要請が「お願い」レベルの場合も休業手当の支払いが必要です。

入社間もない従業員の平均賃金は？

勤続期間が3カ月に満たない従業員は、入社後の期間を算定期間として、その期間の平均を出すようにします。

● 平均賃金を計算するときの注意点

● 日数および賃金額より控除する期間
1. 業務上負傷し、または疾病にかかり療養のために休業した期間
2. 産前産後の休業した期間
3. 使用者の責任によって休業した期間
4. 育児・介護休業期間
5. 試みの使用期間（試用期間）

● 計算に含まれる賃金（ただし、算定期間中に支払われるもの）
1. 通勤手当
2. 精皆勤手当
3. 年次有給休暇の賃金
4. 通勤定期券代
5. 昼食料補助

※ ベースアップの確定している場合も算入し、6カ月通勤定期なども1カ月ごとに支払われたものと見なして算定します。

● 計算から控除する賃金
1. 臨時に支払われた賃金（結婚手当、私傷病手当、見舞金、退職金など）
2. 3カ月を超える期間ごとに支払われる賃金（賞与など）
3. 労働協約で定められていない現物給与

● 計算式
1. 平均賃金の計算方法

$$\frac{計算期間中に支払われた賃金総額}{計算期間の暦日数}$$

2. 時給制・日給制・出来高払いの場合の最低保証

$$\frac{計算期間中に支払われた賃金総額}{計算期間中に労働した日数} \times 60\%$$

※ ❶と比べて高いほうが適用される

告による操業停止など
(2) **支払免除の事例**：自然災害などで事業所が破壊されて、仕事ができない場合など

05 労働基準法 第37条・賃金・割増賃金
罰則（6カ月以下の懲役または30万円以下の罰金）

ノーワークノーペイと残業の割増賃金

労務提供がなければ賃金は発生しません。一方、残業や休日出勤をすると割増賃金が必要になります。

欠勤したらどうなる？

① **ノーワークノーペイの考え方**：年次有給休暇などを除き、労務の提供がない日や時間は賃金の支払いをする必要はないので、従業員が欠勤した場合はその分の給与を差し引いてもかまいません。

② **欠勤控除の計算方法**：1日の単価の計算方法の条文など、労働基準法には控除方法について明確な定めはありません。事案ごとに計算方法、単価が異なると不満が生じるので、1日単価の計算方法などは賃金規定で定めておきます。

時間外勤務の割増賃金

① **長時間労働の抑制**：時間外労働や休日労働を抑制させるために、労働基準法では会社に対して通常より高い賃金の支払いを義務づけています。

② **割増賃金の種類**：割増賃金は、時間外労働、休日労働、深夜労働などによって、割増率が決められています。

③ **時間外労働**：法定労働時間（1日8時間、週40時間）を超えて働いた労働になります。賃金は通常の1.25倍になります。

  (1) **法定内残業**：所定労働時間を超えても、法定労働時間内なら法定内残業となり、割増賃金は必要ありません。通常の賃金と同じ時間給を支払います。

  (2) **休日労働**：週1日、4週に4日の法定休日に働いた場合、賃金は通常の1.35倍になります。会社独自の休日に働いた場合は休日労働にはならず、(1)の時間

ONE POINT

電車が遅れて遅刻した場合は？

どんな理由にせよ、労務の提供を受けていない時間は賃金を支払う必要がありません。ただし、労使で定めた遅延理由書がある場合は、遅刻扱いにしないなど決めることは可能です。

長時間労働の深夜手当は？

1日の所定労働時間を超えて時間外労働をし、それが深夜までおよんだ場合、22時以降の賃金は通常の賃金に時間外労働の1.25倍し、さらに深夜労働分の0.25倍を加え、合計1.5倍になります。単なる深夜勤務のみは0.25倍を加えるだけです。

● **割増賃金の考え方**

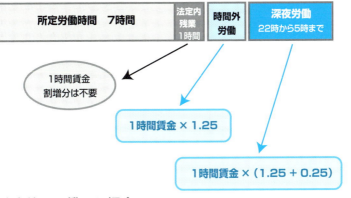

● **法定休日に働いた場合**

● **会社独自の休日（所定休日）に働いた場合**

公共交通機関の遅延も、控除の有無をしっかり労使で決めておく必要があるのね。長時間労働の際には、残業代の計算が複雑になるので、注意しなくちゃ。

外労働と同様、割増賃金は1.25倍になります。

(3) **深夜労働**：22時〜翌朝5時までの時間帯に働いた場合、賃金は通常の割増率に0.25倍加えたものになります。深夜手当は管理職にも発生します。

06 労働基準法 第37条・賃金・割増賃金
罰則（6カ月以下の懲役または30万円以下の罰金）

割増賃金の計算方法

割増賃金の単価を間違えると、計算を訂正した額の支払い命令が出されます。

割増賃金の単価計算は基本給だけではない

① **割増賃金の計算単価のもとになる金額とは**：割増賃金の基礎になる単価は基本給だけではありません。②の7つの手当を除いたものをすべて含めて計算します。この計算を間違えると、労働基準監督署から再計算した金額の支払命令が、最高で直近2年分出るので注意してください。

② **単価計算から控除できるもの**：(1) 家族手当 (2) 通勤手当 (3) 単身赴任者などの別居手当 (4) 住宅手当 (5) 臨時に支払われた賃金（結婚手当など）(6) 1カ月を超える期間ごとに支払われる賃金（賞与など）(7) そのほか臨時に支払われた賃金

②-2 **住宅手当算入の2つの考え方**：原則的に住宅手当は控除されますが、一律払いは認められないので注意が必要です。
　(1) 住宅費用に対して一定割合の手当てを支給している場合は控除されます（賃貸住宅の家賃の20％支給など）。
　(2) 住宅の形態ごとに一律に定額支給している場合は算入します（賃貸住宅居住者一律3万円など）。

③ **給与計算の端数処理**：時間外労働や休日労働などの労働時間数は1時間未満の端数が生じることがよくあります。労働時間の計算は次の手順で行います。
　(1) 1日単位で端数処理をしないで、時間外労働時間は1分単位で記録し、1カ月分を集計します。
　(2) 1カ月の時間外労働時間を合計して1時間未満の端数が出た場合は、30分未満は切り捨て、30分以上は切り上げて1時間とします。

ONE POINT

年俸制の割増賃金は？
年俸制の賃金でも、管理監督者でなければ、当然のことながら残業代は別途支払いが発生します。賞与も年俸として確定している場合は、これも含めて14または16（月数換算したもの）などで割って割増賃金の単価を計算します。

歩合制の割増賃金は？
歩合制も所定労働時間を超えた労働は残業とみなされます。たとえば、月の総労働時間が260時間だとすると、法定労働時間の160時間を差し引き、100時間が時間外労働になります。ただし、歩合制の場合、時間外労働の分も含めた賃金なので、時間外労働の100時間に対して支払うのは、通常の賃金の0.25％だけになります。

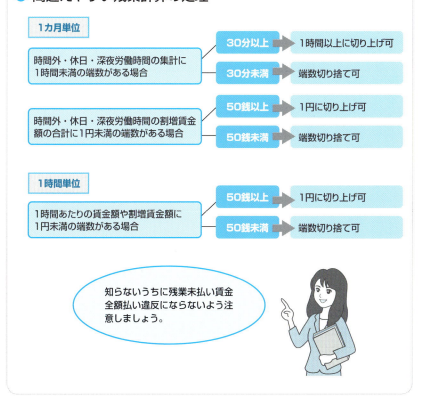

(3) 時間外労働時間に割増単価を掛けて残業代を割り出します。このとき1円未満の端数は、50銭未満切り捨て、50銭以上は1円に切り上げます。

07 労働基準法 第37条・労働時間
罰則（6カ月以下の懲役または30万円以下の罰金）

法定割増賃金の引き上げ

法定労働時間を超えて、さらに1カ月60時間を超える時間外労働には5割以上の割増賃金を支払わなければなりません。

法定割増賃金率の引き上げ

① **目的**：時間外労働に対する割増賃金の支払いは、通常の勤務時間とは異なる特別の労働に対する労働者への補償を行うことと、使用者に対して経済的負担を課すことによって、時間外労働を抑制することを目的としています。

② **1カ月とは**：暦による1カ月です。1カ月の起算日については、毎月1日、賃金計算期間の初日、時間外労働協定における一定期間の起算日などになります。

③ **超えた時間の労働とは**：1カ月の起算日から法定労働時間を超えた時間を累計して、60時間に達した時点よりあとに行われた時間外労働のことです。

深夜労働や休日労働に時間外労働がプラスされる場合

① **深夜労働（22：00〜5：00）**：1カ月に60時間に達した時点よりあとに行われた時間外労働については、深夜労働の法定割増賃金率（0.25）と1カ月について60時間を超える時間外労働の法定割増賃金率（0.5）とが合算され、7割5分以上の率（1.75）で計算した割増賃金の支払いが必要となります。

② **法定休日（週1回または4週間4日の休日：0.35の支払い）**：「1カ月について60時間」の算定の対象に含めません。

③ **所定休日における労働は**：時間外労働に該当するため、「1カ月について60時間」の算定の対象に含めなければなりません。事業場の休日について法定休日と所定休日の別を明確にしておくことが求められます。

ONE POINT

賃金規定の改正は必須
割増賃金率の変更は賃金規程の改正となります。今後の時間外労働は、次の3つを定めます。また、1カ月および1年の起算日の明記、休日の定義も必要です。
❶ 1カ月45時間、年間360時間以内の時間外労働
❷ 1カ月45時間、年間360時間を超えた時間外労働
❸ 1カ月60時間を超えた時間外労働

法定割増賃金率・法定休日との関係
土曜日、日曜日の週休2日制の事業場において、法定休日が日曜日と定められている場合：土曜日は労働せずに日曜日だけ労働したとすると、割増賃金計算の際には、日曜日を法定休日として取り扱います。よって、日曜日の労働時間数を「1カ月60時間」の算定に含めなくても問題ありません。

● 労働基準法第37条第1項ただし書き

使用者が1カ月について法定労働時間を超えて、さらに60時間を超えた時間外労働をさせた場合には、その超えた時間の労働については、通常の労働時間の賃金の計算額の5割以上の率で計算した割増賃金を支払わなければならない。

● 深夜労働した場合は？

深夜労働（22：00～5：00）のうち、1カ月に60時間に達した時点よりあとに行われた時間外労働であるものについては、深夜労働の法定割増賃金（0.25）と、1カ月に60時間を超える時間外労働の法定割増賃金（0.5）とが合算され、7割5分以上の率（1.75）で計算した割増賃金の支払いが必要になります。

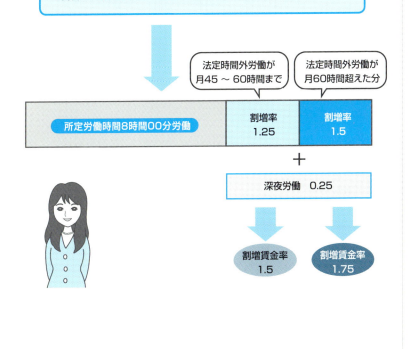

08 労働基準法 第37条第3項・労働時間・平成22年法改正
罰則（6カ月以下の懲役または30万円以下の罰金）

代替休暇制度

1カ月60時間を超えた時間外労働に対して、割増賃金の支払いに代えて、有給の休暇を与える制度です。

割増賃金の支払いによる金銭補償か？休暇による補償か？

① **労働者の健康を確保する観点**：特に長い時間外労働をさせた労働者に、休息の機会を与えることを目的として、1カ月について60時間を超えて時間外労働を行わせた労働者には、労使協定を結ぶことで、法定割増賃金率の引き上げ分の割増賃金の支払いに代えて、有給の休暇を与えることができるようになります。

② **「代替休暇」を実施する場合**：事業場において労使協定を締結する必要があります。この代替休暇は個々の労働者に対して取得を義務づけるものではないので、代替休暇を取得するか否かは、労働者の意思によります。

③ **労使協定で定める事項**：次の4点を定めます。
(1) 代替休暇として与えることができる時間の時間数の算定方法
(2) 代替休暇の単位
(3) 代替休暇を与えることができる期間
(4) 代替休暇の取得日および割増賃金の支払日

導入の検討

① **コストの計算**：制度導入主旨を踏まえ、会社の代替休暇時間の算定管理方法、取得意思確認方法、取得の有無確認、給与計算反映までの新運用フローの構築と、割増賃金の0.25部分の支払い、いずれがコスト的に安いかの検証も必要になります。

ONE POINT

代替休暇制度の見送り
企業が賃金支払いを選択し、代替休暇制度を創設しなければ協定を定める必要はありません。

代替休暇の取得は義務？
個々の労働者に対して代替休暇の取得を義務づけるものではありません。代替休暇を取得するか否かは、労働者の意思によります。

代替休暇制度の導入状況
厚生労働省の「平成28年就労条件総合調査の概況」によると、1カ月60時間を超える時間外労働に係る割増賃金率を定めている企業のうち、代替休暇制度を導入している企業は20.7％となっています。

● 労働基準法第37条第3項

「代替休暇」を実施する場合には、事業場において労使協定を締結する必要があること。1カ月について60時間を超える割増賃金の支払い(0.25部分)による金銭補償に代えて、通常の労働時間の賃金が支払われる休暇の付与による補償を行うことができる。

※ 個々の労働者に対して、代替休暇の取得を義務づけるものではありません。代替休暇を取得するか否かは、労働者の意思によります。

法改正のねらい

特に長い時間外労働をさせた労働者に、休息の機会を与えることを目的として、1カ月について60時間を超えて時間外労働を行わせた労働者について、労使協定により、法定割増賃金率の引き上げ分の割増賃金の支払いに代えて、有給の休暇を与えることができることとしました（次項参照）。

※ 法定外時間外労働：月に60時間を超えている

● 何時間働くと代替休暇がもらえる？

残業時間	代替休暇
64	1時間
68	2時間
72	3時間
76	4時間
80	5時間
84	6時間
88	7時間
92	8時間

76時間超える残業で、代替休暇半日の取得が可能となります。

● 代替休暇を取得しないといくら支払われる？

● 月給24万の社員が76時間の残業をし、半日の代替休暇の権利を得た場合

月給	月労働時間	残業単価		
		×1	×1.25	×1.5
240,000	160	1,500	1,875	2,250

240,000 ÷ 160 × 1.25　　240,000 ÷ 160 × 1.5

76 − 60

		16時間	
1.5と1.25との差	375	6,000	

2,250 − 1,875　　16 × 375

半日の代替休暇を取得しない場合、会社は6,000円を追加で支払うことになります。

第7章 賃金・退職金のしくみとルール

09 労働基準法 第37条第3項・労働時間・平成22年法改正
罰則（6カ月以下の懲役または30万円以下の罰金）

代替休暇労使協定

代替休暇にかかる労使協定で定める事項は、導入までによく検討します。

代替休暇の基礎知識

① **代替休暇として与えることができる時間数**：1カ月に60時間を超えた時間外労働時間数に、労働者が代替休暇を取得しなかった場合に支払う割増賃金率と、労働者が代替休暇を取得した場合に支払うこととされている割増賃金率との差に相当する率（以下「換算率」）を掛けます（右頁参照）。

② **代替休暇の単位**：まとまった単位で与えられることによって労働者の休息の機会とする観点から、半日または1日のいずれかを代替休暇の単位として定めます。半日については、会社により午前3時間、午後4時間など、運用が違うため、「半日」の定義を事前に定めておきます。

③ **代替休暇を与えることができる期間**：特に長い時間外労働が行われた月から、一定の近接した期間に与える労働者の休息の機会とする観点から、時間外労働が1カ月に60時間を超えた月の1カ月の末日の翌日から2カ月以内とされています。また右頁のように、前々月と前月分を合算することも可能です。

代替休暇の取得日および割増賃金の支払日

① **労働者の意向を踏まえた代替休暇の取得日の決定方法**：労働者の代替休暇取得の意向については、1カ月に60時間を超えて時間外労働をさせた月の末日からできるかぎり短い期間内において、確認します。

② **1カ月に60時間を超える時間外労働にかかる割増賃金の支払日**：次の2つに分かれます。
（1）**労働者に代替休暇取得の意向がある場合**：翌月の賃金支払日に25%の割増賃金を支払う

ONE POINT
代替休暇の拒否・変更
代替休暇は使用者が与えるものですが、実際に取得するかどうかは労働者が決めることができます。よって、使用者が一方的に変更や拒否をすることは認められません。代替休暇取得日には労働の義務がないので、労働者の同意がある場合は別として、使用者の都合によって勝手に労働者を呼び出すことはできません。

導入までのプロセス
管理が煩雑になるので、導入には、社内担当者、給与計算会社、現場の管理職など含め、十分に話しあいをしてから慎重に説明会を行い、導入する必要があります。

半日の時間単位の決め方
半日の時間単位を決めるのは自由ですが、半日以下の単位付与は認められません。

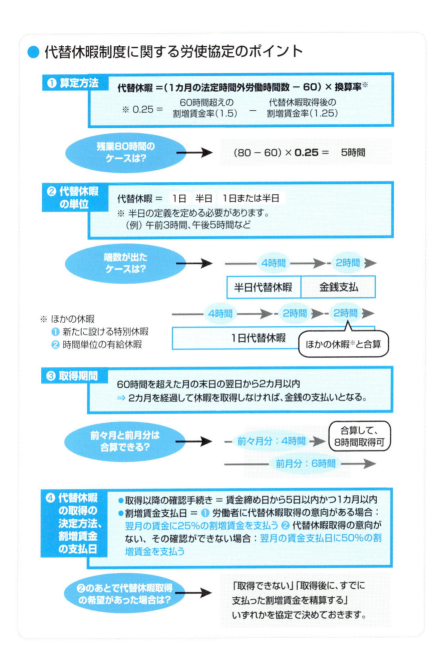

(2) **代替休暇取得意向がない、その確認ができない場合**：翌月の賃金支払日に50％の割増賃金を支払う

10 労働基準法 第37条関連・中小企業の範囲

中小企業への猶予措置の廃止

割増賃金の引き上げ、代替休暇制度の改正法の猶予措置が廃止されます。

猶予される中小企業の範囲とは？

① **範囲**：右頁のとおりになります。
② **判断基準**：「資本金の額または出資の総額」および「常時使用する労働者数」の少なくとも一方がこの基準を満たしていれば、中小事業主に該当します。
③ **事業主が複数の業種に該当する事業活動を行っている場合は？**：その主要な事業活動によって判断されます。主要な事業活動とは、過去1年間の収入額・販売額、労働者数・設備の多寡などによって実態に応じて判断されます。
④ **常時使用する労働者数の判断**：当該事業主の通常の状況によって判断されます。臨時的に労働者を雇い入れた場合、臨時的に欠員を生じた場合などについては、変動したものとしては取り扱いません。
⑤ **出向者**：在籍出向者は、出向元と出向先の両方の労働者数に算入します。
⑥ **移籍出向者（転籍者）**：出向先の労働者数に算入します。
⑦ **派遣労働者**：派遣元の労働者数に算入します。

猶予措置の廃止の猶予

① **施行日の3年間の猶予**：割増賃金の引き上げ、代替休暇制度の猶予措置の廃止は3年間の猶予がされています。改正法が平成31年4月1日が施行日となっているため、猶予の廃止は平成34年4月1日が施行日とされています。
② **今後の対応**：これまで割増率を適用していなかった事業主は施行日までに変更し、就業規則等の条項もあわせて変更する必要があります。

ONE POINT

労働基準法の適用事業の単位
事業場単位であり、全事業場を単位とするものではありませんが、今回の法定割増率が猶予される中小事業主の範囲は、事業場単位ではなく、企業単位で判断されるとしているので注意が必要です。

猶予期間の対応策
本当に必要な残業なのか？を労使ともに検討し、不必要な残業の抑制する必要があります。
また、会社側が労働者の残業時間をしっかり把握し、適正な労働時間の管理を行うことが必要です。

● 中小企業の範囲

業種	資本金の額または出資の総額		常時使用する労働者数
小売業	5,000万円以下	または	50人以下
サービス業	5,000万円以下		100人以下
卸売業	1億円以下		100人以下
そのほかの業種	3億円以下		300人以下

参考 総務省告示第175号（日本標準産業分類　平成21年）

具体的には

製造業の場合

❶ 資本金：1億円　労働者：100人
❷ 資本金：1億円　労働者：500人
❸ 資本金：5億円　労働者：100人
❹ 資本金：5億円　労働者：500人

❹だけが、中小企業の範囲から外れる

● 判断基準と注意点

判断基準　「資本金の額または出資の総額」もしくは「常時使用する労働者数」の少なくとも一方が、この基準を満たしていれば、中小企業に該当します。

チェックポイント

❶ 事業所単位ではなく、企業単位で判断します。そのため、複数の業種の事業活動を行っている場合は、その主要な事業活動により判断されます。主要な事業活動とは、過去1年間の収入額・販売額、労働者数、設備の多寡などの実態に応じて判断されます。

❷ 常時使用する労働者数は、通常の状況により判断されます。臨時的に雇い入れた場合や、臨時的に欠員を生じた場合については、変動したものとしては取り扱いません。また、パート・アルバイトであっても、臨時的でなければ、常時使用する労働者数に含みます。

11 賃金・賞与・支払ルール

賞与は会社の業績の利益配分

賞与の支払義務はなく、支給額、対象者は会社の裁量で決められます。

裁量が認められる賞与はルールを明確に

① **賞与は会社の裁量が認められている**：賞与は労働の対価だけではなく、業績に連動して支払われるものです。支給するかしないか、金額、支給対象などは会社が自由に決めることができます。だからこそルールをつくり、明文化しておく必要があります。

② **賞与規定のポイント**：次の5点に注意してください。
  (1) **払えない場合も想定**：業績によっては賞与の支払いが厳しいときもあります。その点を見込んで、就業規則には「営業成績の著しい低下、その他やむを得ない事由がある場合は支給しないこともある」という一文を入れておきます。
  (2) **算定期間を決める**：従業員の会社への貢献度や勤怠を賞与に反映させるためにも、対象となる算定評価期間を「いつからいつまで」と決めておきます。
  (3) **対象者は明確に**：年の途中で退職する従業員もいるので、対象者はあいまいになりがちです。「算定評価期間の期末に在籍し、賞与支給日に在籍している者」などとしておくと、トラブルを避けられます。定年退職する人もこの基準にあわせて問題ありません。
  (4) **支給条件**：従業員の勤務成績、貢献度などを人事考課で査定して支払うことを明文化します。
  (5) **勤怠の反映は？**：欠勤控除、遅刻時間控除要件を明確にして、賞与で勤怠を反映するのも一案です。

③ **賞与における禁止事項**：会社の裁量権が大きい賞与ですが、有給休暇や育児・介護休暇を取得したことなどによって不利益に扱うことは禁じられています。ただし、仕事をしていない休業期間分を按分することは禁じられていません。

ONE POINT
年俸制の賞与の注意

年俸制で、報酬の一部を賞与の形で支払うことを約束しているケースがあります。この場合、年俸としてあらかじめ支払金額が確定した賞与であれば、支給日前に退職した従業員にも、12等分して在籍していた月数を乗じた賞与を支払わなくてはなりません。多くの会社が運用間違いをしているので気をつけたい部分です。

● 賞与に関する規定例

第○条

賞与は会社の業績に応じて年間2回、7月および12月に支給することがある。ただし、営業成績の著しい低下、支給対象者の勤務成績等その他やむを得ない事由がある場合には、支給日を変更し、または支給しないことがある。

> 賞与支給の有無は確定させない

(1) 賞与の算定評価期間は、次のとおりとする。 ← 明確にする
　　1. 7月支給賞与算定評価期間　前年度の11月1日〜当該度の5月末日
　　2. 12月支給賞与算定評価期間　当該年度の5月1日〜当該度の11月末日
(2) 賞与の支給条件は、算定評価期間における社員の勤務成績、出勤率、貢献度、将来への期待等を人事考課で査定の上決定する。
(3) 賞与の支給資格者は、原則として、次の各号の要件を満たした者とする。ただし、3号において、産前産後休暇、育児休業、介護休業その他法令で認められた休業は出勤したものとして取り扱うものとする。
　　1. 支給日において在籍している者
　　2. 勤続が6カ月以上の者
　　3. 出勤日数が所定稼働日数の80％を満たす者
　　　　　　　　　　　　　　　　　　　　← 支給対象者を明確にする
(4) 賞与の支給資格者に該当しない者（中途入社者等）に対しては、その都度決定する。
(5) 賞与の支給金額について、算定評価期間に休職および休業期間が含まれる場合には、出勤日数により日割りで計算した額を支給する。 ← 控除基準を明確にする

第○条

賞与は会社の業績に応じて原則年間2回、各々2カ月分を支給する。

⬇

確定的な金額を規定していると、労働法11条の賃金として保護されてしまう。かつ、賞与とはみなされません。　　　（昭和22年9月13日発 基17号）

パートタイマーの賞与

支給の有無：会社の判断に任されますが、約3割の企業では何らかの形でパートタイマーへの賞与を支払っています。たとえ寸志の支給でも社員との一体感も出て、仕事のモチベーションアップにつながります。

12 福利厚生・退職金・退職金規定・不支給理由・就業規則

退職金規定

労働基本法に退職金について規定する条文はない！ 目的を明確にして自社のルールをつくろう。

ONE POINT
退職金今昔物語

退職金のはじまりは、江戸時代に年季が明けた丁稚奉公への「のれんわけ」といわれています。長年働いてくれた功労・慰労だったのが時代とともに老後の生活保障の意味あいが強くなりました。しかし、終身雇用制の崩壊とともに、新しい退職金の位置づけが求められています。

退職金の平均は？

厚生労働省の「平成29年賃金事情等総合調査」によると、平成28年度1年間（決算期間）の平均退職一時金支給額を退職事由別で次のようにしています。

調査産業別では、定年退職が1,813万1,000円、会社都合が1,901万7,000円、自己都合が418万5,000円となっています。製造業では定年退職が1,706万7,000円、会社都合1,874万1,000円、自己都合が294万5,000円となっています。これが従業員数に比例して掛かるので、退職一時金は莫大な金額となります。そのため、退職一時金の支給は経営を左右する問題となります。

退職金は自社ルールで規定するもの

① **退職金の考え方**：賞与や退職金は、従業員を雇ったら支払わなければならない賃金とは違い、労働基準法に規定がなく、会社のルールで運用できます。賞与は、短期的な利益分配の意味あいが強いため、会社で利益が出なければ支払わなくてもかまいませんが、退職金はそうはいきません。退職金を支払うと決めた場合は、賃金に近い運用が求められます。長期の福利厚生であるために利益がないので「支払えない！」は認められません。金額も大きいので戦略的に考えていきたい分野です。

② **退職金の金額や渡し方は会社の自由**：退職金制度を廃止する会社も増えていますが、上手に活用すれば優秀な人材を確保する有効手段になります。金額や渡し方は会社が自由に設定できるので、求める人材像にあわせて算定方法を選びましょう。

③ **勤続年数連動型は時代にミスマッチ**：これまでの退職金は、「基本給×勤続年数」というものが一般的でした。この方法で算定すると、退職金は莫大な金額になり、業績貢献度も反映されません。そのため、最近は単純に基本給と勤続年数で退職金額を決める考え方は減っています。

退職金の目的を明確にして効果的に活用

① **退職金の支給目的**：退職金の主な目的は次の3つです。退職金の目的によって、効果的な算定方法や積立方法が変わってくるので、まずは、退職金に求める目的を明確にしておきます。

（1）**老後の保障**：定年から平均余命をカバーできるものに

● 退職金制度の目的

本来退職金の目的	退職金に求められるもの
❶ 老後の保障	❶ 定年から平均余命分の生活費の補填（平均生活費 − 公的年金）
❷ 賃金の後払い	❷ 労働者の定着率を上げるため
❸ 功労報奨	❸ 過去勤務期間における業績貢献度に相応すべき

● 従来型の退職金制度の問題点

一般的な退職金の額 ＝ 基本給 × 勤続年数

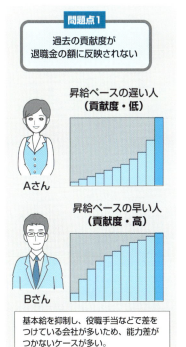

問題点1 過去の貢献度が退職金の額に反映されない

昇給ペースの遅い人（貢献度・低） Aさん

昇給ペースの早い人（貢献度・高） Bさん

基本給を抑制し、役職手当などで差をつけている会社が多いため、能力差がつかないケースが多い。

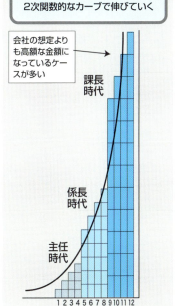

問題点2 退職金の額が勤続年数に対し2次関数的なカーブで伸びていく

会社の想定よりも高額な金額になっているケースが多い

課長時代／係長時代／主任時代

（次頁に続く）

(2) **給料の後払い**：従業員の定着率を上げられるものに
　(3) **功労報奨**：業績貢献度にふさわしいものに
② **賃金の一部ではなく福利厚生とのミックス型で考える**：退職金を賃金規定と一緒に明記している会社がありますが、それでは①で挙げた退職金の３つの目的を発揮できません。退職金は賃金の一部ではなく、定着率を上げるためにも、貢献度にあわせて支給できるように福利厚生の意味あいを持たせる位置づけにしておくのが望ましい形です。

退職金の支給理由と不支給理由

① **支給理由は退職の種類を明確に**：退職理由は大きく分けると「自己都合」「会社都合」の２つです。ただし、休職期間の満了や普通解雇は、会社都合か自己都合か労使で判断が分かれます。トラブルにならないよう、退職金規定に記載しておきます。退職理由によって支払額が大きく変わるので会社の考え方にあわせて明文化しておきましょう。

①-2 **会社都合退職等**：(1) 定年退職 (2) 本人の同意で転籍した (3) 退職勧奨に同意した (4) 死亡した (5) 役員に就任した (6) 整理解雇による解雇 (7) 業務上の疾病により３年経過し傷病補償年金を受けて解雇になった

①-3 **自己都合退職等**：(1) 自己都合で円満退社した (2) 私傷病で休職期間が満了した (3) 普通解雇になった

② **不支給理由、減額についても明確に**：退職後に同業他社へ就職したり、個人情報の流出など、反社会的な行為を行う社員は会社にとって大きなダメージとなります。起こり得る不利益行為に対して、退職金の不支給や減額の規定を設けておくことも会社の危機管理としては重要です。

②-2 **不支給・減額・返還の規定ポイント**：次の７点に注意します。

　(1) **懲戒解雇**：不支給 (2) **諭旨解雇**：減額 (3) **退職手続きや引継ぎを行わない**：減額 (4) **休職満了後、期限内に退職手続きを行わない**：減額 (5) **会社の許可なく二重**

ONE POINT
退職金受給資格に要する最低勤続期間は？
厚生労働省の「平成29年賃金事情等総合調査」によると、退職一時金の受給資格付与に要する最低勤続期間を退職理由別で次のようにしています。
会社都合では調査産業計、製造業ともに「1年未満」とする企業が最も多く、それぞれ71社（集計185社の38.4％）、42社（集計99社の42.4％）となっています。自己都合では調査産業計、製造業ともに「3年以上」とする企業が最も多く、それぞれ95社（集計185社の51.4％）、48社（集計99社の48.5％）となっています。

三晃社裁判
（最高裁　昭和52年8月9日）
同業他社に就職した社員に支給した退職金を、一般の自己都合による退職よりも減額したことが妥当だと認められた判例です。この会社の退職金規定では、同業他社への転職は会社の承諾を得るとともに、退職金を半額にすることになっていました。入社当時に誓約書も提出していたことから、会社の主張が認められました。

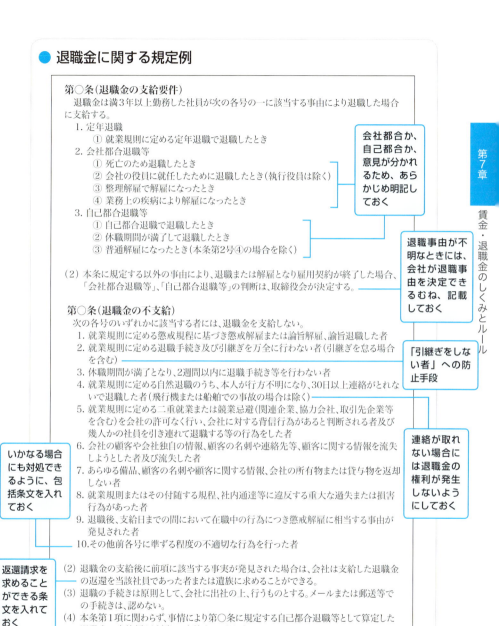

就業、競業忌避した：減額 (6) 就業規則などに反する重大な過失：減額
(7) 退職後に懲戒解雇にあたる事由が発覚した：返還

13 福利厚生・退職金・算定方法

退職金の算定方法と退職金制度

会社が求める人材像にあわせて算定方法を設定します。

退職金制度の基本的な種類

① **定額制**：勤続5年で30万円、勤続10年で100万円など、単純に勤続年数で算定するのが定額制です。業績よりも会社に長く貢献してくれたことを評価する会社が、定額制の退職金を導入しています。これらの会社は、給与や賞与には成果主義を取り入れて、退職金はあえて勤続比例である定額制を導入して全体のバランスをとる傾向があります。

② **確定拠出型（DC・中退共）**：在職中に毎月決まった金額、決まったルールで積み立て、貯まったものが将来の退職金になります。定額制に近く、勤続10年までは月5,000円、勤続10年超は月2万円、役職者の場合、部長は3万円／月、課長は2万円／月、その他は1万円／月などと積み上がっていきます。毎月の積み立て額を決めているにすぎないため、積立金不足による逆ザヤが会社に生じることもなく、能力評価の要素も取り入れられる制度です。

③ **ポイント制**：勤続年数、役職の昇進、業績評価のそれぞれに、毎年、ポイントが加算され、貯まったポイントに応じて将来の退職金が決まる制度です。退職金額は、1ポイント＝5,000円などと計算します。毎年の仕事の内容によって退職金が決まり、仮に大きなミスをして評価が低い年があっても、その年のポイントが低くなるだけで、過去にさかのぼってペナルティーを与えられるわけではありません。平等性があり、納得感のある制度です。

ONE POINT
途中で退職制度は変更できる？

退職金規定は途中で変更することも可能です。ただし、これまでの規定に基づき支払額が確定した部分については変更できません。新しい制度の導入にあたっては従業員への十分な説明が必要になります。

退職金の税制優遇

退職金には、功労報奨や老後の生活費の意味あいがあり、税金の優遇があります。定年退職の場合は「（勤続年数 − 20年）× 70万円 + 800万円」の退職所得控除になります。【例】退職金2,000万円で勤続年数が38年の場合、(38 − 20) × 70 + 800 = 2,060万円の控除額となり、所得税はかかりません。

退職年金制度の有無と種類

厚生労働省の「平成29年賃金事情等総合調査」（集計213社）によると、退職年金制度を利用している企業は201社の94.4%です。種類別にみると確定給付企業年金の「規約型」97社、「基金型」が66社、確定拠出年金の「企業型」が133社となっています。

（例）評価ポイント

評価	部長	室長	課長	チームリーダー	担当
	5	4	3	2	1
S	62	47	35	26	19
A	57	43	32	24	17
B	52	39	29	22	15
C	47	35	26	20	13
D	42	31	23	18	11

ポイント単価

勤続20年まで
8,000
勤続21年以上
10,000

● ポイント制退職金制度の例

ポイント制テーブル（A評価モデル）

年齢	勤続年数	評価ポイント	資格ポイント	各年付与退職金額	退職金額	自己都合の場合
18	0					
19	1	A	1	17	136,000	136,000	
20	2	A	1	17	136,000	272,000	
21	3	A	1	17	136,000	408,000	244,800
22	4	A	1	17	136,000	544,000	326,400
23	5	A	1	17	136,000	680,000	408,000
24	6	A	1	17	136,000	816,000	489,600
25	7	A	1	17	136,000	952,000	571,200
26	8	A	2	24	192,000	1,144,000	686,400
27	9	A	2	24	192,000	1,336,000	801,600
28	10	A	2	24	192,000	1,528,000	916,800
29	11	A	2	24	192,000	1,720,000	1,032,000
30	12	A	2	24	192,000	1,912,000	1,147,200
31	13	A	2	24	192,000	2,104,000	1,262,400
32	14	A	2	24	192,000	2,296,000	1,377,600
33	15	A	2	24	192,000	2,488,000	1,492,800
34	16	A	2	24	192,000	2,680,000	1,608,000
35	17	A	3	32	256,000	2,936,000	1,761,600
36	18	A	3	32	256,000	3,192,000	1,915,200
37	19	A	3	32	256,000	3,448,000	2,068,800
38	20	A	3	32	256,000	3,704,000	2,222,400
39	21	A	3	32	320,000	4,024,000	2,816,800
40	22	A	3	32	320,000	4,344,000	3,040,800
41	23	A	3	32	320,000	4,664,000	3,264,800
42	24	A	3	32	320,000	4,984,000	3,488,800
43	25	A	3	32	320,000	5,304,000	3,712,800
44	26	A	3	32	320,000	5,624,000	3,936,800
45	27	A	4	43	430,000	6,054,000	4,237,800
46	28	A	4	43	430,000	6,484,000	4,538,800
47	29	A	4	43	430,000	6,914,000	4,839,800
48	30	A	4	43	430,000	7,344,000	5,140,800
49	31	A	4	43	430,000	7,774,000	7,774,000
50	32	A	4	43	430,000	8,204,000	8,204,000
51	33	A	4	43	430,000	8,634,000	8,634,000
52	34	A	4	43	430,000	9,064,000	9,064,000
53	35	A	4	43	430,000	9,494,000	9,494,000
54	36	A	4	43	430,000	9,924,000	9,924,000
55	37	A	4	43	430,000	10,354,000	10,354,000
56	38	A	4	43	430,000	10,784,000	10,784,000
57	39	A	4	43	430,000	11,214,000	11,214,000
58	40	A	4	43	430,000	11,644,000	11,644,000
59	41	A	4	43	430,000	12,074,000	12,074,000
60	42	A	4	43	430,000	12,504,000	12,504,000

（1：担当　2：チームリーダー　3：課長　4：室長　5：部長）

● 退職金額比較表（部長 ～ 課長）

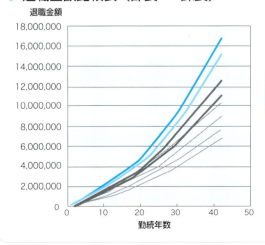

会社が負担した掛け金を、従業員が運用指示を出します。役職や評価によって差が開くしくみになっています。

14 福利厚生・退職金・積立方法

退職金の積立方法

会社の経営に負荷をかけない積立方法を選びましょう。

退職金の積立方法と選択基準

① **メリット・デメリットを確認**：従来は、退職金の支払額を約束する「確定給付型」が主流でした。ところが運用利回りの低下で逆ザヤが発生したことから、退職金の積立方法にも変化が現れています。ただし、「確定拠出年金」や「前払い」など、新しい方法もメリット・デメリットがあるので積立方法は慎重に選ばなくてはなりません。

② **確定拠出年金（DC）**：掛け金は会社が負担し、運用指示は従業員が自ら行います。会社に債務は発生しないので、「退職一時金」と組みあわせるとメリットが大きくなります。ただし、原則60歳（定年退職時）まで現金化できないので自由度が低いのと、転職先に制度がなければ積立継続できないのが留意点です。長期雇用をうたう会社の場合、DC導入は明確なメッセージとなります。

③ **中小企業退職金共済（中退共）**：中小企業を対象とした制度で、事務手数料は不要です。ただし、貯まったお金は従業員に直接支給されるので、途中で退職する場合、積立金が会社の自己都合退職金の規定以上になったり、懲戒解雇のときも同様のトラブルになる可能性があります。掛け金は月5,000円〜3万円で、従業員1人ずつ個別に選択できるので、利用する場合は少額からはじめて、頃合いを見ながら掛け金を増やしていくようにします。

④ **前払い**：毎月の給与や賞与に上乗せして支払うので、会社は後発債務を負いませんが、従業員は退職金の最大のメリットである退職所得控除の恩恵を受けられません。さらに前払いの全額が賃金と見なされ、残業代の単価は上がり、社会保険料の負担も増えます。メリットは少ないので導入には消極的な会社がほとんどです。

ONE POINT

確定拠出年金の掛け金の年単位化

確定拠出年金の掛け金は月単位でしたが、複数月分や1年分単位での拠出が可能になりました。そのため、資金に余裕のあるときにまとめて納付ができます。

会社の規模を拡大したいなら中退共は不向き

中小企業退職金共済制度（http://chutaikyo.taisyokukin.go.jp/）の加入メリットは多いですが、中小企業の要件から外れると制度から抜けなければなりません。一定の要件により確定給付金制度（DB）、確定拠出金制度（DC）などに引き継げますが、要件にあわないと従業員に払い戻すことになります。払い戻すと退職金の意味がなくなってしまうので、会社を大きくする場合は注意が必要です。

● 各種積立制度の詳細

確定拠出年金（DC）
● 給与などに応じて定率もしくは定額を付与して、従業員の責任のもとで商品を選択し、運用する制度

企業は、従業員の自己責任（運用）意識の確立をサポートしていくしくみ。

メリット
- 能力・成果主義による退職金制度の構築が可能。
- 拠出した時点で運用リスクを負うため、企業は後発債務が発生しない。
- 拠出額を全額損金算入することが可能。

デメリット
- 退職事由によって給付額に差をつけることができない。
（懲戒解雇の場合でも、受給権が付与される）
- 運営管理機関の記録関連業務手数料などのコストが必要。
- 企業が従業員に対して投資教育を行う必要があり、またコストがかかる。
- 現制度では、60歳（定年退職時）まで解約することができない。

注意
下記の場合、脱退一時金の受け取りが可能です。
❶資産額が1万5,000円以下であること。
❷最後に年金加入者の資格を喪失してから6カ月を経過していないこと。

中小企業退職金共済制度（中退共）
● 中小企業向けの社外積み立て型の退職金制度

特徴
- 厚生労働省の管轄
- 予定利回りが1％
- 従業員全員加入（原則）

メリット
- 掛金は全額損金算入ができる（掛金は月額5,000円～3万円）。
- 運用悪化に伴う追加拠出がない（確定拠出的な側面がある）。
- 国の制度なので安心感がある。事務手数料がかからない。

デメリット
- 従業員へ直接支給されてしまう。
- 1年未満で従業員が退職した場合、掛け捨てになってしまう（加入後2年未満での給付金額は掛け金納付額を下回る）。
- 加入できる企業に制限がある（下記参照）。

加入の条件

業種	資本または出資額	常時雇っている従業員数
一般の事業	3億円以下	300人以下
卸売業	1億円以下	100人以下
サービス業	5,000万円以下	100人以下
小売業・飲食店	5,000万円以下	50人以下

↳ どちらかに該当すれば可 ↲

（次頁に続く）

● 各種積立制度の詳細（続き）

前払い ● 成果に応じて、給与・賞与に上乗せする方法

メリット
- 退職給付債務による後発債務の心配をする必要がない。

デメリット
- 退職所得控除の恩恵を受けられない。
- 社会保険料負担が増える。
- 税制的にも所得税・住民税の負担が増える。
- 優秀な人材の流出の心配がある。
- 退職金の前払いだとしっかりと周知理解されていないと退職時にトラブルになることもあり得る。

● 理想的な退職金積立方法

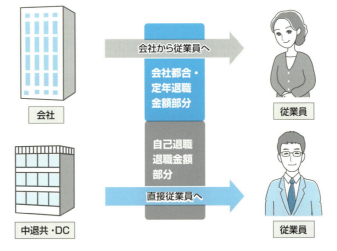

会社から従業員へ
会社都合・定年退職金額部分
会社 → 従業員

自己退職退職金額部分
直接従業員へ
中退共・DC → 従業員

- **自己都合退職金額部分**は外部積立を利用します。退職時は、直接、積立制度から従業員へ支払うことになります。
  ⇒ 事務作業の軽減にもなります。
- **会社都合・定年退職金額部分**は、自己都合退職金額を超える部分を、会社から直接従業員に支払えるようにすると理想的です。
  ⇒ 会社から支払うことで、従業員に対して感謝の気持ちを伝えられます。
  ⇒ 万が一の場合には、減額も可能となります。

コンプラチェック

賃金の男女差別
- ☐ 女性が差別的取扱いをされているような表現はないか

賃金の5原則
- ☐ 賃金を代理人に支払っていないか
- ☐ 給与控除の協定を締結しているか

最低賃金
- ☐ 毎年10月頃に、最低賃金が発表されるので自社の総点検をしているか
- ☐ 最低賃金以下の賃金で雇用したい場合に、許可を得ているか

休日手当・残業手当
- ☐ 残業の適用除外者の定義は、労働基準法第41条に合致しているか
- ☐ 控除の場合の計算方法が賃金規程に明確になっているか
- ☐ 深夜残業は管理職にも支払っているか
- ☐ 割増賃金の基礎単価に含まれる賃金を間違えていないか
- ☐ 残業時間の累計方法に間違えはないか

賞与
- ☐ 賞与の支給対象者、控除基準算定対象期間は明確か
- ☐ 賞与は「支払われないこともある」ことが明記されているか

退職金規定
- ☐ 退職金規定を作成したら規定の額を支払わなければならないことを認識しているか
- ☐ 退職金規定を作成する目的は何か明確になっているか
- ☐ 自己都合と会社都合の理由が明確になっているか
- ☐ 不支給要件を明確にのせているか

（次頁に続く）

コンプラチェック

退職金の計算方法・既得権

- [ ] 退職金計算方法が「基本給×勤続年数」で、かつ高額になっていないか
- [ ] 退職金規定を変更する場合は既得権を守っているか

積立方法

- [ ] 確定拠出年金（DC）を導入している場合、社員研修を行っているか
- [ ] 中退共を活用している場合、社員全員を加入させているか

コンプライアンスチェックシート（賃金・退職金）続き

第8章
退職・懲戒・解雇のしくみとルール

03 解雇とは？
- 解雇権濫用の禁止
- 解雇予告の具体例（除外認定を受けない場合）

04 普通解雇は合理的理由が必要
- 普通解雇に関する規定例

05 整理解雇とリストラ策
- 企業防衛型リストラ
- 整理解雇の4要件

06 重大な企業秩序違反は懲戒解雇
- 混乱しやすい普通解雇事由と懲戒解雇事由を整理しよう
- 懲戒解雇が有効となるためのチェックシート

07 懲戒とは？
- 懲戒権濫用とされないために

08 懲戒にはルールがある
- 懲戒に関する規定例
- 減給の計算例

09 懲戒処分の種類（出勤停止・停職、降格、解雇）

10 懲罰ルールは明文化する

11 会社都合退職　退職勧奨、希望退職制度によるリストラ策
- 退職勧奨を行うときのポイント

12 貢献度の高い従業員には表彰を
- 表彰制度が従業員のモチベーションアップになる

13 高年齢者雇用安定法の概要
- 「65歳までの雇用確保措置」は義務化
- 継続雇用制度と年金

コンプライアンスチェックシート（退職・懲戒・解雇）

01 退職の基礎知識と注意事項
- 退職は大きく分けて4種類

02 期間満了による退職（自然退職）
- 有期雇用契約の雇い止めの問題
- 期間雇用者の労働条件明示書（労働契約書）に記載すべき事項

01 退職・自己都合

退職の基礎知識と注意事項

自己都合による退職について理解します。

どんな理由でもまずは円満退職を目指す

① **退職は大きく分けて4種類**：退職の理由は「自己都合」「雇用期間の満了」「解雇」「合意退職」などです。退職理由によって、退職金や雇用保険の失業給付額が異なるので、退職者が納得できないとトラブルになることもあります。いずれの場合もよく話しあい、円満退社を目指します。

② **退職手続きは明確に**：いずれの理由でも、退職時にはさまざまな手続きが発生します。すべての手続きがスムーズに行えるように普段から退職フローを明確にしておきます。

③ **提出物**：退職日までに、次の書類を提出してもらいます。（1）退職届（2）社内の機密保持の誓約書（3）同業他社への競業忌避の誓約書（4）退職後の連絡先書類

④ **返却物**：退職日までに、次の物を回収します。（1）就業規則（2）社員証（3）保険証（4）貸与したパソコン・携帯電話・ICカードなど

自己都合退職

① **自己都合退職は会社のルールをつくる**：従業員が自ら退職を申し出るのが自己都合退職ですが、突然、辞められると会社運営に支障をきたします。労働基準法には自己都合退職についての定めはありませんが、民法では2週間前までに退職の申出をすればよいとされています。しかし、代替社員の手当や引き継ぎなどは2週間ではできないこともあり、多くの会社が独自ルールで対応しています。退職の申出は30日前までとするのが一般的です。

② **退職届は必ず提出してもらう**：退職のトラブルで最も

ONE POINT

「やっぱり、辞めるのやめます！」はできる？

退職届は人事の最終決裁者が承諾した時点で撤回できなくなります。いったん退職の意思を示しながらも「やっぱり辞めたくない」と撤回する人がいますが、やる気のない社員を雇用し続けるのは会社としてマイナスです。今後の事業運営に支障をきたすような従業員からの退職申出は、速やかに人事決済者の承諾印をもらうようにします。ただし、会社が撤回を認めるという判断をすれば撤回は認められます。

退職と同時に給与を要求されたら？

労働基準法第23条には、「請求があれば労働者の権利に属する金品を7日以内に支払わなければならない」というルールがあります。現在ではあまり使われませんが、退職時にこうした請求があった場合、応じないと法律違反になります。

● 退職は大きく分けて4種類

退職理由	主な該当事例
自己都合	・結婚・妊娠・出産・育児 ・健康上の理由 ・キャリアアップ・転職 ・会社への不満、不適合
雇用期間の満了	・定年退職 ・休職期間満了 ・死亡 ・期間満了
会社から 一方的申入れ （解雇）	・普通解雇 ・整理解雇 ・懲戒解雇
合意退職	・優遇退職制度（希望退職） ・退職勧奨

まずは、退職の種類をきちんと理解しておきましょう。
自己都合退職の場合には、トラブル防止のためにも「退職届」を必ず受け取るようにします。

多いのが「自分から申し出た」のか「会社から言われた」のかです。トラブル防止のためにも退職届は必ず提出してもらい、「退職を申し出た日」と「退職日」を書面に残します。

02 退職・期間満了・自然退職・雇い止め・定年・死亡

期間満了による退職（自然退職）

期間雇用者だけではなく、定年や休職期間満了による自然退職も同様の扱いになります。

正社員の自然退職による退職とは？

① **休職期間満了に伴う自然退職**：休職期間が終了しても病気やケガが治らず、復職できない場合は休職期間満了による自然退職になります。休職前に休職期間満了日がいつなのか、また復職できない場合、退職になることをきちんと従業員に説明しておきましょう。

② **定年、死亡による退職**：定年や死亡、役員に就任したときなども自然退職の扱いになります。また、「本人が行方不明になり、30日以上連絡がとれないとき」などを就業規則に入れておくのもポイントです。

有期雇用契約の雇い止め問題

① **雇い止めとは**：契約更新を繰り返して、長期雇用したあとに契約期間満了を理由に契約を終了させることをいいます。この場合、解雇権濫用となり、期間雇用満了を認めない場合があります。

② **雇い止めの判断基準**：次の6つになります。判例では、合理的な理由が問われます。短期雇用の契約は、実態に即してルールを守ることが企業に求められる時代になっています。

　(1) **業務の客観的内容**：業務内容の恒常性・臨時制、正社員との同一性の有無等
　(2) **契約上の地位の性格**：地位の基幹性・臨時性（嘱託・非常勤講師等）／正社員との同一性の有無等
　(3) **当事者の主観的態様**：継続雇用の期待の有無等
　(4) **更新の手続き・実態**：契約更新の状況、厳格性の程度
　(5) **ほかの労働者の更新状況**：同地位の者の雇止め有無等
　(6) **その他**：契約の経緯／勤続年数・年齢上限設定等

ONE POINT

東芝柳町工場裁判
（最高裁一小　昭和61年12月4日）
雇い止めのリーディング判例で、契約期間2カ月の労働契約を5～23回更新したあと、会社から契約満了を言い渡された。契約期間満了ごとに雇用契約をしておらず、長期継続雇用や正社員への登用を期待させる発言があったことから、解雇にあたるとされ、雇い止めが無効とされた。

日立メディコ裁判
（最高裁一小　昭和49年7月22日）
契約期間2カ月の労働契約を5回更新したが、不況に伴う業務上の理由で以降の契約を更新しなかった。
この場合、採用時の試験をしておらず、業務内容も簡易なもので、更新ごとに契約書を交わしていたという経緯から、契約終了が認められた。

● 有期雇用契約の雇い止めの問題

労働契約法第19条（概要）

有期労働契約であって使用者が当該申込みを拒絶することが、「客観的に合理的な理由を欠き」、「社会通念上相当であると認められないとき」は、使用者は「従前の有期労働契約の内容である労働条件と同一の労働条件で当該申込みを承諾したものとみなす」。つまり、労働契約が継続しているものとみなされます。

1　当該有期労働契約が過去に「反復して更新されたことがある」ものであって、その契約期間の満了時に当該有期労働契約を更新しないことにより当該有期労働契約を終了させることが、期間の定めのない労働契約を締結している労働者に解雇の意思表示をすることにより当該期間の定めのない労働契約を終了させること（つまり、正社員を解雇すること）と社会通念上同視できると認められること。

（参考：東芝柳町工場裁判　最高裁一小　昭和61年12月4日）

2　当該労働者において当該有期労働契約の契約期間の満了時に当該有期労働契約が「更新されるものと期待することについて合理的な理由がある」（たとえば、次も契約更新すると部長から言われていたなど）ものであると認められること。

（参考：日立メディコ裁判　最高裁一小　昭和49年7月22日）

● 期間雇用者の労働条件明示書（労働契約書）に記載すべき事項

労働条件明示書（労働契約書）における規定例

更新の有無	
	1　契約の更新の有無：イ　更新する場合があり得る　　ロ　更新しない
	2　契約の更新は、次のいずれかにより判断する
	イ　契約期間満了時の業務量　　　ロ　従事している業務の進捗状況
	ハ　従事している業務の進捗状況
	ニ　本人の能力、業務成績、勤務態度
	ホ　会社の経営状況　　　　　　　ヘ　会社の人員配置
	3　契約を更新する場合
	更新回数は4回までとする。また、更新にあたって会社が提示する労働条件は、更新前の労働条件とは異なることがある

（注記：1「契約の更新の有無」＝更新の有無、2「契約の更新は、次のいずれかにより判断する」＝更新の判断基準、3「更新回数は4回までとする」＝更新上限がある場合はその上限）

チェックポイント

● 上記規定がない場合、労働契約法第19条に抵触し、雇い止めができない可能性があります。

03 労働基準法 第18条・労働契約法 第16条・解雇・解雇予告
罰則（6カ月以下の懲役または30万円以下の罰金）

解雇とは？

解雇には厳格な法律が存在します。解雇するには、30日前の予告か解雇予告手当の支払いが必要です。

相当な理由がなければ解雇はできない

① **労働基準法でいう「解雇」とは**：会社が一方的に従業員との雇用契約を打ち切ることを「解雇」といいます。労働基準法では労働者の生活を守るために、安易な解雇を禁じており、相当の理由が求められます。

② **解雇の種類**：労基法で認められた解雇理由は、次の3つになります。
   (1) **普通解雇**：勤怠など労働契約責務不履行による解雇
   (2) **懲戒解雇**：横領や着服など企業秩序違反による解雇
   (3) **整理解雇**：工場閉鎖など経営上の理由による解雇

解雇予告と解雇予告手当

① **解雇予告のルール（労働基準法第20条、第21条）**：従業員を解雇する場合は、少なくとも30日以上前に解雇予告をしなければなりません。これが難しい場合は、平均賃金の30日分の解雇予告手当を支払う必要があります。

② **解雇予告の必要ない人**：次の人は解雇予告の適用から除外されています。
   (1) 日々雇い入れる人（1カ月以内）
   (2) 2カ月以内の期間契約の人
   (3) 季節的業務で4カ月以内の期間契約の人
   (4) 雇い入れから14日以内の人

③ **解雇できない期間（労働基準法第19条）**：次の期間は、たとえ懲戒解雇にあたるような人でも解雇制限がかかるので、注意してください。
   (1) 産前6週間・産後8週間とその後30日間
   (2) 業務上の病気やケガで休業している期間とその後30日間

ONE POINT

こんな場合、解雇予告は必要ない

天災、そのほかやむを得ない事情で、事業の継続ができなくなった場合に労働基準監督署で「解雇予告除外認定」を受けると、解雇予告なしに従業員を解雇できます。また、従業員に重大な過失が認められる懲戒解雇でも、除外認定を受ければ解雇予告は必要ないとされています。

解雇すると助成金にも影響がある

高齢者や障害者などを雇用すると、国から「特定求職者雇用開発助成金」をもらえますが、従業員を解雇すると助成金を受け取れなくなります。従業員の解雇は助成金にも影響するので、慎重に行うようにします。

● 解雇権濫用の禁止

労働契約法第16条　解雇は、客観的に合理的な理由を欠き、社会通念上相当であると認められない場合は、その権利を濫用したものとして、無効とする。

合理的な理由 → ❶ 就業規則　❷ 労働契約　❸ 解雇時　に明示

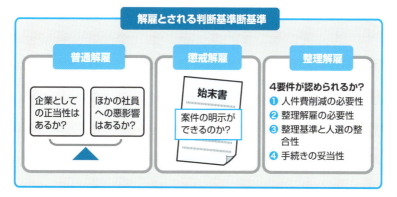

● 解雇予告の具体例（除外認定を受けない場合）

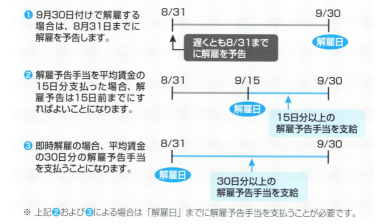

※ 上記❷および❸による場合は「解雇日」までに解雇予告手当を支払うことが必要です。

04 退職・解雇・普通解雇

普通解雇は合理的理由が必要

単なる能力不足や勤怠では解雇はできません。解雇せざるを得ないそれ相応の理由が必要です。

相当な理由がなければ普通解雇はできない

① **普通解雇は就業規則に解雇事由を定める**：普通解雇は、就業規則で定めた理由によって職を解かれるものです。解雇に値するほどの相当性、客観的で合理的な理由があるかどうかが問われます。主に従業員側の業務不履行に関する項目が就業規則には記載されます。

② **普通解雇の事由**：次の4つが普通解雇の主な事由ですが、その状態が著しいなど、相当の理由がないと認められません。前頁で解説した3つの解雇の中で、一番難しいとされています。
 (1) 職務遂行の能力不足
 (2) 勤怠（勤務態度が悪い、遅刻、欠勤が多い）
 (3) 身体的・精神的に働ける健康状態ではない
 (4) 協調性の欠如

会社の努力が大きく問われる普通解雇

① **普通解雇で裁判になったときの争点**：解雇無効を訴えた裁判になった場合、次のようなことを客観的に証明しなければいけません。
 (1) 同年齢、同じ職務を担当している人との比較
 (2) 会社は教育指導したのか
 (3) 配置転換を検討したのか
 (4) 日報、週報などで本人の努力を上司が確認したか

② **普通解雇は極力避けてほかの解決策を探る**：従業員にとって、解雇は生活の基盤を失う重大な出来事です。解雇を避ける会社の努力も問われ、上記の項目が争点になりますが、証明は難しいのが現実です。普通解雇はでき

ONE POINT

セガ・エンタープライゼス裁判
（東京地裁 平成11年10月15日）

能力不足で普通解雇に至ったケース。顧客からの苦情や上司からの叱責が多く、勤務査定も低い従業員を、特定業務のない部署に配置し退職勧奨を行ったものの、応じなかったために普通解雇にした。
この判例では、能力が平均的水準に達していないだけでは解雇事由には不十分で、配置転換や教育の努力が足りないとされて会社側が敗訴しました。

岡田運送裁判
（東京高裁 平成27年4月16日）

脳梗塞を発症した従業員を運転手として雇用し続けることはできないとの考えに基づき、退職勧奨を行い、解雇通告をしたケース。病気により就労不能との医師の診断があったことから、仮に休職期間を経過したとしても復職はできない状態であったため、休職までの欠勤期間を待たず、かつ、休職を命じなかったからといって、解雇権の濫用にはあたらないとされた。

● 普通解雇に関する規定例

社員が、次の各号の一に該当する場合は、普通解雇として取り扱い、解雇する。
1. 勤務成績または業務遂行能力が著しく不良で、向上の見込みがなく、社員として不適格と認められるとき
2. 勤務状況が著しく悪く、または職務に甚だしく怠慢なとき
3. 特定の地位、職種または一定の能力を条件として雇い入れたもので、その能力および適格性が欠けると認められるとき
4. 採用時における誓約に反する行為があったとき
5. 組織不適応、非能率、労働意欲の欠如等、全社業務の円滑な遂行に支障をきたし、将来とも社員としての責務を果たし得ないと認めたとき
6. 規律違反、職務怠慢、協調性を欠く等の理由で制裁を受けたのちも、改善あるいは改悛のあとが見られないとき
7. 業務上の負傷または疾病による療養の開始後3年を経過しても当該負傷または疾病が治らない場合であって、社員が傷病補償年金を受けているときまたは受けることになったとき(会社が打ち切り補償を支払ったときを含む)
8. 精神または身体の障害により、雇用の継続に配慮しても業務に堪えられないと認められるとき
9. 健康診断によって労務不能と認められたとき
10. 試用期間中に社員として不適格であると認められたとき
11. その他前各号に掲げたほか、これに準ずるやむを得ない事情があった場合で会社が必要と認めたとき

第8章 退職・懲戒・解雇のしくみとルール

普通解雇は労使ともに重いものとなります。
そうならないためにも、十分な話しあいを重ねる努力をしましょう。

るだけ避け、話しあいによる合意退職の方法を探るようにします。

05 退職・解雇・整理解雇

整理解雇とリストラ策

整理解雇は雇用調整の最終手段です。そのほかの方法がないか考えてみましょう。

ONE POINT
東洋酸素裁判
（東京高裁 昭和54年10月29日）
市状の悪化および業界一般と比べて生産性が極端に低く赤字に転じたことから、特定部門の全従業員を整理解雇したケース。会社は部門の閉鎖に伴い、全社的な配置転換や希望退職者の募集をせずに整理解雇を行いました。当該部門以外でも数十名におよぶ過員が生じ他部門への配置転換の余地もなく、また引き抜きの誘発や希望退職の募集を行って会社が必要とする熟練従業員を失うことを恐れたこと、整理解雇を公表したところ求人申入れが殺到した当時の再就職事情に鑑み整理解雇が有効とされました。

一時帰休
急激に生産量が落ちた場合などに、一時的に従業員に交代で休暇を取らせて雇用調整を図る方法です。この場合、休業期間中は平均賃金の6割以上の休業手当を支払うことになります。報酬は減っても、雇用を守ることができます。

支店の廃止で整理解雇はできるか？
単に支店がなくなるという理由での整理解雇は無効です。配置転換などの努力が必要となります。

雇用調整は経営手法の1つになっている

① **雇用調整とは？**：景気変動やそのほかの要因によって、過剰になった労働力を現状の生産体制にあわせて適正化するのが雇用調整です。

② **雇用調整の方法は？**：雇用調整には、時間外労働の規制、新規採用の停止などがあります。ときには従業員と協議し、同意を得たうえで給料カットも企業防衛には必要になります。非常に厳しい決定ですが、整理解雇も雇用調整のひとつの手段です。

整理解雇が認められるのはどんなとき？

① **整理解雇とは？**：経営悪化や事業の再編などで、人員整理しなければ事業継続できない場合に行う、雇用調整の最終手段です。単に業績悪化といった理由では認められず、解雇無効になることもあります。下記②の要件を満たさないと認められないので十分に注意を払いましょう。

② **整理解雇の4要件**：次の4つになります。
  (1) **人件費削減の必要性**：会社の存続が危ぶまれるほど経営が悪化している状況にあるか
  (2) **解雇回避努力義務の履行**：経費削減努力（役員報酬カット、資産の売却）、新規採用の中止、昇給賞与の中止、一時帰休、非正規社員の契約更新をしない、希望退職者の募集などを行っても耐えられない状況にあるか
  (3) **整理基準と人選の整合性**：雇用形態、能力（勤怠）、生活への影響度などを勘案して合理的であるか
  (4) **手続きの妥当性**：労働組合や従業員に納得してもらえるように、誠意を持って説明し、協議したかどうか

● 企業防衛型リストラ

雇用調整　企業が、景気の変動や事業活動の増減によって生ずる、労働力の需要変化に対処する経営手法の1つ。希望退職などは従業員との信頼関係を弱めてしまうため、慎重に導入決定をしていかなくてはなりません。

雇用調整策
1. 時間外労働の規制
2. 派遣非正社員の雇止め
3. 新規採用停止
4. ワークシェアリング
5. 配置転換・出向
6. 給与カット
7. 一時休業（一時帰休）
8. 雇用調整助成金の活用
9. レイ・オフ
10. 希望退職者募集
11. 内定取消
12. 解雇

従業員の負担が重くなるため慎重に

労働時間　休日休暇　賃金
待遇低下

目的は雇用保護であり、一時的な調整手段であることを伝えないと…

従業員と…
紛争
不利益変更

● 整理解雇の4要件

整理解雇の目的　事業の継続が思わしくないことを理由に、再建策（リストラ）を行い、人員整理をすることで事業の維持継続を図ること。

就業規則　**整理解雇に関する規定例**

事業の運営上のやむを得ない事情、または天災事変その他これに準ずるやむを得ない事情により、事業の縮小・転換または部門の閉鎖等を行う必要が生じ、ほかの職務に転換させることが困難なときに、整理解雇として取り扱い、解雇する。

❶ 人員整理の必要性	余剰人員の整理解雇を行うには、削減をしなければ経営を維持できない必要性が認められなければなりません。
❷ 解雇回避努力義務の履行	期間の定めのない雇用契約においては、人員整理（解雇）は最終選択手段となるので、できるかぎりの解雇回避努力をしなくてはなりません。
❸ 被解雇者選定の合理性	解雇するための人選基準が合理的で、具体的人選も合理的かつ公平でなければなりません。
❹ 手続きの妥当性	整理解雇については、手続きの妥当性が非常に重視されます。

06 退職・解雇・懲戒解雇・諭旨解雇

重大な企業秩序違反は懲戒解雇

懲戒処分の一種で最も重いものです。退職金の没収、減額も視野に入れて対応します。

懲戒解雇はルールにのっとり、濫用しない

① **懲戒解雇にあたる事例**：横領、内部告発などの重大な企業秩序違反、飲酒運転や窃盗などの反社会的行為を行った場合は懲戒解雇にあたります。懲戒の中で一番重い処分になります。

② **懲戒処分にもルールがある**：従業員側に問題があっても懲戒解雇権濫用は許されません。懲戒処分には次のようなルールがあります（224頁参照）。
（1）懲戒処分の理由を就業規則に明記しておく
（2）適用は賞罰の対象になる事由を起こしたとき
（3）同一事案に2つ以上の懲罰を与えてはいけない
（4）従業員に対して平等に懲罰を与える
（5）懲罰の内容には社会的妥当性、相当性が求められる

③ **弁明の機会を設ける**：懲戒解雇をするときは、従業員に弁明の機会を設け、役員会や懲罰委員会などで適正に審査をします。この手順を踏まないと懲戒解雇権濫用とみなされてしまいます。

④ **懲戒解雇のときの退職金はどうなる？**：懲戒解雇の退職金は不支給と定めている会社がほとんどです。しかし、長年の功績をすべて否定するのは難しく、その事案の度合いを見極める必要があります。実際には全額没収は難しく、一部支給のケースが多くなります。

⑤ **できれば諭旨退職に抑える**：本人に深い反省の態度が認められた場合は、退職届の提出を勧告します。提出しない場合は懲戒解雇とします。

ONE POINT

懲戒処罰にはどんなものがある？

懲戒処分には、社内規律違反の内容によって「けん責」→「減給」→「出勤停止」→「諭旨退職」→「懲戒解雇」の順に重くなります。懲戒解雇を受けるのは相当な事案になります。

懲戒に時効はあるか？

社内規律を乱す行為が懲戒に相当する場合でも、何年も前のことを持ち出して腹いせのように処分することは認められません。8年前に上司に暴力を振るったことで懲戒を言い渡されたケースでは、無効とされました。懲戒処分をする場合は、対象となる行為があったらすぐに審議にかける必要があります。

二重処分禁止の考え方

私的制裁規範である懲戒処分にも一事不再理の法理が適用されると考えられ、1つの違反行為に対して懲戒処分がとられたあとに、再び当該違反行為に対して別の懲戒処分をとることはできません。ただし「けん責処分の上減給処分とする」というように、2つの処分を併科することは二重処分にはあたりません（複数の懲戒処分を併科する場合は、その旨を就業規則に定めておく必要があります）。

● 混乱しやすい普通解雇事由と懲戒解雇事由を整理しよう

	普通解雇	懲戒解雇
性質	契約の解約申し入れ 民法627条1項	企業秩序を乱すものに対して使用者が与える制裁罰、使用者の懲戒権の行使
事由	傷病による労務提供不能 職務遂行能力の欠如 協調性・適格性の欠如 職務態度・服務規律違反行為	経歴詐称 業務懈怠 業務命令違反 業務妨害 服務規律違反 金品の着服、横領、窃盗等忠実義務違反 職場のおける暴力 職場外の非違行為

● 懲戒解雇が有効となるためのチェックシート

☐ 懲戒事由および懲戒の種類・内容が就業規則に記載され、従業員に周知されているか

☐ その就業規則に定められている懲戒規定の内容が合理的であること
例）遅刻1回で懲戒解雇…合理的ではありません

☐ その就業規則に定められているような事実（懲戒事由）があったこと
注意）事実確認はしっかりと！

☐ その他の要件（不遡及の原則、一事不再理の原則、平等取り扱いの原則、相当性の原則、適正手続きなど）を備えていること
※ 懲罰ルール（227頁）参照

これらのどれかが欠けている懲戒解雇は、懲戒権濫用として無効となる場合があります。

また、懲戒解雇も解雇の一種ですから当然、労働基準法第19条の解雇制限が適用されます。
※ 解雇とは？（214頁）参照

07 労働基準法 第91条・懲戒・懲戒処分 罰則（30万円以下の罰金）

懲戒とは？

企業・組織秩序を乱す従業員を処罰し、組織体制の見直しと成長を目指すのが懲戒の目的です。

ONE POINT

懲戒処分と損害賠償の違い

懲戒処分は企業秩序違反への制裁、損害賠償請求は実害に対する過失割合を負担させる請求行為です。この両方を会社は従業員に対して求められますが、意味あいはまったく違うので混同しないようにしましょう。

タイムカードを同僚に押してもらうのは？

会社は従業員の労務提供に対して賃金を支払います。タイムカードの打刻を他人に頼んで、働いていない間の給与を会社に払わせるのは横領にあたり、懲戒解雇にも相当する厳罰です。軽い気持ちで行ったことが、重責につながるので、社員全体に周知徹底をしておきます。

トナミ運輸裁判
（地裁 平成17年2月23日）
会社が同業者との間でヤミカルテルをしていることを内部告発した従業員に対して、人事権の裁量を逸脱して異動や昇格を停止したことについて、損害賠償する義務があると判断したケース。人事権の行使については、合理的な目的の範囲内で法令や公序良俗に反しない限度で行使されるべきです。

懲戒を行う目的

① **懲戒とは**：ある特定の従業員が秩序を乱すことで、誠実に働くほかの従業員の士気が落ちるのは会社にとってマイナスです。ルール違反するものに対して、会社が罰則を与えて、同じことを繰り返さないように指導するために行う行為が懲戒です。不誠実な行為が限度を超えている場合は、懲戒解雇も可能です。

② **懲戒の理由**：懲戒処分の対象になる服務規律違反は次のようなものがあります。
（1）職務怠慢（2）経歴詐称（3）業務命令違反（4）横領（5）服務規律違反（6）兼業・二重就業（7）職務上の非違行為（8）社外で秩序を乱す行為を行い会社の社会的評価を毀損（9）会社批判など

③ **懲戒の種類**：処分方法は事案によって段階があります。最も軽いのが戒告・けん責で、減給、出勤停止・停職、降格、諭旨退職、懲戒解雇の順に重くなります。

懲戒処分に罰金規定をつくってよいか？

① **事前の損害賠償の定めは無効**：労働基準法第16条では、事前に損害賠償を予定することを禁止しています。「車両事故1回につき、罰金3万円」のように、罰金の規定を就業規則に載せるのは違法になります。

② **従業員に損害賠償請求はできるか？**：事前の罰金規定は無効ですが、会社が被った実損害額に対して、その一部を損害賠償請求することはできます。ただし、損害額のすべてを従業員に負担させることはできません。車両事故に対しては、社員への安全運転教育、過労への配慮を行っているかなど、会社の責任も問われます。

● 懲戒権濫用とされないために

労働契約法第15条
使用者が労働者を懲戒することができる場合において、当該懲戒が、客観的に合理的な理由を欠き、社会通念上相当であると認められない場合は、その権利を濫用したものとして、当該懲戒は、無効とする。

参考 ダイハツ工業裁判・昭和58年

※ 外部的なことではなく内部的な秩序を守るために設けられた内部統制のひとつ。

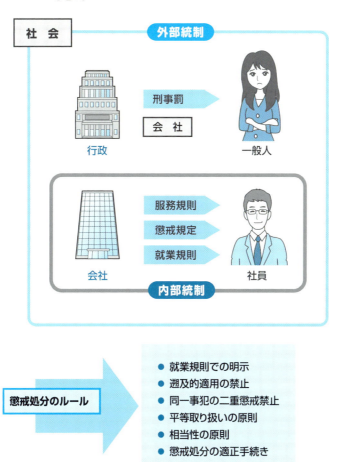

懲戒処分のルール
- 就業規則での明示
- 遡及的適用の禁止
- 同一事犯の二重懲戒禁止
- 平等取り扱いの原則
- 相当性の原則
- 懲戒処分の適正手続き

08 労働基準法 第91条・懲戒・懲戒処分
罰則（30万円以下の罰金）

懲戒にはルールがある

懲戒処分はルールを守って適正に対応しないと、懲戒権濫用とみなされます。

戒告・けん責

① **始末書を処分の判断材料にする**：戒告・けん責では、始末書を提出させて、なぜそうなったかの経緯、本人の反省の意思を確認します。始末書は再発防止策や人材教育策など、会社の対応を検討する判断材料になります。問題の多い社員を解雇する際にも重要な証拠となるので、問題行為があった場合は必ず始末書をとって保管します。

② **始末書を出さない従業員は？**：始末書の提出を求めてもなかなか出さない従業員もいますが、うやむやにしないで再度提出を求めます。それでも抵抗する場合は、その経緯を人事履歴に記録し、顛末書の提出を求めます。

②-2 **顛末書とは？**：顛末書は、なぜそうなったかの経緯を説明し、事実関係を明らかにするものです。始末書は懲罰ですが、顛末書は業務命令なので懲戒の二重処分にはなりません。

減給のルール

① **1日の平均賃金の半額まで**：減給額の上限は1日の平均賃金の半額までと決められています。制裁される事案が10回あれば減給を10回行うことになりますが、賃金が大幅に減ると従業員の生活に不安が生じます。そのため、1ヵ月の減給額は総賃金の10％までと決められています。控除しきれなかった金額は翌月以降に持ち越しになります。

② **減給額は損害額にかかわらず一律**：損害の大きさに比例して減給額を増やすことはできません。たとえ会社への損害額がどんなに大きくても減給のルールは変わらず、1日の平均賃金の半額までです。

ONE POINT
懲戒の連帯責任
懲戒には連帯責任もあります。次の項目を就業規則に載せておきましょう。
❶ 部下の不祥事で管理監督者が職務上の責任を果たしていないと判断される場合は、連帯責任として懲戒処分することがある
❷ 他人を示唆、扇動して懲戒処分に該当する行為をさせ、それを助けたり、隠ぺいしたりしたときは、連帯責任として本人に準じる懲戒条項を適用する

遅刻・無断欠勤の場合
懲戒の二重処分は禁止されています。ただし、遅刻・無断欠勤の場合は労務の提供を受けていないので、ノーワークノーペイに加えて、懲戒としての減給の2つの処分を行うことが可能です。

● 懲戒に関する規定例

1. **戒告** 口頭をもって将来を戒める。
2. **けん責** 始末書を出させ、将来を戒める。
3. **減給** 始末書を出させるほか、給与の一部を減額する。ただし、減給額は1回について平均給与1日分の2分の1、総額において1カ月の給与総額の10分の1を超えないものとする。
4. **出勤停止** 始末書を出させるほか、7日間を限度として出勤を停止し、その間の給与は支給しない。
5. **降格** 始末書を出させるほか、降格させる。
6. **諭旨退職** 懲戒解雇相当の事由がある場合で本人に反省が認められるときは、退職願を提出するよう勧告し諭旨退職とする。ただし、これに応じない場合は懲戒解雇とする。また、勧告をした日から3日以内に退職願の提出がない場合は懲戒解雇とする。
7. **懲戒解雇** 予告期間を設けることなく即時解雇する。その場合、労働基準監督署長の解雇予告除外認定を受けたときは、解雇予告手当を支給しない。

   (2) 社員が本規則第89条から第90条の各号に該当するような懲戒事由に該当する場合でも、行為の態様、その他の情状を酌量し、対応する懲戒よりも軽い処分をすることがある。

   (3) 前条において、特にその違反行為を繰り返して行った場合には、対応する懲戒よりも重い処分を科すことがある。

   (4) 懲戒解雇の場合には、原則として退職金を支給しない。ただし、諭旨退職の場合は情状によっては減額のうえ支給することがある。

> 期間が長いと無効となる可能性もある
> 下記参照
> 不支給要件は明確に
> その有効性を厳格に判断される

● 減給の計算例

（例）月給が20万円で1日平均賃金が1万円の従業員に、減給の懲戒処分をする場合

（日給）1万円 → **（1日の平均賃金の半額）6,521円** → **1事案につき3,260円まで控除できます**

前3カ月間の賃金総額　60万
前3カ月間の総労働日数　92日
60万 ÷ 92日 = 6,521円
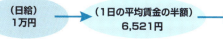
平均賃金

$6,521円 \times \dfrac{1}{2}$

制裁される事案が10回ある：3,260円 × 10事案 = **3万2,600円控除**

> 1カ月の減給額は総賃金の10％（20万円 × 10% = 2万円）までなので、今月の給与から2万円、翌月の給与から1万2,600円控除することになります。

09 労働契約法 第15条・懲戒・懲戒権濫用・諭旨解雇

懲戒処分の種類
（出勤停止・停職、降格、解雇）

重い懲戒処分ほど慎重に対応するようにします。

出勤停止・停職、降格を行うときの注意

① **出勤停止・停職**：ノーワークノーペイの原則にしたがい、出勤停止期間は給与の支払いはありません。ただし、何カ月も処分を続けるのは公序良俗に反するので、期間は概ね7日間が一般的です。給与、社内の影響の両面において、減給より重たい処分です。ただし、従業員に休まれると業務に支障をきたすこともあるので、現実的にはあまり運用されていない側面もあります。

② **降格**：降格により、責任や仕事の内容が変わり、その業務、役職に準じて給与も減額する懲罰です。役職名が変わっただけで、それまでと同じポジションで同じ仕事をしている場合は、同一職務で給与のみ減額されることになるので違法になります。さらに、懲戒処分としての降格に相当する事案か否かが問われます。人事権を行使した降格であれば、誰にいかなる役職を与えるかは会社の裁量が大きく、合理性は比較的緩やかに判断されます。

懲戒で一番重い懲戒解雇

① **懲戒解雇は慎重に**：懲戒処分の中でいちばん罰が重いのが懲戒解雇です。解雇は、会社からの一方的な労働契約の解除で、懲罰の意味を持つ懲戒解雇は退職金を受け取る権利も剥奪します。懲戒解雇を受けると再就職がしにくくなり、社会的な制裁にもつながります。従業員のその後の人生を左右するので、慎重を期して決定します。

② **懲戒解雇と諭旨退職の違い**：諭旨退職は、服務規則違反したことを従業員本人が反省し、自ら退職を希望した場合、情状酌量により、その罰を軽くし、退職金についても一部を支払うという考え方が一般的です。

ONE POINT
懲戒解雇でも失業保険はもらえるか？
懲戒解雇でも失業給付は受給できますが、本人の重責によって解雇されたので、離職理由は自己都合退職になります。3カ月の給付制限があり、受給日数も自己都合退職として扱われます。

日本ヒューレット・パッカード裁判（最高裁 平成24年4月27日）
精神的な不調を理由に欠勤した労働者に対し、健康診断等を実施せずに、正当な理由なく無断欠勤したこととして取り扱い、諭旨退職処分としたことを無効としたケース。精神的な不調が解消されないかぎり出勤しないことが予想されたため、精神科医による健康診断を実施したうえでその診断結果等に応じて必要な治療を勧め休職等の処分を検討し、その後の経過を見るなどの対応が求められました。

10 労働契約法 第15条・懲戒・懲戒権濫用

懲罰ルールは明文化する

懲戒処分の手続きは厳格に運用し、明確なルールをつくります。

懲戒権濫用と見なされると処分は無効になる

① **懲戒の理由を就業規則に明文化する**：懲戒処分を行うには、事前に懲戒の対象となる行為と処分の種類を就業規則に明記しておく必要があります。根拠もなくいきなり懲罰を与えると、懲戒権の濫用と見なされて処分は無効になります。

② **懲戒事由と処分内容のバランス**：就業規則に定めた懲戒事由に該当する行為でも、与える処分とのバランスが取れていないものは無効です。たとえば、たった1回の遅刻によって、いきなり減給や出勤停止といった重い罰を与えるのは懲戒権の濫用になります。

③ **懲戒処分は段階的に**：軽い事案には軽い罰、重い事案には重い罰が、懲戒処分の原則です。

懲戒処分の手続きの注意点

① **二重処分の禁止**：1つの違反行為に対して2つの処分を与えることは、「二重処分の禁止」として認められていません。たとえば「始末書を出さないことを理由にさらに減給にする」などは、処分を重ねることになるので無効になります。ただし、過去に懲戒処分を受けながら、同じような懲戒事由を繰り返した従業員に、以前よりも重い処分を行うことは制限されていません。

② **手続きの合理性**：懲戒処分は、上司の独断などで簡単に決めていいものではありません。次の手順にしたがって、厳格なルールに基づいて運用しましょう。
（1）懲罰委員会（役員会）での審議
（2）本人にも弁明の機会を設け、事実関係を確認する
（3）最終的判断は上記の2つを総合的に勘案して決定する。

ONE POINT

処分決定まで自宅待機させるときは？
横領などを起こした従業員の証拠隠滅を防ぐために、出社することが望ましくない場合、調査期間中として会社を休ませることができます。この間は会社都合の休業となるので、平均賃金の60％以上の休業手当を支払うことになります。

懲戒処分の発令前には組合に事前通告
従業員を懲戒処分するときは、労働組合に事前通告しなければならないという労働協約が多くあります。処分の決定前には組合と協議をし、妥当性などを話しあったうえで通告します。

懲戒は社内公示する？
懲戒処分を受けた社員を掲示板で公示したり、広報に載せる目的は次の2点ですが、必ずしも公示しなければならないわけではなく、社風にもよるので、従業員に与える影響を検討して対応を考えます。
❶規律違反を全社的に知らせて再発防止を促す
❷本人に反省を促す

第8章　退職・懲戒・解雇のしくみとルール

11 退職・退職勧奨・会社都合

会社都合退職
退職勧奨、希望退職制度によるリストラ策

退職の強要は違法です！　誠意を尽くし円満な合意退職を目指します。

希望退職制度

① **希望退職制度とは？**：雇用調整を図るために、会社が退職の条件を提示して、従業員自らの意志で退職してもらう制度です。

② **希望者の募集**：募集期間、対象者、募集人数、退職の条件などを公表し、退職希望者を募集します。退職の条件は、退職金の上乗せ、有給休暇の買い取り、引継ぎ期間、再就職支援制度など、自己都合退職よりも良い条件を提示します。

③ **注意点**：希望退職制度には労基法の規定がないので、退職条件などは会社の自由裁量です。ただし、納得感ある条件でなければ応募者は集まりません。従業員の信頼を損ねないよう募集の理由を明確にし、公平に運用します。退職者の選定には必ず個別面談をし、個人のキャリア形成や希望を聞き、今後の生活への配慮も忘れないようにします。

退職勧奨

① **退職勧奨とは？**：希望退職制度と異なるのは、会社が従業員に退職を促し、合意のうえで辞めてもらうということ。一般的には退職条件などは希望退職制度と同様で、自己都合退職よりも好条件になります。

② **退職の強要は違法行為**：従業員に退職勧奨にしたがう義務はなく、受け入れるかどうかは従業員次第です。「退職の強要・脅迫」「複数回にわたって執拗な勧奨」は違法行為とされ、損害賠償請求の対象になります。これまで会社のために働いてくれた従業員だということを念頭にお

ONE POINT
退職条件は合意書に記載して、丁寧に説明する

退職条件を従業員が間違って認識していたり、会社側の説明に不手際があると、不信感を募らせあとでトラブルになることがあります。退職条件は再度列挙して、お互いに確認して内容を理解したうえで退職に合意したことを書面に残しておきます。

会社の指定した退職日以前に辞めてしまったら？

希望退職や退職勧奨では、「どうせ辞めるならすぐに辞める」と指定の退職日以前に辞めてしまう従業員がいます。この場合、自己都合退職となってしまいます。退職金の上乗せなどの条件を得られるのは、引き継ぎ期間や退職日などを守ったうえでのことになります。この点は従業員の不利益になるので、きちんと説明するようにします。

● 退職勧奨を行うときのポイント

退職勧奨の実施

退職勧奨とは、**労働者の退職の意思表示・申し込みを誘引する事実行為**であり、退職を強要するものではないため、**使用者は自由に実施する**ことができます。

退職勧奨を実施するときの注意点

- 退職勧奨を行う前に、希望退職の募集を行うのが基本
- 退職上乗金を提示する
- 退職勧奨の具体的な方法
  1. 就業時間中に社内で
  2. 上司1人か2人が必ず同席して
  3. 従業員の自由な意思を聞きながら
  4. 2～3回行う

退職勧奨の際に行ってはいけないこと

- 退職勧奨の手段・方法が社会的相当性を著しく逸脱するような行為
- 退職の強要や脅迫、暴行、長時間の監禁、名誉毀損行為などの行為
- 執拗に退職を迫る行為
- 業務命令による退職勧奨を行う行為
- 近親者などを介して退職勧奨を行う行為
- ほかの労働組合またはほかの従業員の対応

⇒ 不法行為として損害賠償請求の対象となり、慰謝料を請求されることがあります。

希望（応募）退職において会社承認は可能か？

- 会社が承認したもののみ、上乗せ退職金などの処遇を受けて退職する制度にすることは可能です。
  しかし、退職の意思を表示してから認められないと、その後、社内で希望者が不利益を被る可能性があるため、応募自体を抑制してしまうこともあります。

き、誠意を持って対応しましょう。

12 表彰・モチベーションアップ策

貢献度の高い従業員には表彰を

オリジナルの表彰制度が従業員のモチベーションをアップします。

懲戒があるなら良い行いには会社をあげて表彰も

① **表彰制度とは**：会社への貢献度が高い従業員、社会的評価を受けた従業員を称え、感謝の気持ちを伝えるためのものです。法的なものではなく、会社に運用が任されています。

② **表彰の対象**：次の5つを対象とするのが一般的です。ほかに独自のものをつくってもかまいません。
  (1) 誠実に業務を遂行し、業務能率がほかの従業員よりも著しくすぐれている
  (2) 人格や技能がほかの従業員の模範になる
  (3) 社会的功績によって会社の信用や名誉を高めた
  (4) 事故や災害を未然に防ぎ、または事故や災害時に著しい功績をあげた
  (5) 業務上、有益な発明、工夫、考案をした

③ **表彰の方法**：次の4つが一般的です。ほかにも独自のものをつくってもかまいません。
  (1) 賞状の授与 (2) 商品または賞金の授与 (3) 褒賞休暇 (4) 特別昇給

表彰制度で社員のモチベーションをアップ

① **独自の制度をつくる**：表彰は独自に運用できる部分です。よくあるのは、業績アップに貢献した従業員への「功労賞」、長年勤めた社員への「永年勤続賞」などです。自分の業績を賞賛してもらい、従業員みんなから拍手をもらうことはモチベーションアップにつながります。自社ならではのユニークな制度を導入してみましょう。

② **ユニークな表彰制度**：(1) **月間GPS**：G（がんばった）、P（パーソン）、S（賞）の略で会社全体によい影響を与える仕事を評価する (2) **社長賞**：業績アップに貢献した従業員を、社長自らが表彰し、金一封を授与する

ONE POINT

エストコーポレーションの「エストクエスト制度」
部門ごとにクエスト（任務）を掲示し、従業員が自らの意志で取り組み、目標を達成すれば、あらかじめ提示された報酬（現金換算も可能なポイント）を得られるしくみ。部下が仕事を自ら取りにいく主体的な姿勢を評価すること、またクエストを設定する部長のマネジメント能力の向上を期待する制度です。

永年勤続賞はリフレッシュ休暇とセットで
永年勤続賞は、長期間にわたって勤務態度が良好な社員の労をねぎらうもの。
新鮮な気持ちでモチベーション高く働いてもらうことを期待して、リフレッシュ休暇とセットで付与するのが一般的です。たとえば、勤続5年で連続休暇5日、勤続10年で連続休暇7日などです。

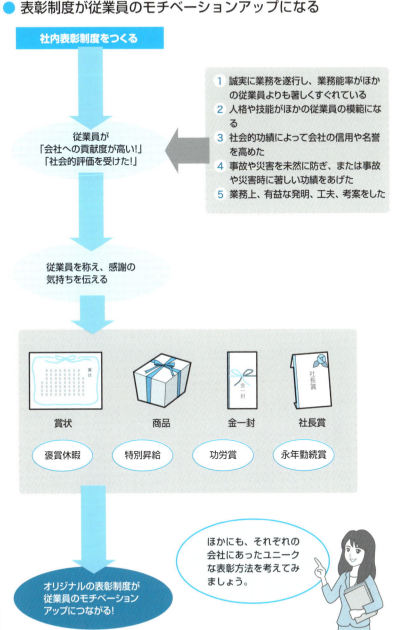

13 高年齢者雇用安定法 第9条・罰則なし
平成25年改正（企業名公表）

高年齢者雇用安定法の概要

平成25年4月1日に施行された改正の特徴は4つあります。

高年齢者雇用安定法の改正概要

① **継続雇用制度の対象者を限定できるしくみの廃止**：年金支給年齢が引き上げられたことにより、従来使用していた「再雇用するかどうかの基準」が廃止となりました。現在は次のいずれかの措置の実施が義務づけられています。(1) 定年の引き上げ (2) 継続雇用制度の導入 (3) 定年の定めの廃止（なお継続雇用制度においては、平成25年3月31日までに労使協定を締結した場合にかぎり、年金がもらえる年齢になったときの再雇用基準を設定することが可能となっていました）

② **継続雇用制度の対象者が雇用される企業の拡大**：一定の要件を満たす子会社と関連会社は、継続雇用制度の対象者の雇用先とすることが可能です。

③ **義務違反の企業に対する公表規定の導入**：雇用確保措置を講じていない企業で、かつ勧告に従わない企業は、企業名を公表される可能性があります。

④ **高年齢者等職業安定対策基本方針の見直し**：雇用機会の増大の目標対象となる高年齢者が65歳以上まで拡大されています。

継続雇用制度の対象者

① **希望者全員が対象**：継続雇用制度を導入する場合、対象者は希望者全員とする必要があります。ただし、継続雇用しない事由として、解雇事由または退職事由と同一の事由を、解雇や退職の規定とは別に、就業規則に定めることが可能です。

② **継続雇用制度の経過措置**：平成25年3月31日までに労使協定を締結した場合は、右図の基準適用年齢まで継続雇用し、以降は労使協定で定めた再雇用基準を適用することが可能です。

ONE POINT
継続雇用後の労働条件が合意できない場合は？
継続雇用制度を導入している場合において、本人と事業主の間で、継続雇用後の賃金と労働時間などの条件が合意できず、結果として継続雇用を拒否せざるを得ない場合もあるかと思います。高年齢者雇用安定法にて義務づけられているのは、継続雇用制度の導入であって、定年退職者の希望に合致した労働条件での雇用ではないため、合理的な裁量の範囲で条件を提示しているのであれば、法律違反となるものではありません。

●「65歳までの雇用確保措置」は義務化

改正高年齢者雇用安定法による義務化

65歳未満の定年を設定している企業は、改正高年齢者雇用安定法により、必ず次の3つのいずれかの方法で、65歳まで雇用延長しなければならなくなります。

❶ 定年の廃止 定年制度を廃止し、雇用期間の定めのない雇用契約制度に切り替える

❷ 定年延長制度 定年年齢そのものを引き上げる制度

❸ 継続雇用制度 定年は60歳のままにしておいて、60歳になった段階でいったん退職してもらい、再雇用契約を締結して、雇用を延長する

● 継続雇用制度と年金

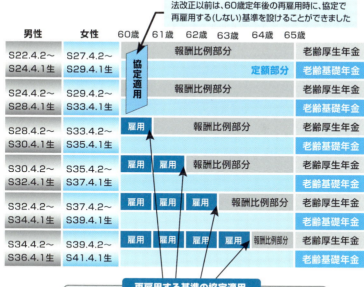

法改正以前は、60歳定年後の再雇用時に、協定で再雇用する(しない)基準を設けることができました

再雇用する基準の協定適用

平成25年3月31日までに労使協定を締結している場合は、基準適用年齢まで継続雇用したあとに、労使協定による再雇用基準を適用することができます。

コンプラチェック

コンプライアンスチェックシート（退職・懲戒・解雇）

退職のルール

- ☐ 退職時の手続き、返却物チェック表ができているか
- ☐ 退職届はどんな退職事由であっても受領しているか
- ☐ 退職届には、退職日、退職の理由が記載してあるか
- ☐ 退職後の連絡先は確認しているか
- ☐ 退職の強要、脅迫はしていないか
- ☐ 退職に合意したら、書面で条件確認と退職の合意を得ているか
- ☐ 休職期間満了後の退職は自然退職としているか

解雇事由（就業規則）

- ☐ 就業規則に解雇事由が列挙されているか
- ☐ 解雇事由の最後に包括条文が入っているか
- ☐ 就業規則に懲戒解雇事由が明記されているか

期間雇用（労働契約書）

- ☐ 期間雇用者とは労働契約書を更新しているか
- ☐ 労働契約書には雇い止めに関する事項があるか

懲罰のルール

- ☐ 懲罰のルールを守って制裁を決めているか
- ☐ 本人に弁明の機会を与えているか
- ☐ 制裁として給与から減額する場合、1回の事由について平均賃金の2分の1を、総額で、給与額の10分の1を超えてはいないか
- ☐ 降格処分をしつつ同じミッションを与えていないか
- ☐ 10日を超える出勤停止を行っていないか

普通解雇

- ☐ 普通解雇までに、教育・配置転換・注意指導などのステップを踏んでいるか
- ☐ 普通解雇事由にあたる証拠を立証できるか

懲戒解雇

- ☐ 損害賠償額を事前に決めてはいないか
- ☐ 懲戒解雇のルールを経ているか
- ☐ 退職金の支給は全額没収か、一部支給とするか

整理解雇

- ☐ 整理解雇までに、自社ではどの程度解雇回避努力をしたのか
- ☐ 整理解雇、雇用調整を行う場合は丁寧に説明をしたか

再雇用・継続雇用

- ☐ 再雇用・継続雇用制度を構築しているか
- ☐ 定年が65歳未満の場合、65歳まで再雇用・継続雇用をしているか

第9章
労災の
しくみとルール

01 労災保険のしくみ
- 労働者災害補償保険法（労災保険）とは
- 労災保険で補償される？ 補償されない？

02 業務上のケガは業務災害
- 業務災害として認められる？認められない？

03 通勤災害はどこまで認められる？
- 通勤の形態
- 通勤の範囲

コンプライアンスチェックシート（労災）

column
兼業している場合の労災保険の給付額

01 労働基準法 第75条 ～ 第88条・労災・労災保険とは

労災保険のしくみ

仕事中の病気やケガは労災保険で補償をします。

労災保険は社員だけではなく会社も守る

① **労災保険の目的**：労働基準法では、業務上のケガや病気に対する治療費や休業中の所得補償を定めており、過失がなくても会社には一定の補償をする義務があります。会社に支払い能力がなかったり、損害額が高額になると十分な補償を得られない可能性があるため、労災保険に加入して従業員を迅速に保護します。

② **労災保険のしくみ**：国が会社から保険料を集めて、支払い事由ができたときに、会社に代わって、従業員に対して必要な補償をします。

③ **保険料は誰が払うの？**：労災保険は会社に課せられた労働基準法の災害補償を肩代わりするものなので、保険料は全額会社が負担します。

④ **休業中の給与はどうなる？**：労災にあって仕事を休んで給与をもらえない場合、休業4日目から休業補償給付と休業特別支給金が支給されます。給付額は2つあわせて日給の約80％で、休業日数分が支給されます。

労災は強制加入が義務づけられている

① **社員を雇ったら必ず加入する**：労災は事業所の規模にかかわらず、従業員を1人でも雇ったら強制的に加入することが義務づけられます。届出を怠ると「労災隠し」になり、処罰の対象になります。

② **適用単位は支店や工場ごと**：保険料の申告や納付手続きは、支店や工場ごとに行います。労災が起こった場合は事業所（支店や工場）のある管轄の労働基準監督署に届出を行います。ただし、本社で一括納付することも可能です。

ONE POINT

労働者にならないのは？
法人の役員は労災保険、雇用保険の適用除外になります。ただし、業務執行権がなく、ほかの役員から指揮を受けて労働し、給与をもらっている場合は労働者として取り扱われます（業務役員制度）。

特別加入制度
中小事業者の事業主や役員、家族従業者でも次の条件を満たせば、任意で労災保険に加入することができます（＝特別加入制度）。
❶ 業種別に、一定人数以下の一般従業員を常時雇用している
❷ 雇用している一般従業員と保険関係が成立している
❸ 労働保険の事務を労働保険事務組合に委託している

届出しないとどうなる？
労働者を保護することが目的なので、万一、従業員が労災にあった場合は補償を受けられます。ただし、手続きを怠った会社は保険給付（従業員への保障額）の全部または一部を徴収されます。また、最大2年間さかのぼって保険料の徴収をされます。事前の届出を忘れないようにしましょう。

● 労働者災害補償保険法（労災保険）とは

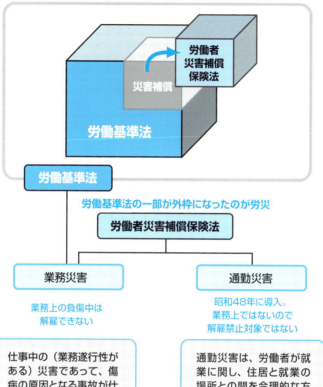

労働基準法の一部が外枠になったのが労災

労働者災害補償保険法

業務災害
業務上の負傷中は
解雇できない

仕事中の（業務遂行性がある）災害であって、傷病の原因となる事故が仕事に起因して（業務起因性がある）生じたものが認められます。

通勤災害
昭和48年に導入。
業務上ではないので
解雇禁止対象ではない

通勤災害は、労働者が就業に関し、住居と就業の場所との間を合理的な方法で往復する（通勤遂行性がある）途中で事故にあった（通勤起因性がある）場合に認められます。

● 労災保険で補償される？ 補償されない？

法人の役員	×	補償されません（兼務役員は除く）。
パートタイマー	○	日雇いや短期アルバイトであっても補償されます。
派遣社員	○	派遣元が保険料を支払い、申請もします。ただし、労働者死傷病報告は双方が行います。また、民事責任は派遣元にも発生します。
外国人労働者	○	不法就労であっても補償されます。

02 労働基準法 第75条 ～ 第88条・労災保険・業務災害

業務上のケガは業務災害

仕事中の負傷、疾病、障害、死亡は業務災害になります。

業務災害の基礎知識

① **業務災害とは**：所定労働時間や残業中に事故にあったり、仕事が原因で病気になった場合、業務災害といいます。会社内での業務のほか、営業で外出中、出張中の事故なども業務災害になります。

② **業務災害になるかどうかの判断基準**：次の業務遂行性と業務起因性から判断します。
  (1) **業務遂行性**：従業員が労働契約に基づいて会社の支配下にあること
  (2) **業務起因性**：ケガや病気とその業務との間に因果関係があること

③ **業務上の病気の判断基準**：業務上の病気には、腰痛、腱鞘炎（けんしょうえん）、じん肺症などがありますが、業務との因果関係を証明するのは難しいものがあります。そこで、業務上の疾病の範囲は「労働基準法施行規則別表第1の2」に定められており、一定の職種の従業員は特別な事情がないかぎり労災が認められます。

業務災害が認められないケース

① **社内で仕事中の場合**：「従業員自らわざとケガをした」「個人的な恨みなどによって暴行を受けた」「天災地変によるケガ」は補償の対象外となります。

② **社内にいても、昼休みや就業時間前後の場合**：勤務時間外のケガは仕事が原因ではないので、基本的には補償されません。ただし、会社の設備が原因の場合は業務災害が認められます

③ **営業や出張など外出中の事故の場合**：「酔っ払って交通事故にあった」「恣意的行為によるケガ」は認められません。

ONE POINT

労災の判定は誰がするのか？

災害が業務上のものかそれ以外のものかの判断を行うのは、労働基準監督署です。会社が独自に判断することはできません。従業員から労災の証明を求められた場合は、速やかに証明するようにしましょう。

採用内定者の研修中のケガは労災？

研修中でも、次のような場合は労働者となり、労災が適用されます。
❶ 職場体験ではなく、生産活動に従事していた
❷ 指揮命令を受けていた
❸ 給与が支払われていた
❹ 強制参加であった

行橋労基署長（テイクロ）事件
（平成28年7月8日）

労働者が、業務を一次中断して事業場外で行われた研修生の歓送迎会に途中参加したあと、当該業務を再開するため自動車を運転して事業場に戻る研修生をその住居まで送る途上で発生した交通事故が業務上の事由にあたるものとされた事例。

● 業務災害として認められる？ 認められない？

業務災害と認められるかどうかは、以下の2つの要素から判断します

- **業務遂行性**：社員が労働契約に基づいて、会社の支配下にあること
- **業務起因性**：傷病などとその業務との間に、因果関係があること

災害発生 → 業務遂行性 — Yes → 業務起因性 — Yes → 業務災害と認められる
　　　　　　　　　　　　　No ↓　　　　　　　　No ↓
　　　　　　　　　　　　業務災害とは認められない

社内にいて、仕事をしている場合の事例

- 作業中にケガをした ○
- 個人的なトラブルにおいて、同僚に殴られてケガをした ×
- 会社の許可なく残業していたときのケガ
  ⇒ 残業の目的や必要性が必要かつ合理的な場合 ○
  ⇒ 従業員の勝手な思い込みや判断による場合 ×

社内にいて、仕事をしていない場合の事例

- 休憩中、蛍光灯が落ちてきたり、書棚が倒れてきてケガをした ○
- テイクアウトのコーヒーをこぼして火傷をした ×
- 昼食時に社員食堂に行こうとして階段でケガをした ○

社外で、仕事をしている場合の事例

- 出張先で交通事故にあった ○
- 外出中に困っている人を助けようとしてケガをした ×
- 取引先と飲みに行った帰り、酔っぱらってケガをした ×
- 社員旅行中に事故にあった ×

03 労働基準法 第75条 〜 第88条・労災・通勤災害

通勤災害はどこまで認められる？

飲み会の帰りは労災になりません。合理的な通勤経路かどうかがポイントになります。

通勤災害の判断基準

① **通勤とは**：労災保険における「通勤」は、仕事をするために合理的な経路・方法で自宅と会社を移動することをいいます。この通勤中に遭った事故などが原因で、ケガ、病気、傷害、死亡という事態になった場合を「通勤災害」といいます。

② **通勤の合理的な経路・方法**：通勤のために通常利用する経路であれば、複数でも合理的と判断されます。道路工事などで迂回した場合も認められます。通勤方法は電車やバスなどの公共交通機関の利用、車、自転車、徒歩などが認められます。

③ **通勤の形態**：通常は自宅と会社の1経路が認められます。複数就業者の場合は、自宅と就業場所、自宅とほかの就業場所、就業場所とほかの就業場所の3つの経路が認められます。単身赴任者の場合は、赴任先住居と就業場所、帰省先住居と就業場所、赴任先住居と帰省先住居の3つの経路が認められます。

④ **通勤の範囲**：通勤途中で寄り道をした場合に起こった事故は、次の2つの考え方に分かれています。
　（1）日常生活に必要な食材や日用品の買い物、病院や診療所での治療などのために通勤を中断した場合、合理的な経路に戻ったあとは通勤災害が適用されます。
　（2）平成29年1月1日より介護対象者の要件が変わりました。要介護状態にある配偶者、子、父母、配偶者の父母ならびに孫、祖父母および兄弟、姉妹の介護（継続的にまたは反復して行われるものにかぎる）。
　（3）会社帰りに飲んで帰った、美容院やエステに寄って帰ったなどの行為は、通勤を中断したあと合理的な経

ONE POINT
パートやアルバイトも補償される
労災保険は雇用形態に関係なく、労働者すべてが補償されます。パートタイマーやアルバイト、外国人労働者も対象です。

禁止されているマイカー通勤をした場合は？
労災認定と会社のルールは別物です。会社がマイカー通勤を禁止していても、一般的に「合理的な方法」であれば、通勤災害が認められます。

子どもの送迎による迂回は？
通勤には経路と方法については合理性が要求されますが、合理性の認められる範囲内の少々の程度の迂回は許されます。「他の子どもを監護する者がいない共稼労働者が託児所、親せき等に預けるためにとる経路などは、そのような立場にある労働者であれば、当然就業のためにとらざるを得ない経路であるので、合理的な経路となるものと認められる。」（昭和49年8月28日 基収2169号）

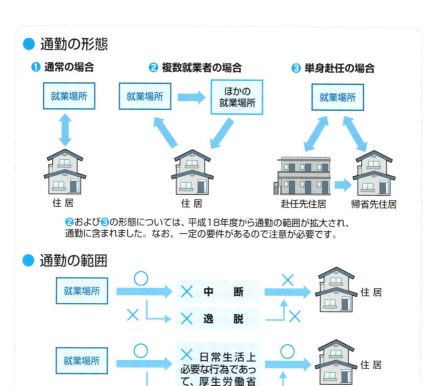

● 「日常生活上必要な行為」とは…

(1) 日用品の購入や、これに準ずる行為
(2) 職業訓練や学校教育、その他これらに準ずる教育訓練であって職業能力の開発向上に資するものを受ける行為
(3) 選挙権の行使や、これに準ずる行為
(4) 病院や診療所において、診察または治療を受ける行為や、これに準ずる行為
(5) 要介護状態にある配偶者、子、父母、配偶者の父母並びに同居し、かつ、扶養している孫、祖父母および兄弟姉妹の介護（継続的に、または反復して行われるものに限ります）

※平成29年1月1日より、(5) の同居・扶養要件が撤廃されました。

厚生労働省 HP　労災保険の通勤災害保護制度が変わりました
http://www.mhlw.go.jp/file/06-Seisakujouhou-11200000-Roudoukijunkyoku/0000147162.pdf

路に戻っても認められません。

コンプラチェック

コンプライアンスチェックシート（労災）

労災のルール

- [ ] 従業員が1人でもいれば労災は自然に適用されることを認識しているか
- [ ] 正社員だけでなくパートタイマー・アルバイトや日雇い労働者、外国人労働者すべて労働者なら労災保険の適用になることを認識しているか
- [ ] 労災保険料は全額会社が負担するということを認識しているか

業務災害

- [ ] 業務中のケガを健康保険で対応させていないか
- [ ] 職場の整理清掃など、労災事故が起きないよう徹底しているか
- [ ] たとえ事業所内で起こった事故でも、私的行為が原因で起こった事故は業務災害の対象にならないということを指導しているか

通勤災害

- [ ] 会社申請の交通手段と違ったとしても、通勤災害となることを認識しているか
- [ ] 大幅に寄り道をしたら通勤災害にならないことを指導しているか
- [ ] 兼業している場合、就業の場所からほかの就業場所への移動でも通勤災害となることを認識しているか

---

column

兼業している場合の労災保険の給付額

例　就業先Ⓐ・Ⓑを兼業し、月合計45万円の賃金を得ている労働者が、就業先Ⓑで事故に遭い、就業先Ⓐ・Ⓑともに休業した場合。

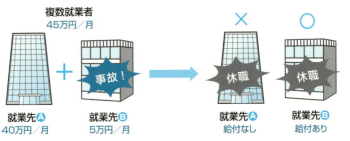

就業先Ⓐについては、労災保険給付の算定基礎となりません。欠勤、または休職（私傷病）扱いとなり、傷病手当の給付はありません。
就業先Ⓑは、月額5万円を算定基礎として補償されます。
給付額：5万円／月 × 80% ＝ 4万円／月

第10章
就業規則の
しくみとルール

01 就業規則をつくる

02 就業規則に定める事項

03 就業規則の不利益変更は難しい
● 労働条件の不利益変更は可能か？

04 就業規則と労働者の意見聴取
● 従業員の代表者の選出方法（新労基則第6条の2）
● 就業規則（制定・変更）届、意見書例

05 就業規則の周知徹底
● 就業規則説明会のステップ

コンプライアンスチェックシート（就業規則）

01 労働基準法 第89条・就業規則・作成義務
罰則（30万円以下の罰金）

就業規則をつくる

従業員が10人以上になったら就業規則をつくらなければならない！

就業規則をつくってトラブルを防止

① **就業規則が必要な理由**：賃金や労働時間、転勤の有無などの労働条件をめぐってトラブルが多発しています。トラブル事例を分析すると、労使それぞれの思い込みによるものが多く、理解に温度差があることが大きな原因です。こうしたトラブルを避けるために、労働基準法では会社に就業規則を作成させ、それを従業員に周知徹底することを義務づけています。

② **従業員が10人になったら就業規則を作成**：常時、雇用している従業員が10人以上の会社は、就業規則を作成し、事業所ごとに監督署に届け出る義務があります。この10人は、雇用形態に関係なく、正社員、パートタイマー、アルバイトなどを合計した人数です。なお、出向者は「10人」以上に含まれ、派遣社員は含まれません。

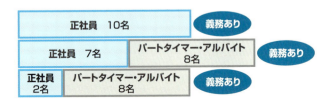

③ **すべての労働者について定める**：就業規則はすべての労働者に適用されます。しかし、現実的には雇用形態ごとに労働条件が異なるので、1つの規則にあてはめるのは無理があります。そこで、就業規則は正社員に適用し、そのほかの従業員にはパートタイマー就業規則を別につくる、または個別に労働条件明示書で通知することになります。

ONE POINT

就業規則の内容は法令を遵守

法律や労働協約に反する就業規則は認められず、たとえつくったとしても無効になります。たとえば、「1日の労働時間は10時間」と書いても無効となり、労働基準法の定めによる、1日の労働時間は8時間に強制的に書き換えられることになります。

就業規則の内容を知らないという主張は通るか？

労働者の義務として、就業規則の存在や内容を現実的に知っているかどうかにかかわらず、その適用を受けることになります。個別に同意を得たかどうかも問われません。

就業規則の周知徹底を図ろう

就業規則はつくるだけでは意味がありません。会社の理念を従業員にも共有してもらい、働きやすい職場環境づくりに参加してもらうためにも、就業規則は従業員がいつでも見られる状態にしておきましょう。鍵のかかる金庫などに保管しておくのはダメです。

02 労働基準法 第89条・就業規則・記載事項

就業規則に定める事項

就業規則は、法令で必ず定めなければいけないことが決まっています。

法令で定めるべき就業規則

① **絶対に定めなければならない規則**：次の3項目は必須です。
  (1) **労働時間**：始業・終業時刻、休憩、休日、休暇。従業員を交代で就業させる場合は就業時転換に関すること
  (2) **賃金（臨時の賃金をのぞく）**：賃金の計算方法と支払い方法、締め日、支払い時期、昇給に関すること
  (3) **退職（解雇理由も含む）**：解雇理由を明記する

② **会社のルールがあるなら定めなければならない規則**：次の項目は必ずしも必要ではありませんが、退職金や賞与を支払う場合は、就業規則に明示しておきます。
  (1) **退職金**：退職金を支払う場合は、適用される従業員の範囲、金額・計算方法・支払い方法、支払い時期
  (2) **臨時の賃金（退職金を除く）**：賞与などを支払う場合の金額や支払い方法など
  (3) **最低賃金**：最低賃金額を会社が決める場合の事項
  (4) **食費、作業費の負担**：従業員に食費や作業用品を負担させる場合の金額や割合など
  (5) **安全、衛生に関する事項**：健康診断、病気に対する措置など
  (6) **職業訓練に関する事項**：職業訓練のための移動、期間、訓練中の処遇など
  (7) **災害補償、業務外の疾病扶助に関する事項**：法定補償の細目、法定外の上積み補償
  (8) **表彰および制裁に関する事項**：種類、程度など
  (9) **そのほか当該事業場の労働者すべてに適用される定めをする場合はそれに関する事項**：服務規則、旅費、福利厚生、休職など

ONE POINT

就業規則は会社の実態にあったものを

大企業から譲り受けた就業規則をそのまま使っている会社もありますが、中小やベンチャー企業だと、実質にそぐわない内容になってしまいます。就業規則は労使が守るべきルールブックで、万一の事故なども就業規則にしたがって補償や処遇をしなければなりません。会社の規模や実体にあわせて、できる範囲のことを書くようにしましょう。

立証責任の根拠になる就業規則

労使トラブルになると、会社が立証責任を問われるのがほとんどです。その立証責任の根拠にあるのが就業規則です。小さな会社でも労使トラブルは皆無ではないので、従業員が10人未満でも就業規則はつくっておいたほうがいいでしょう。

03 労働契約法 第10条・就業規則・不利益変更

就業規則の不利益変更は難しい

就業規則の不利益変更には、合理的な理由が必要になります。

労働契約の不利益変更は認められるか？

① **合意による変更は可能**：原則は、労働者との合意なしに一方的に労働者の不利益に労働条件を変更はできませんが、労働契約法第9条では、労働者と使用者の合意により、労働契約の内容である労働条件を変更することができると定められています。

② **合理的理由があれば認められる**：労働条件の変更が従業員の不利益になる場合でも、不利益の度あいや必要性が妥当で、説明責任を果たしたなど、一定条件を満たせば変更は認められます。景気が悪くなっても、解雇ではなく労働条件の引き下げで雇用を守るのが日本企業の体質です。それを踏まえ、労働条件の引き下げが認められるかどうか検討します。ただし、従業員への十分な説明と大部分の労使の合意が前提となります。

不利益変更の交渉ステップ

① **交渉は納得いくまで**：不利益変更に関する説明をするのは気が重いものです。しかし、従業員の不利になることだからこそ、逃げずに、納得してもらえるまで何度も説明に応じる姿勢が必要です。時間をかけて合意を得ることが、今後のトラブルを回避します。

② **説明のポイント**：次の6つに注意します。
  (1) 現在、会社が置かれている状況
  (2) これまでの経営努力の経緯
  (3) 今後の合理化策について
  (4) 同業他社の状況、今後の景気の動向予測
  (5) 今回の不利益変更の主旨
  (6) 不利益変更に伴う代替処置案、経過措置

ONE POINT

経過措置または代替措置
就業規則の合理性の判断基準について、平成9年2月28日の第四銀行事件の最高裁判決で代替措置その他関連するほかの労働条件の改善状況も考慮して判断すべきという考え方が示されました。就業規則を変更する際は、一定期間猶予するなどの対策をとる経過措置や他のメリットを与える代替措置の導入等も検討しましょう。

不利益変更の説明会は気持ちを強く持つ
不利益変更を従業員に反対されたからといって、すぐに撤回するようでは今後の労使関係の均衡がとれなくなります。経営側の心がまえとしては、何を言われても決行する覚悟が必要です。そのうえでの調整案は十分に検討の余地があるでしょう。

● 労働条件の不利益変更は可能か？

不利益変更の可否　入社時の労働条件を変化させる経営環境に対応するために、その後の就業規則の不利益な変更は可能か？

労働基準法による就業規則の変更ルール

- 就業規則を作成したり、変更する場合には、労働者の代表の意見を聞かなければならない　⇒　労働基準法第90条関係
- 労働基準監督所長に届けなければならない　⇒　労働基準法第89条、第90条

しかし、その場合でも、労働者に不利益な就業規則の変更には、それが合理的なものでないかぎり、労働者を拘束しない

- **秋北バス裁判（最高裁判所大法廷 昭和43年12月25日）**
「就業規則の作成・変更によって、既得の権利を奪い、労働者に不利益な労働条件を一方的に課することは原則として許されないが、労働条件の統一的かつ画一的な決定を建前とする就業規則の性質からいって、その条項が合理的なものであるかぎり、個々の労働者がその適用を拒否することは許されない」という判決が出ています。

判例から見る合理性の判断基準

- 就業規則の変更によって、従業員が被る不利益の程度
- 使用者側の変更の必要性の内容・程度
- 変更後の就業規則の内容自体の相当性
- 代償措置、そのほか関連する他の労働条件の改善状況
- 労働組合などとの交渉の経緯
- ほかの労働組合またはほかの従業員の対応
- 同種事項に関するわが国社会における一般的状況

これらの諸要素を総合的に考慮して、合理性の有無が判断されることになります。

労働契約法ではどう判断する？

- 上記の項目を整理し、就業規則の変更の合理性を、「労働者の受ける不利益の程度、労働条件の変更の必要性、変更後の就業規則の内容の相当性、労働組合などとの交渉の状況そのほかの就業規則の変更にかかる事情」に照らして、判断するとしています。

04 労働基準法 第90条　就業規則　意見聴取
罰則（30万円以下の罰金）

就業規則と労働者の意見聴取

就業規則の作成・変更には、労働組合などの意見を聞く義務があります。

従業員の代表の意見を聞いて就業規則を提出

① **就業規則の作成、変更にあたって**：労働組合など従業員の代表の意見を聞くことを義務づけています。これは会社が一方的に都合のよい労働条件や服務規則をつくらないためで、労使ができるだけ歩み寄って労働条件や服務規則をつくることを促しています。

② **従業員が反対したらどうなる？**：「意見を聞く」とは意見を求めるということで、同意や協議を必要とするものではありません。従業員の同意が得られなくても、就業規則の作成変更は可能です。ただし、労働条件は労使が対等に決定すべきものなので、できるかぎり、従業員の意見にも耳を傾けましょう。

③ **わかりやすい就業規則をつくる**：抽象的な内容や複雑でわかりにくいものだと、従業員に理解してもらえず、解釈をめぐってトラブルになりがちです。就業規則は、誰にでも理解できるわかりやすいものにするのがポイントです。

④ **労働者側が意見書を提出しない場合は？**：従業員の代表の意見を聞いたことを証明できる証拠があれば、労働基準監督署では就業規則を受理します。

従業員の代表とは？

① **労働者の代表の要件**：意見を聞く労働者の代表は、次の2要件にしたがって、工場や支店などそれぞれの事業所ごとに選出された人のことをいいます。
　（1）労働者の過半数が加入する労働組合がある場合は、労働組合
　（2）労働組合がない、または組合員数が労働者の過半数を占めない場合は、労働者の過半数を代表する者

ONE POINT

労働者の過半数を代表する者
その事業場の労働者全員の意見に基づいて選出された代表のこと。また次の2つの要件を満たす人です。
❶ 管理監督者ではないこと
❷ 従業員を代表して就業規則の意見書を提出するために、投票や挙手で選ばれた者

パートタイマーの就業規則は誰の意見を聞く？
原則的には、その事業場の労働者の代表になりますが、パートタイマーの代表者の意見も聞くように努めましょう。

就業規則を有利に変更する場合でも従業員の意見聴取は必要？
もともと就業規則の作成・変更における労働者の意見聴取は、労働者保護の観点から制定されました。そのため、従業員に有利に就業規則を変更する場合は意見聴取が必要ないように一見思われます。しかし労基法第90条第1項は、就業規則の不利益変更、有利変更を問わずに、意見聴取義務を課しているため、労働者に有利な内容への変更であっても意見聴取を行わなければならないと定めています。

● 従業員の代表者の選出方法（新労基則第6条の2）

- 投票
- 挙手
- 候補者を決めておいて、投票や挙手、回覧によって信任を求める方法
- 各職場ごとに職場の代表者を選出し、これらの者の過半数の支持を得た者を選出する方法

※ なお、次のような方法は認められません。
- 使用者の意向に基づき選出された方法　注意
- 親睦会の代表者を自動的に従業員代表とする方法　注意
- 一定の役職者を自動的に従業員代表とする方法
- 一定の範囲の役職者が互選により労働者代表を選出する方法

※ 今後は「使用者の意向に基づき選出されたものではない」と明記する必要があります。

● 就業規則（制定・変更）届、意見書例

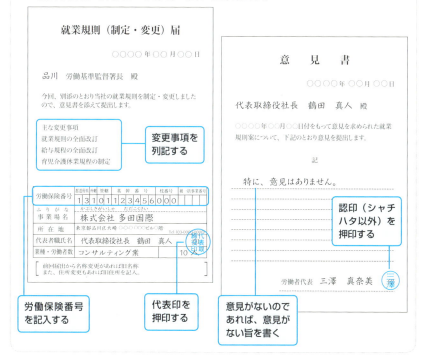

05 労働基準法 第106条・就業規則周知徹底
罰則（30万円以下の罰金）

就業規則の周知徹底

就業規則はつくるだけではなく、従業員への周知徹底を図ろう。

作成した就業規則は労働基準監督署に届け出る

① **就業規則の届出義務**：作成、変更した就業規則は、従業員の代表者の意見書（代表者の署名捺印をした書面）を添付して、事業場ごとに管轄の労働基準監督署長に届け出ます。

② **届出をしていない就業規則は？**：たしかに就業規則の無届けは手続きのうえでは違法ですが、届け出ないことで無効になるわけではありません。就業規則が、従業員への明示・周知されていれば効力を発揮します。監督署への届出は効力発揮要件とは別の問題になります。

就業規則を従業員に周知徹底する

① **就業規則は配布・掲示する**：就業規則は職場で守るべきルールなので、従業員全員に知らせなければ意味がありません。できれば従業員1人ひとりに就業規則を配布すべきですが、難しいなら各職場の見やすいところに備えつけておきましょう。就業規則を変更したときも、確実に迅速に知らせるようにしましょう。

② **説明会を開こう**：従業員に対する説明会を行うと、就業規則に対する理解が深まります。このときは、就業規則作成・変更の主旨、従業員への思い、会社秩序を守る必要性、人材戦略の方向性などを明らかにしたうえで、主要な部分や重要なポイントを説明します。

③ **説明会を開くことのメリット**：従業員一同を集めて説明するので、個人の勝手な解釈を減らせるばかりでなく、職場でのルール、価値観の統一ができ、一体感が生まれます。同時に従業員の意見や質問に回答することで会社側とのコミュニケーションができ、不要な誤解を防げます。

ONE POINT
周知徹底の方法
❶ 常時各作業場の見やすい場所に掲示し、または備えつける方法
❷ 労働者に書面を交付する方法
❸ 磁気テープ、磁気ディスクその他これらに準ずる物に記録し、かつ、各作業場に労働者がその記録の内容を常時確認できる機器を設置する方法

就業規則は会社の姿勢
トラブルになる会社に共通しているのは、きちんとした就業規則がないことです。就業規則は会社の姿勢そのものです。就業規則のない会社は、従業員から見ても安心して働ける場所ではありません。会社の理念を伝えるためにも、就業規則は重要なものなのです。

● 就業規則説明会のステップ

STEP1 挨拶

冒頭に、経営側を代表して、社長あるいは役員が今回の就業規則改訂の主旨、従業員への思い、あるべき従業員像等を説明する

STEP2 内容の説明

説明会で主に説明すべき事項

- [ ] 社員の意義（なぜパートタイマーと違うのか、会社が社員に求めることなど）
- [ ] 服務規則の重要性（社内秩序を守り、みんなが仕事がしやすい職場環境をつくる）
- [ ] 職場でのタブーを説明（パワハラ、セクハラ、マタハラ、機密保持、マイナンバーなどの特定個人情報の取扱い、ネットなどへの書き込み禁止、社外も含め不道徳行為の禁止、など）
- [ ] 残業のルールの説明。勝手な残業や休日出勤の禁止、許可申請の手順など
- [ ] 有給休暇取得のルール説明。当日の「休みます」は病気以外は認めないこと、1週間前には届けを出すこと
- [ ] 休職のルールの説明。診断書を出すこと、期限が満了したら退職となること、休職中の社会保険料の徴収、休職中の連絡方法など
- [ ] 転勤、配置転換は、人材育成の教育の手段であること
- [ ] 懲戒事由とその種類
- [ ] 賞与や退職金の規定など
- [ ] そのほか、特別休暇の取得のルール、裁判員休暇のルールなど

STEP3 従業員代表の選出

投票・挙手など（前項参照）

STEP4 質疑応答

誠意を持って対応しましょう

終 了

コンプライアンスチェックシート（就業規則）

コンプラチェック

就業規則は10名以上の職場に必須

- ☐ 10名以上の事業所ごとに就業規則を監督署に提出しているか
- ☐ 就業規則を変更したら、監督署に届け出ているか

就業規則に定める事項

- ☐ 就業規則に労働時間、賃金に関するルールが明記されているか
- ☐ 就業規則に解雇事由が明記されているか
- ☐ 会社としてのルールは経営側がしっかりと検討しているか
- ☐ 就業規則にハラスメントの対応を記載しているか

労働者の意見を聞いているか

- ☐ 労働者代表は会社が指名していないか
- ☐ 労働者代表は管理職ではないか

就業規則作成後

- ☐ 作成した就業規則をしまいこんでいないか
- ☐ 就業規則を作成した経営側の思いを伝えているか
- ☐ 他社や親企業の就業規則やモデル就業規則をそのまま使用していないか

不利益変更は可能か

- ☐ 合理的理由の判断は十分に行われているか
- ☐ 不利益変更の説明会は、一定の理解を得られるまで行われているか

不利益変更の合理性の判断基準

- 就業規則の変更によって、従業員が被る不利益の程度
- 使用者側の変更の必要性の内容・程度
- 変更後の就業規則の内容自体の相当性
- 代償措置、そのほか関連するほかの労働条件の改善状況
- 労働組合などとの交渉の経緯
- ほかの労働組合、またはほかの従業員の対応
- 同種事項に関する、わが国社会における一般的状況

これらの要素を考慮して、合理性の有無が総合的に判断されます。

付録
コピーして、今日から使える書式と法令労使協定集

- 締結すべき労使協定と労働基準監督署への届出の要否
- 一斉休憩の適用除外に関する協定書（労基法34条）
- 計画的年次有給休暇付与に関する協定書
- 育児・介護休業等に関する協定書
- 代替休暇に関する協定書
- 時間単位年休に関する協定書
- 退職事由証明書
- 継続雇用制度申請書
- 機密保持・個人情報誓約書

● 締結すべき労使協定と労働基準監督署への届出の要否

協定書	届出	参照頁
任意貯蓄金管理（社内預金）協定書（労基法第18条第2項以下）	○	──
賃金控除に関する協定書（労基法第24条）	×	179頁
1カ月単位の変形労働時間制に関する協定書（労基法第32条の第2項）	△	──
フレックスタイム制に関する協定書（労基法第32条の第3項）	×	──
1年単位の変形労働時間制に関する協定書（労基法第32条の第4項）	○	──
1週間単位の非定型的変形労働時間制に関する協定書（労基法第32条の第5項）	○	──
一斉休憩の適用除外に関する協定書（労基法第34条第2項ただし書き）	×	91、255頁
時間外労働・休日労働に関する協定書（36協定）労基法第36条	○	115頁
新36協定書（一般条項・特別条項）	△	48、49頁
事業場外労働に関する協定書（労基法第38条の2第2項）	△	──
専門業務型裁量労働制に関する協定書（労基法第38条の3項）	○	108頁
計画的年次有給休暇付与に関する協定書（労基法第39条の第5項）	×	129、256頁
年次有給休暇中の賃金に関する協定書（労基法第39条の第6項）	×	──
育児・介護休業等に関する協定書	×	257頁
代替休暇に関する労使協定書	×	259頁
時間単位年休に関する協定書	×	261頁

労働基準監督署への届出
　○：必要
　△：要件による（事業場外労働に関する労使協定はみなし時間が法定労働時間以下
　　　　　であれば届出の必要なし）
　×：不要

※ 青字本書掲載協定

一斉休憩の適用除外に関する協定書（労基法第34条）

　　株式会社　　　　　（以下、会社という）と従業員代表　　　　　とは、休憩時間について、以下のとおり協定する。

（対象従業員）
第1条　＿＿＿＿＿業務に従事する社員については、班別交代で休憩時間を与えるものとする。

（休憩の取り方）
第2条　各班の休憩時間は、次に定めるとおりとする。ただし、出張、外回りなどによる外勤のため、本人の班の時間帯に休憩を取得できない場合には、所属長が事前に指定して他の班の休憩時間の時間帯を適用する。

　　　　第1班　：　＿＿時～＿＿時
　　　　第2班　：　＿＿時～＿＿時
　　　　第3班　：　＿＿時～＿＿時

（有効期間）
第3条　本協定の有効期間は、　　年　　月　　日より1年間とする。ただし、有効期間満了の1カ月前までに、会社、従業員代表いずれからも申し出がないときには、さらに1年間有効期間を延長するものとし、以降も同様とする。

　　　　年　　月　　日

　　　　　　　　　　　　　　　株式会社
　　　　　　　　　　　　　　　　代表取締役　　　　　　　印

　　　　　　　　　　　　　　　株式会社
　　　　　　　　　　　　　　　　従業員代表　　　　　　　印

計画的年次有給休暇付与に関する協定書

　株式会社　　　　　（以下、会社という）と従業員代表　　　　　　とは、年次有給休暇の取得の時季に関して、次のとおり協定する。

（対象となる休暇）
第1条　計画的付与の対象となるのは、各人が有する年次有給休暇のうち5日を超える日数とする。

（対象となる労働者）
第2条　計画年休の対象となるのは、原則として正社員とする。ただし、休職中の者、休業中の者、その他適用除外とすることが適当と認められる者は除く。

（年次有給休暇のないもの）
第3条　計画年休取得日において、個人で取得すべき5日を除いた年次有給休暇が計画的付与の対象とされる日数を下回る者、また、年次有給休暇が付与されていない者については、特別休暇として通常の賃金を支払うものとする。

（取得時季）
第4条　第4条　本協定にもとづき年次有給休暇を付与する時季および日数は下記のとおりとする。夏季休暇に関しては、毎年、年度はじめに年間カレンダー等にて周知する。
　　　　1. 夏季休暇（8月中に　　日）
　　　　2. 年末年始休暇（12月、1月中に　　回）

（計画年休の変更）
第5条　会社および従業員は、当労使協定によって年次有給休暇の計画休暇日が確定している場合であっても、やむを得ない事情がある場合には、　　日前に申し出ることにより、この休暇日を変更することができる。
　（2）　会社および従業員は前項の申し出について、業務の正常な運営を妨げ、または従業員の予定を著しく妨げるような事情がないかぎり、これに応じるものとする。

（有効期間）
第6条　本協定は　　年　月　日より　　年　月　日までを有効期間とする。
　　　　ただし、有効期間満了の1カ月前までに、労使いずれからも意義の申し出がない場合は、更に1年間更新するものとし、その後も同様とする。

　　　　　　　　　　　　年　　月　　日

　　　　　　　　　　　株式会社
　　　　　　　　　　　　代表取締役　　　　　　　　印

　　　　　　　　　　　株式会社
　　　　　　　　　　　　従業員代表　　　　　　　　印

育児・介護休業等に関する協定書

　株式会社　　　　（以下、会社という）と従業員代表　　　　とは、育児・介護休業等に関し、次のとおり協定する。

（育児休業の申出を拒むことができる従業員）
第1条　会社は、次の従業員から1歳に満たない子を養育するための育児休業の申出があったときは、その申出を拒むことができる。
　　1．入社1年未満の従業員
　　2．申出の日から1年以内（1歳以降の育児休業の場合は、申し出の日から6か月以内に雇用関係が終了することが明らかな従業員
　　3．1週間の所定労働日数が2日以下の従業員

（介護休業制度の申出を拒むことができる従業員）
第2条　会社は、次の従業員から介護休業の申出があったときは、その申出を拒むことができる。
　　1．入社1年未満の従業員
　　2．申出の日から93日以内に雇用関係が終了することが明らかな従業員
　　3．1週間の所定労働日数が2日以下の従業員

（子の看護休暇の半日単位取得について）
第3条　対象となる従業員は、所定労働時間が4時間以上の従業員とする。
　　2　取得の単位となる時間帯、時間数は、次のとおりとする。
　　　　　午前…8時50分から午後12時00分（3時間10分）
　　　　　午後…13時00分から午後18時00分（5時間00分）
　　3　休暇1日あたりの時間数は通常の所定労働時間数とする。

（子の看護休暇の申出を拒むことができる従業員）
第4条　会社は、次の従業員から子の看護休暇の申出があったときは、その申出を拒むことができる。
　　1．入社6カ月未満の従業員
　　2．1週間の所定労働日数が2日以下の従業員

（介護休暇の申出を拒むことができる従業員）
第5条　会社は、次の従業員から介護休暇の申出があったときは、その申出を拒むことができる。
　　1．入社6カ月未満の従業員
　　2．1週間の所定労働日数が2日以下の従業員

（所定以外労働の免除の申出を拒むことができる従業員）
第6条　会社は、次の従業員から所定以外労働の免除の申出があったときは、その申出を拒むことができる。
　　1．入社1年未満の従業員
　　2．1週間の所定労働日数が2日以下の従業員

(短時間勤務の申出を拒むことができる従業員)
第7条　会社は、次の従業員から短時間勤務の申出があったときは、その申出を拒むことができる。
　　　　1．入社1年未満の従業員
　　　　2．1週間の所定労働日数が2日以下の従業員

(有効期間)
第8条　本協定の有効期間は、　　　年　　月　　日より1年間とする。ただし、有効期間満了の1カ月前までに、本協定当事者のいずれからも文書をもって終了する旨の申し入れがないときは、さらに1年間有効期間を延長するものとし、以降も同様とする。

　　　　　　　　　　　　　　　　年　　月　　日
　　　　　　　　　　　　　　株式会社
　　　　　　　　　　　　　　　　代表取締役　　　　　　　　　　印
　　　　　　　　　　　　　　株式会社
　　　　　　　　　　　　　　　　従業員代表　　　　　　　　　　印

代替休暇に関する労使協定書

　株式会社　　　　（以下「会社」という。）と会社の従業員代表　　　　は、労働基準法第37条第3項に基づき、月60時間を超える時間外労働に対する引き上げ分の割増賃金の支払いに代わる代替休暇に関し、下記のとおり協定する。

（代替休暇の付与）
第1条　一賃金計算期間における時間外労働が60時間を超えた場合、従業員は、その意向により、当該60時間を超えた時間に対する引き上げ分の割増賃金の受領に代えて、代替休暇を取得することができるものとする。
　2　代替休暇を取得することができる期間は、直前の賃金締切日の翌日から起算して2カ月以内とする。
　3　従業員が代替休暇取得の意向を申し出た場合には、会社は、代替休暇の時間数を換算率で除して得た時間数（以下「代替休暇に換算された時間数」という。）については、割増賃金率は「0.5」ではなく、「0.25」として計算して割増賃金を支払うものとする。
　4　前項の換算率は、代替休暇を取得しなかった場合における割増賃金率「0.5」から代替休暇を取得した場合における割増賃金率「0.25」の差に相当する率である25％とする。以下同じ。

（代替休暇の単位）
第2条　代替休暇を付与する単位は1日または半日とし、次の各号のいずれかを単位として与える。
　　(1)　1日（9：00～18：00）
　　(2)　午前（9：00～12：00）
　　(3)　午後（13：00～18：00）

（代替休暇の計算方法）
第3条　代替休暇の時間数は、月間60時間を超える時間外労働時間数に換算率を乗じて得た時間数とする。なお、代替休暇の時間数（直近2カ月分の時間数を合算することができ、この場合には、前月分の時間数から代替休暇に換算するものとする。）が前条各号の単位に満たないときは、別途協定書による時間単位の年次有給休暇とあわせて、1日単位または半日単位の休暇として取得することができる。ただし、割増賃金の支払いを要しないこととなる時間の計算においては、代替休暇の時間数のみで計算することとする。

(代替休暇取得の意向の申出)
第4条　代替休暇の取得を希望する従業員は、毎月の賃金締切日までに、＜当該賃金計算期間の末日の翌日から5日以内に、＞その取得の意向を会社に申し出なければならない。この申出は原則、会社の許可がないかぎり撤回できないものとする。

2　前項の申出があった場合は会社は当該期間において60時間を超える時間外労働に対する引き上げ分の割増賃金の支払いは行わない。ただし、従業員が、何らかの理由により代替休暇を取得できなかったときは、会社は、従業員が代替休暇を取得できないことが確定した賃金計算期間に係る賃金支払日に、代替休暇に換算された時間数について、0.25の割増賃金率による割増賃金を追加して支払う。

3　会社は第1項の申出がなかったとき（申出が確認できなかった場合を含む。）は、当該月に行われた時間外労働に係る割増賃金の総額を通常の賃金支払日に支払うものとする。ただし、当初の申出を行わなかった従業員が、第1条第2項の期間内に申出をしたときは、会社の承認により、代替休暇を与えることができる。この場合、代替休暇の取得があった月に係る賃金支払日において過払い分の賃金を精算するものとする。

4　意向を申し出た従業員が代替休暇を取得するときは、原則1週間前までに会社に取得申請をするものとし、会社は、その正常な運営を妨げない限り、代替休暇を付与するものとする。

(年次有給休暇の出勤率の算定)
第5条　年次有給休暇請求の要件となる出勤率の算定にあたっては、代替休暇は年次有給休暇の算定基礎となる全労働日に含まれ、出勤率の算定にあたっては出勤したものとみなす。

(有効期間)
第6条　本協定の有効期間は、　　年　　月　　日から　　年　　月　　日までとし、満了日の1カ月前までに本協定当事者のいずれの一当事者からも反対の意思表示がないときは、同一条件をもって1年間延長するものとし、以降も同様とする。

　以上の協定を証するため、本書2通を作成し、記名押印のうえ協定当事者が各々1通ずつ所持する。

　　　　　　　　　　　　　　　年　　月　　日

　　　　　　　　　　　　　株式会社
　　　　　　　　　　　　　　代表取締役　　　　　　　㊞
　　　　　　　　　　　　　株式会社
　　　　　　　　　　　　　　従業員代表　　　　　　　㊞

時間単位年休に関する協定書

　株式会社　　　　（以下、会社という）と従業員代表　　　　は、年次有給休暇の時間単位による取得（以下「時間単位年休」という）に関し、以下のとおり協定する。

（時間単位年休の付与）
第1条　会社は、第2条に定める従業員に対し、本協定の定めるところにより、時間単位年休を付与するものとする。

（対象従業員）
第2条　時間単位による年次有給休暇の対象となる従業員の範囲は、以下の各号の者以外の社員とする。なお、社員以外のパートタイマー等には適用しない。
　　　（1）　製造ラインの業務に従事する者
　　　（2）　裁量労働に従事する者
　　　（3）　フレックスタイム制による勤務が適用される者

（時間単位年休の日数）
第3条　時間単位によって取得する年次有給休暇の日数は、当該労働者が請求し得る年次有給休暇日数の範囲内（前年度未消化の年次有給休暇を含む）で、5日以内とする。
　2　時間単位年休は、次年度に繰り越された場合においても、前年度からの繰越分も含めて、5日以内とする。繰越時における端数時間は、1日に切り上げし有給日数に加算する。
　3　ただし、付与されている年次有給休暇の日数が5日未満の場合は、その日数とする

（時間単位年休の請求手続）
第4条　時間単位年休を取得しようとするときは、所定の様式により原則として1週間前までに、少なくとも前々日までに会社に届け出なければならない。
　2　社員が指定した時季に年次有給休暇を与えると事業の正常な運営に著しく支障があると認められるときは、ほかの日に変更することがある。
　3　代替休暇の取得申請と合わせて申請された場合の時季変更権は、かかる単位の休暇に対して行使するものとする。

（時間単位年休1日の時間数）
第5条　時間単位年休1日の時間数は8時間とし、時間単位年休8時間の取得をもって年次有給休暇1日を取得したものとする。ただし、所定労働時間が7時間を超え8時間以下の社員については、8時間とする。

(時間単位年休付与の単位となる時間数)
第6条　時間単位年休は、2時間または3時間を単位として付与するものとする。

(時間単位年休に対する賃金の支払い)
第7条　時間単位年休に対しては，所定労働時間労働した場合に支払われる通常の賃金の額をその日の所定労働時間で除して得た額の賃金を支払う。

(有効期間)
第8条　本協定の有効期間は　　　年　月　日から1年間とする。ただし、有効期間満了日の1箇月前までに、本協定当事者のいずれからも文書をもって終了する旨の申し入れがないときは、有効期間を1年間延長するものとし、以降も同様とする。

　　　　　　　　　　　　　　年　　月　　日

　　　　　　株式会社
　　　　　　　代表取締役　　　　　　　　印

　　　　　　株式会社
　　　　　　　従業員代表　　　　　　　　印

　　　　　　　　　　　　　　　　　　　　　　年　　月　　日

退職事由証明書

＿＿＿＿＿＿＿＿＿＿＿＿　殿

　以下の事由により、あなたは当社を　　年　　月　　日　に退職したことを証明します。

　　　　　　　　　　　事業所名
　　　　　　　　　　　使用者職氏名　　　　　　　　　　　　印

① あなたの自己都合による退職（②を除く）
② 当社の勧奨による退職
③ 定年による退職
④ 契約期間満了による退職
⑤ 移籍出向による退職
⑥ その他（具体的には　　　　　　　　　　）による退職
⑦ 解雇（別紙の理由による）

　　　　　　　　　　　　　　　　　　　　　　　　　　　以上

別紙

ア　天災その他やむを得ない理由
　　（具体的には　　　　　　　　によって
　　　　　　　　当社の事業の継続が不可能になったこと）による解雇

イ　事業縮小等当社の都合
　　（具体的には、当社が
　　　　　　　　　　　　　　　　となったことに）による解雇

ウ　職務命令に対する重大な違反行為
　　（具体的には、あなたが
　　　　　　　　　　　　　　　したこと）による解雇

エ　業務について不正な行為
　　（具体的には、あなたが
　　　　　　　　　　　　　　　したこと）による解雇

オ　相当長期間にわたる無断欠勤をしたこと等勤務不良であること
　　（具体的には、あなたが
　　　　　　　　　　　　　　　したこと）による解雇

カ　その他
　　（具体的には、
　　　　　　　　　　　　　　　　）による解雇

※ ①から⑦：該当する番号に○をつけること
※ 解雇された労働者が解雇の理由を請求しない場合には、⑦の「（別紙の理由による）」を二重線で消し別紙は交付しないこと
※ アからカ：該当するものに○をつけ、具体的な理由等を（　）の中に記入すること

継続雇用制度申請書／機密保持・個人情報誓約書

　　　　　　　　　　　　　　　　　　　　　年　　月　　日

継続雇用制度申請書

株式会社
代表取締役　　　　　　　殿

　私は、　　　年　　月　　日に定年退職となりますが、再雇用の適用を受けることを希望いたしますので、申請いたします。

【本人記入欄】

申請日	年　月　日		
氏　名	㊞	生年月日	
所　属		入社年月日	
資格等級		役職	
定年退職日	年　月　日		
希望雇用形態	・嘱託社員 ・パートタイマー 　勤務日（　月・火・水・木・金　） 　勤務時間帯（　　：　　～　　：　　）		
希望する業務内容	・現行と同じ ・他部署へ（部署名と希望する業務内容：　　　　　　　　　　） ・その他（　　　　　　　　　　　　　　　　　　　　　　　）		
その他要望事項			

【会社記入欄】

人事考課	年度評価	S・A・B・C・D
	年度評価	S・A・B・C・D
	年度評価	S・A・B・C・D
定年時の賃金	円 （基本給　　　　円、手当　　　　円、手当　　　　円）	
健康診断所見	就業可・就業不可 （特記事項：　　　　　　　　　　　　　　　　　　　　）	
その他特記事項		

承認日	人事担当印	総務担当印	所属長印	直属上司印
年　月　日				

　　　　　　　　　　　　　　　　　　　　　　　　年　　月　　日

機密保持・個人情報誓約書

株式会社
代表取締役　　　　　　　殿

第1条（機密保持の誓約）
　貴社就業規則および貴社機密管理規程、通達等を遵守し、次に示される貴社の技術上または営業上の情報（以下「機密情報」という）、個人に関する情報（以下「個人情報」）について、在職中及び退職後に、貴社の許可なく、いかなる方法をもってしても、開示、漏洩または業務目的以外での使用をしないことを約束いたします。また、機密情報、個人情報は会社の所有物として所持するものとし、会社の要求があり次第、何時でも会社の閲覧、複写に供し、またその返還に応じます。
　貴社から機密保持誓約書の提出や機密保持契約の締結等を求められた場合には、退職の前後を問わず、異議なく貴社に提出することを誓約いたします。
　(2) 機密情報
　　① 貴社の従業員の待遇についての方針・計画等、貴社の人事管理関連情報
　　② 経営・財務に関する情報
　　③ 公表前の営業施策等の情報
　　④ 技術・製造等に関する情報
　　⑤ 他社との提携事業に関する情報
　　⑥ 教育システム、教育内容等に関する情報
　　⑦ 将来の事業計画・開発計画に関する情報
　　⑧ 子会社・関連会社に関する各号の情報
　　⑨ 会社業務に関連するすべての書類、書簡、ノート、メモその他これに類する書類および写し
　　⑩ パソコン内に記録されているすべての情報（ログデータ含む）
　　⑪ 以上のほか、会社が特に機密として指定する情報
　(3) 個人情報
　　① 業務上知り得た顧客の氏名、住所、電話番号、メールアドレス等の基本情報
　　② 従業員の氏名、住所、電話番号、生年月日、メールアドレス等の基本情報
　　③ 従業員の学歴、職歴、賃金に関する情報
　　④ 従業員の入退社に関する情報
　　⑤ 以上のほか、会社が個人情報として指定する情報

第2条（機密の報告、および帰属）
　機密情報および個人情報についてその創出または得喪に関わった場合には直ちに貴社に報告いたします。
　(2) 機密情報および個人情報については、私がその情報の形成、作出に携わった場合であっても、業務上作成したものであることを確認し、当該情報の帰属が貴社にあることを確認いたします。また当該機密情報および個人情報について私に帰属する一切の権利を貴社に譲渡し、その権利が私に帰属する旨を主張いたしません。

機密保持・個人情報誓約書（続き）

第3条（機密の守秘義務）
　パソコン、携帯電話、携帯端末等（以下、パソコン等）の使用にあたっては、機密情報および個人情報を保持するために、以下の事項を遵守いたします。
① パソコン等並びに関連備品を、業務以外の目的のために使用しないこと。また、許可なく外部へ持ち出さないこと。
② 機密情報および個人情報について、紙、FD、CD、その他の媒体に記録したり、メールの発信や転送等により外部へ持ち出したりしないこと。
③ パソコン等に蓄積された情報に関する所有権その他一切の権利が貴社に帰属するものであることを確認し、貴社が必要に応じ、パソコン内に記録されているすべての情報（ログデータ含む）を閲覧、プリントアウト、またはFD等へコピーする行為を妨害しないこと。
④ インターネット、E-mailの私的使用を一切行わないこと。
⑤ 業務の遂行に必要のない情報の閲覧はしないこと。
⑥ 許可されていないソフトウェアを作動させたり、許可なくインストールしたりしないこと。
⑦ 貸与を受けたパソコン等につき貴社から調査、点検、保守、修理、リース会社への返却、廃棄等のため、貴社に返却を求められた場合は速やかにこれに応じること。
⑧ インターネットのブログ、SNS、掲示板等に会社・取引先等の機密、機密性ある情報、営業機密、従業員の個人情報等を開示、漏洩、提供したり、誹謗、中傷しないこと。

第4条（退職後の機密情報の返還）
　貴社を退職することになった場合は、その時点で私が管理もしくは所持している貴社の機密情報及び個人情報の一切を退職時までにすべて会社に返還し、返還以後は、私の手元に機密情報及び個人情報は一切残存させないことを誓います。

第5条（社内異動時等の機密保持）
　社内における部署の異動、関連会社への出向、プロジェクトへの参加にあたって、新たに機密保持誓約書の提出や機密保持契約の締結等を求められた場合は、これが貴社における部署の異動、関連会社への出向、プロジェクトへの参加に際しての必須の条件とされる場合があることを了承し、速やかにこれに応じます。

第6条（退職後の機密保持）
　貴社就業規則および機密管理規程に従い、在職中に知り得た機密情報および個人情報については、貴社を退職した後においても、開示、漏洩もしくは使用しないことを約束いたします。

第7条（損害賠償）
　本誓約に違反して、貴社の機密情報、個人情報を開示、漏洩もしくは使用した場合、法的な責任を負担するものであることを確認し、これにより貴社が被った一切の損害を賠償することを約束いたします。

以　上

本人　住所

　　　氏名　　　　　　　　　　　　㊞

索　引

数字

1カ月の最大労働時間 ... 96
1カ月変形労働時間制 ... 96
1カ月変形労働時間制の残業の計算 ... 96
1週間変形労働時間制 ... 96
1年間の時間外労働時間 ... 34
1年更新の契約社員の有給休暇 ... 126
1年変形労働時間制 ... 98
36協定 ... 114, 116
36協定（時間外労働・休日労働に関する協定）届出 ... 115
36協定届（一般条項）新様式第9号 ... 48
36協定届（特別条項）新様式第9号の2 ... 49
65歳定年制 ... 21

アルファベット

DC ... 202, 204
EAP企業 ... 150
LGBT ... 21
WLB ... 19

あ行

あっせん ... 54
安全配慮義務 ... 148
育休月変 ... 162
育児・介護休業等に関する協定書 ... 257
育児休業 ... 160, 162, 164, 166, 172
育児休業終了日の予定変更 ... 160
育児休業中の社会保険料 ... 162
育児休業中の賃金保障 ... 162
育児休業などに関するハラスメント ... 172
育児休業の撤回 ... 160
医師による面接指導 ... 154
移籍出向者 ... 194
一時帰休 ... 218
一斉休憩の適用除外に関する協定書 ... 91, 255
一定期日払いの原則 ... 178
一般健康診断 ... 152
インターバル勤務 ... 20
インターバル制度 ... 44
親孝行制度 ... 140

か行

海外で出産 ... 158
解雇 ... 72, 214, 226
介護休暇 ... 137
介護休業 ... 137, 168, 170, 172
介護休業基本給付金 ... 168
介護休業中の給料や社会保険料 ... 168
介護休業の期間変更 ... 170
介護休業の撤回 ... 170
戒告 ... 224
解雇権濫用 ... 215
解雇できない期間 ... 214
解雇予告 ... 214
会社都合退職 ... 228
確定拠出年金 ... 202, 204
課題解決休暇 ... 140
カムバック制度 ... 21
過労死等ゼロ ... 22
看護休暇 ... 164
監督署の調査 ... 56
管理監督者 ... 84
企画業務型裁量労働制における対象労働者の範囲 ... 112
企画業務型の残業代 ... 110
期間満了による退職 ... 212

267

企業秩序	76, 220
企業防衛型リストラ	219
企業名公表制度	22
希望退職制度	228
機密保持・個人情報誓約書	265
休業手当の支払い義務	182
休憩	90
休日	92
休日労働	184
休職	144
休職期間中に定年退職を迎える場合	144
休職期間中の社会保険料	144
休職期間満了時のルール	146
休職規定	144
休職命令	144
給与計算の端数処理	186
業務災害	238
業務災害になるかどうかの判断基準	238
業務上の病気の判断基準	238
クーリング期間	62
計画的付与	128, 256
継続雇用後の労働条件が合意できない場合	232
継続雇用制度	232
継続雇用制度申請書	264
欠勤	136
欠勤控除	184
減給のルール	224
兼業	21, 26
兼業許可申請書	27
兼業している場合の労災保険の給付額	242
兼業に関する誓約書	28
健康診断	152
けん責	224
降格	226
高度プロフェッショナル制度	31, 42
高年齢者雇用安定法	232
高年齢者雇用確保措置	64
公民権行使	137
個人情報の管理	74
子の看護休暇制度	164
個別労働紛争解決制度	52
雇用契約書	70

さ行

在宅勤務	21
最低賃金	180
最低賃金法	180
裁判員休暇	137
裁判員制度	138
裁判員としての守秘義務	138
採用	68
採用決定者	68
採用時の必要書類	74
採用条件	70
採用内定者への「内定取り消しの可能性」の通知文	69
採用予定者	68
裁量労働制（企画業務型）	110
裁量労働制（専門業務型）	102
裁量労働制の休憩	102
裁量労働制の休日	110
裁量労働制の深夜残業	102
産休	158
産休中の社会保険料	158
残業100時間超の社員	150
残業中の休憩付与	90
残業の限度時間	115
残業の限度時間を超える場合	116
産前産後の休業	137
時間外労働	33, 184
時間外労働上限規制	20
時間外労働の制限	164
時間単位有休に関する協定書	261
時間単位有休の繰越しの端数処理	135
時間単位有休の対象労働者の範囲	134
時間単位有休の繰越し	135
時間有休	134
時季指定権	124
時季変更権	124
事業場外のみなし労働時間制	100

| 事業主が講ずべきハラスメントの |
| 防止対策 ……………………………………… 173 |
| 自己都合退職 …………………………………… 210 |
| 自然退職 ………………………………………… 212 |
| 週休3日制 ………………………………………… 21 |
| 従業員教育 ………………………………………… 76 |
| 従業員の代表者の選出方法 …………………… 249 |
| 就業規則 ………………………………… 244, 246, 248 |
| 就業規則(制定・変更)届、意見書 ………… 249 |
| 就業規則説明会 ………………………………… 251 |
| 就業規則に定める事項 ………………………… 245 |
| 就業規則の作成、変更 ………………………… 248 |
| 就業規則の周知徹底 …………………………… 250 |
| 就業規則の内容 ………………………………… 244 |
| 出勤停止 ………………………………………… 226 |
| 出勤日数 ………………………………………… 120 |
| 出勤率 …………………………………………… 120 |
| 出産後の育児休業制度 ………………………… 163 |
| 試用期間 …………………………………………… 72 |
| 試用期間中の解雇 ………………………………… 72 |
| 傷病手当金 ……………………………………… 144 |
| 賞与 ……………………………………………… 196 |
| 賞与に関する規定 ……………………………… 197 |
| 職場復帰後の社会保険料 ……………………… 162 |
| 女性活躍推進 ……………………………………… 21 |
| 所定外労働の制限 ………………………… 164, 170 |
| 所定休日における労働 ………………………… 188 |
| 所定労働日数 …………………………………… 120 |
| 深夜業の制限 …………………………………… 164 |
| 深夜労働 …………………………………… 94, 185, 188 |
| ストレスチェック ……………………………… 154 |
| スモ休 …………………………………………… 140 |
| 精神障害 ………………………………………… 150 |
| 誓約書 ……………………………………………… 74 |
| 整理解雇 …………………………………… 214, 218 |
| 生理休暇 ………………………………………… 137 |
| セクシュアルハラスメント …………………… 78 |
| 是正勧告 …………………………………………… 56 |
| 絶対に定めなければならない規則 ………… 245 |
| 全額払いの原則 ………………………………… 178 |

専門業務型裁量労働制が適用される
　19業務 ………………………………………… 104
専門業務型裁量労働制に関する協定書 …… 108
総合労働相談コーナー ………………………… 52

た行

| 代休 ………………………………………………… 92 |
| 退職 ……………………………………………… 210 |
| 退職勧奨 ………………………………………… 228 |
| 退職金 ……………………………………… 198, 202 |
| 退職金規定 ………………………………… 198, 201 |
| 退職金制度 ……………………………………… 202 |
| 退職金の支給理由 ……………………………… 200 |
| 退職金の積立方法 ……………………………… 204 |
| 退職金の不支給理由 …………………………… 200 |
| 退職事由証明書 ………………………………… 263 |
| 退職届 …………………………………………… 210 |
| 退職予定者への計画年休付与 ………………… 128 |
| 代替休暇制度 …………………………………… 190 |
| 代替休暇として与えることができる |
| 　時間数 ………………………………………… 192 |
| 代替休暇の拒否・変更 ………………………… 192 |
| 代替休暇の単位 ………………………………… 192 |
| 代替休暇労使協定 ………………………… 192, 259 |
| 代替休暇を与えることができる期間 ……… 192 |
| 第二種計画認定 …………………………………… 64 |
| 第二種計画認定・変更申請書 ………………… 65 |
| 第二定年 …………………………………………… 62 |
| 短時間勤務制度 …………………………… 164, 170 |
| 短時間労働者の健康診断 ……………………… 152 |
| 地域別最低賃金 ………………………………… 180 |
| 仲裁 ………………………………………………… 54 |
| 中小企業退職金共済 ……………………… 202, 204 |
| 中小企業への猶予措置の廃止 ………………… 194 |
| 懲戒 ………………………………………… 222, 224 |
| 懲戒解雇 …………………………… 214, 220, 226 |
| 懲戒解雇が有効となるための |
| 　チェックシート ……………………………… 221 |
| 懲戒解雇のときの退職金 ……………………… 220 |
| 懲戒権濫用 ………………………………… 223, 227 |
| 懲戒処分 ………………………………………… 227 |

269

懲戒処分に罰金規定	222
懲戒処分の種類	226
懲戒に関する規定	225
懲戒の種類	222
懲戒の理由	222
懲戒の連帯責任	224
長時間労働の深夜手当	184
調停	54
懲罰ルール	227
直接払いの原則	178
賃金	176
賃金控除に関する労使協定書	179
賃金台帳	176
賃金の5原則	178
通院休暇	158
通貨払いの原則	178
通勤災害	240
通勤の形態	240
通勤の範囲	240
積立保存休暇制度	126
定額制	202
定期健康診断項目	153
停職	226
定年、死亡による退職	212
同一労働同一賃金	20, 46
特定最低賃金	180
特定事業場	88
特別加入制度	236
特別休暇	136, 140
特別休暇規定の就業規則への記載	141
特別条項付き36協定	116, 117

な行

内定取り消し	68
名ばかり管理職	84
二重処分禁止	220, 227
入社時に準備してもらう書類	74
年休を前倒しで付与した場合の特例	36
年次有給休暇	120, 122
年次有給休暇の買い上げ	127
年次有給休暇の時季指定権	124

年次有給休暇の時季変更権	124
年次有給休暇の時効	126
年俸制の賞与	196
年俸制の割増賃金	186
脳・心臓疾患	148
脳・心臓疾患の労災認定基準	149
ノーワークノーペイ	184

は行

パートタイマーの就業規則	248
パートタイマーの賞与	197
パートタイマーの年次有給休暇	130
派遣労働者	180, 194
働き方改革	16
働き方改革関連法案スケジュール	32
働き方改革スケジュール	18
パパ休暇	166
パパ・ママ育休プラス	166
ハラスメント	78, 80
パワーハラスメント	78
パワハラの例	80
半日の時間単位の決め方	192
半日有給休暇	132
半日有給休暇に関する規定書	133
表彰制度	230
歩合制	180
歩合制の割増賃金	186
副業	21, 26
副業（兼業）許可申請書	27
副業兼業時の社会保険	29
副業兼業時の通勤災害	30
副業（兼業）に関する誓約書	28
副業時の時間外手当の支払い	28
復職	146
服務規律	76
普通解雇	214, 216
普通解雇に関する規定	217
二日酔い休暇制度	140
不利益な取扱い	172
不利益変更	246
振替休日	92

ブリッジ休暇	128
フレキシブルな時差出勤	20
フレックスタイム制度	20, 39, 94
フレックスタイム制度を採用した場合の時間外労働	95
平均賃金	182
弁明の機会	220
ポイント制退職金制度	203
法定休暇	137
法定休日	188
法定内残業	184
法定割増賃金	188

ま行

毎月1回以上払いの原則	178
マタニティハラスメント	78
マタハラの例	80
身元保証書	72
無期雇用転換	20
無期転換の例外	62
無期転換ルール	62
無期労働契約	62
メンタルヘルス不調	154

や行

雇い止め	212
有給休暇	120, 130
有給休暇の計画的付与	128
有給取得日に支払う賃金	122
有休の理由	124
有期労働契約	62
諭旨退職	226
要介護状態	168

ら行

リストラ策	218
リハビリ勤務制度	146
両罰規定	58
労災請求	148
労災保険	236
労使協定（36協定）	114
労使トラブル	52
労働委員会	54
労働基準監督署	56
労働基準法における罰則	58
労働契約期間	71
労働契約の不利益変更	246
労働契約法	66
労働時間	24, 88
労働時間適正把握ガイドライン	24, 88
労働者災害補償保険法	237
労働者の過半数を代表する者	248
労働者の代表の要件	248
労働条件明示書	70
労働相談	52
労働の対価	176
労働法	60
労働法の罰則	58

わ行

| ワークライフバランス | 19 |
| 割増賃金 | 92, 184, 186 |

改訂 最新 知りたいことがパッとわかる
労働基準法がすっきりわかる本

2018年10月31日　初版第1刷発行
2019年 6月15日　初版第2刷発行

著　者　多田智子
発行人　柳澤淳一
編集人　福田清峰
発行所　株式会社 ソーテック社
　　　　〒102-0072　東京都千代田区飯田橋4-9-5　スギタビル4F
　　　　電話：注文専用　03-3262-5320
　　　　FAX：　　　　03-3262-5326
印刷所　図書印刷株式会社

本書の全部または一部を、株式会社ソーテック社および著者の承諾を得ずに無断で複写（コピー）することは、著作権法上での例外を除き禁じられています。製本には十分注意しておりますが、万一、乱丁・落丁などの不良品がございましたら「販売部」宛てにお送りください。送料は小社負担にてお取り替えいたします。

©TOMOKO TADA 2018, Printed in Japan
ISBN978-4-8007-2057-3